咆哮誌

突破時代
的雜誌

MAGAZINES
BEYOND
THEIR
TIME

目錄

漢聲

「我是這麼想：去編一本書或雜誌，是天賜給你的機會。有這機會，就要把能力發揮到極點，把每一本書做得比前一本好。」因此，與其拘泥於定期出刊，「我更在乎做得好不好。二十年後回頭看，出書晚了五天十天不那麼重要，但做到七十分或一百分，差別很大。」

人間

時常置身田野的《人間》報導者，亦時常成為介入者、參與者，拿起筆來就幫忙寫文宣、想點子，為其奔走，也導致《人間》時常遭不客觀、不公正批判。但陳映真總說：「客不客觀由讀者決定。」他也曾說，立場並不代表真實，而是要用辛勤的工作來表現，不是口號。

影響

島嶼邊緣

好讀

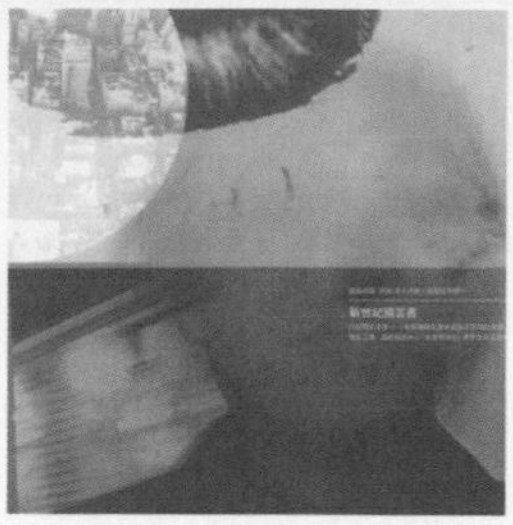

她們的咆哮，標誌了一個時代

編輯部

一九八七年一月，第十五期《人間》的封面故事是顏文門。前一年的「桃園機場事件」，主流媒體均未進行完整報導，只有《自立晚報》以整版篇幅，完整揭露當天的衝突現場與國家暴力鎮壓。陳映真以此為當期人間主題，同時延伸介紹當時甫成立的獨立媒體「綠色錄影小組」，並邀多位媒體人提出長年對媒體的觀察及批判。

陳映真、顏文門彷彿成為新聞界對抗威權的重要象徵，「我們這一代有志於新聞工作的年輕人，終於可以在『機場事件』汲取本土養分與新聞典範，再也不必遙指萬里之外的『水門案』。」何榮幸說。

三十年後，我們再次翻開《人間》。斗大的標題寫著「當人民要掌握他們的媒體」，一張張寫著訴求標語的海報、拒馬、機場憲警以水柱沖散民眾的照片……是的，這是三十年前，陳映真的《人間》。

當然，《人間》不僅只於此。反杜邦、後勁反五輕、湯英伸案、蘭嶼核廢……三十年前，《人間》以社會運動的姿態報導、介入議題，不只在當代造成震撼，影響直至今日。

台灣一直有很多很棒的雜誌，呼應時代，成為一代人共同的記憶。許多雜誌的選題概念、設計、企畫表現，今日看來依舊震撼，依然讓人感受到創意，或膽識。

她們的內容反映了那個時代的樣貌，但其呈現卻又突破時代，對當時，甚至之後的人造成影響或改變。

我們挑選了五本不同領域、重要的文化雜誌：《漢聲》、《人間》、《影響》、《島嶼邊緣》、《好讀》。

我們想帶現代的讀者認識這些雜誌。

一開始，我們採訪的是《好讀》主編，蔣慧仙。

《好讀》是這次企畫對象中最「年輕」的一本，創刊於二〇〇〇年，那年台灣經歷第一次政黨輪替，積蓄多年的能量在不同領域爆發，整個社會變動、混亂，卻也蓄勢待發，當時的台灣擁有絕對的文化自信，重點是我們要傳遞什麼樣的價值跟生活態度。「《好讀》無須畫地自限為一本僅只於介紹閱讀的雜誌，我們可以做各種嘗試，挖掘主流媒體忽視或不願探討的議題。」蔣慧仙說。

無須諱言，《好讀》的讀者以中產階級為主，而《好讀》就從中產階級的角度出發，藉由每一次的主題企畫，讓不同的社會位置、不同的身分認同互相碰撞；她企圖帶給中產階級不同的價值觀，強迫中產階級接觸自己必須理解的社會現象；甚至在現象成形之前設定議題，引發討論。

她從一本閱讀誌的角色出發，顛覆的意圖造就了選題概念及企畫呈現，不僅為當時台灣留下現場紀錄，也造就了社會文化記憶。

《島嶼邊緣》則是另一種典型。一九九一年，臨時條款廢除、動員戡亂時期宣告結束、民進黨制定台獨黨綱，看似一個新時代的開展，《島嶼邊緣》也在這一年創刊。僅有十四期壽命的《島嶼邊緣》被視為泛左翼軸線文化評論大集結，但其為眾人所記憶重點絕不在此。《島嶼邊緣》在嚴肅西方思想的引介外，批判嘲諷的時論議題、編輯上挑釁或惡搞的圖像設計，不僅挑戰傳統霸權結構，也顛覆老左派或新自由主義者的刻板思維。她不像之前或左或右的文化刊物具有強烈的主導性格，《島嶼邊緣》去中心的編輯方式、對議題發散式的攻擊關注，落實左派游擊性格，反而讓其發聲更亮，引人目光。

一本理想的電影雜誌應該是什麼樣子？一九八九年創刊的《影響》，誕生於一個網路尚未普及的年代。以太陽系MTV龐大的資料庫為後盾，《影響》廣泛關注各類型電影以及產業的專題設計，圖像化整理呈現龐大電影相關資訊，為一代文藝青年補充電影養分。但其企圖不僅只於此，且早在雜誌名稱可見一斑——IMAGE KEEPER，影像文化保存者，其對電影的理想，造就獨具特色的表現形式，並為一代人留下回憶。

一九八五年，報導文學、報導攝影概念在台灣仍未普及，陳映真創辦了《人間》，從庶民角度出發，用超過一半以上篇幅的照片、深入報導文字，控訴台灣當時的社會問題，讓讀者「眼見為憑」。不只是報導，《人間》更積極參與、介入議題，「某個程度，他把報導文字當成工具，是政治信念的載體。」、「報導文學跟新聞不同，它不只具有報知，還具有導向的功能。」曾經參與《人間》的曾淑美、鍾俊陞非常明白，《人間》不只是一本雜誌。

現下公民記者、獨立媒體討論污染公害、山林危機，《人間》早已探討二仁溪的嗚咽、反杜邦的抗爭和後勁反五輕的激烈；在同志權、司法人權議題逐步被攤開討論的當代，《人間》透過湯英伸與祁家威的例子，伸張原住民、同志與愛滋病患被污名漠視的問題。《人間》是他們社會運動的方式，是他們向這個不公義社會發出的宏亮之音。

誕生於一九七八年的《漢聲》（中文版）是這次採訪的雜誌中，「年紀」最大的一本。若加上之前英文版《ECHO》，《漢聲》四十四年了，雖然目前的出版形態已轉向較偏書籍的雜誌書，出版頻次也調整為一年一本，不過《漢聲》的確持續運作

中，漢聲人仍舊以不同的形式，「做雜誌」。

「你會怎麼形容《漢聲》？」「《漢聲》就是兩個字，『搶救』。」創辦人吳美雲說。細看一百五十期《漢聲》雜誌，會發現大部分的題目都做過兩次以上，第一次簡單記錄，接下來就是持續數年的蹲點採集，最後發展成主題專書。因為他們要做的不是采風介紹式的報導，而是要「重現」。「我們做工藝，最大的目標就是要讓讀者看到報導的圖文就能做。」畢竟，能夠實踐的文化，才有存續的可能，「搶救」也才有更積極的意義。精細縝密的工序紀錄及繪圖、破格卻點題的裝幀設計，只是他們表達「搶救」的方式，但卻讓一代人印象深刻。

這本書試圖採訪這些雜誌的核心人物，包括創辦人、主要編輯團隊，並參考大量資料，呈現雜誌&雜誌人的故事。另一方面，我們也請當時接觸過這本雜誌的相關人士，從讀者的面向來談這本雜誌、以及該雜誌帶給那一代人的影響或改變。

我們還希望讓現代讀者重新「看」這本雜誌。我們拆開其中一期雜誌，依序排列所有的頁面，看雜誌的結構；接著挑出三個專題，細看她們的選材及表現方式。

你會發現這些雜誌放在今日，依然很酷！這五本雜誌企圖在某個領域發聲的企圖，造就了其特殊的選題取材、表現手法及形式。雜誌於他們是載體，也是手段。

他們藉由雜誌發聲，夠響夠亮，不僅凸顯了自身，也標誌了一個時代。

誠品好讀
Ghost's Festival 百鬼夜行
Every Night Is Illuminated 夜森林

民間
漢聲民間
文化剪貼
戲齣年畫 下卷
戲齣年畫 上卷
英文漢聲出版有限
台灣獼猴
ECHO MAGAZINE
台灣的客家人專集
中國的虎文化專集

ead,
read.
reader.
好讀無所不讀
無處不讀

島嶼

eslite reader
Open Borders 新移民，初體驗
Hit the Spot 影集才是王道！
Comics on the Edge 漫畫進化論
Next Agricultur
品牌的故事 SOU·SOU，在
誠品書店

人間
17
中國青年專號
20～30年代
折翼而不悔的托派黨人鄭超麟
《文藝自由論戰》的悍將胡秋原
80年代
〈新種族〉喪失了歷史與青年壯偉之夢的新人種
娼奴籲天錄
陳映真報告：洩忿的口香糖
同性戀／禁忌的告白

漢聲

影響
電影雜誌

誠品好讀

楊醫師，謝謝您！
從地圖上消失的洲後村
再見！林投花
大學生的性·愛·婚姻
《怎樣的兒童·怎樣的未來》專輯
《悲泣的河海》專輯
台灣的河川·西海岸生態環境特輯
《桃花源就在我家後院》系列專輯

eslite reader 40
誠品好讀
理想的雜誌
2003國際出版回顧
STUDIO VOICE
I shoot, therefore I am 我拍故我在!
Massive Change 設計未來宣言
The Next Diet Is Coming 尋蔬味

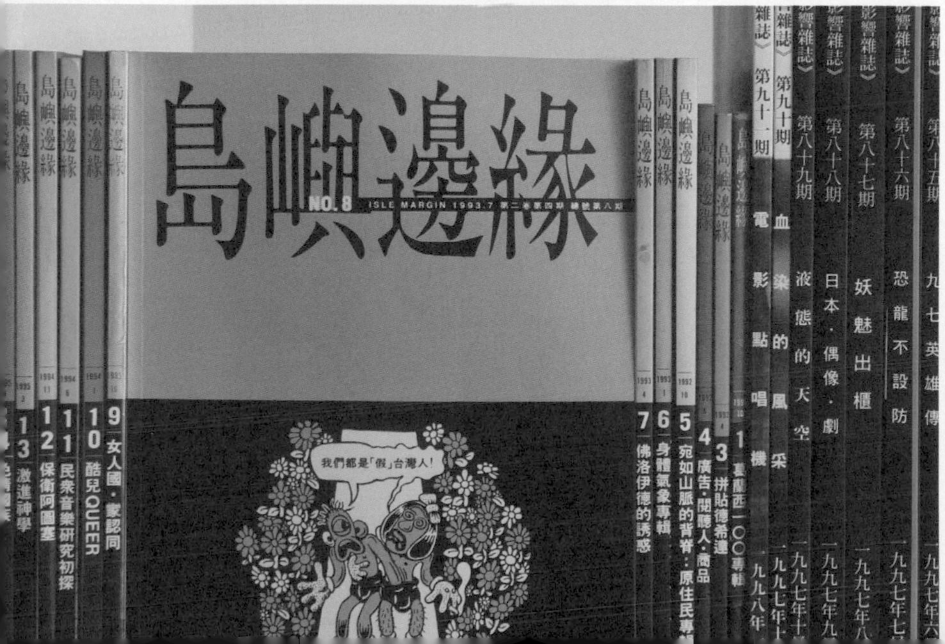
島嶼邊緣
NO.8
ISLE MARGIN 1993.7 第二卷第四期 總號第八期
我們都是「假」台灣人!
9 女人國・家認同
10 酷兒QUEER
11 民眾音樂研究初探
12 保衛阿圖塞
13 激進神學
7 佛洛伊德的誘惑
6 身體氣象專輯
4 廣告・閱聽人・商品
3 拼貼德希達
影響雜誌
第九十期 血染的風采
第八十九期 液態的天空
第八十八期 日本・偶像・劇
第八十七期 妖魅出櫃
第八十六期 恐龍不設防

86 誠品好讀
85 誠品好讀
84 誠品好讀
83 誠品好讀
81 誠品好讀
80 誠品好讀
79 誠品好讀
78 誠品好讀
77 誠品好讀
76 誠品好讀

漢聲

旅遊專集・中國人造形專集・
・米食《米粒篇》・米食《粿粉
香《加工篇》・免於「吃的恐懼」
篇》・台灣的泉州人專集・中國
・台灣的客家人專集・陝北年
摩梭人的阿注婚・淮陽人祖廟
台山騾馬大會・八里十三行史
炕・曹雪芹風箏譜・鄂溫克獵
音誕辰法會・華縣皮影・鄭成
中游鄉土建築・麒麟送子・燈
・中國傳統婦女的梳子・黃河
前戴村生育禮俗・大過新年・老月份牌廣告畫
川倒糖餅兒・手打中國結・侗族服飾藝術探祕・
・目擊抗戰五十年・陝北剪紙・大過鼠年・諸葛
本MOA的自然農法・蔬香譜月曆・大過牛年・
神・剪花娘子庫淑蘭・漢聲100・中國結・十七
中國女紅・虎文化・兩千虎圖・民間剪紙精品・
陽圖・大過龍年・吉祥如意・大過蛇年・郎庄麵
畫三百六十行・大過羊年・蠟染・梅氏日記——
・古鎮磧口・大過雞年・大過狗年・布牌子・大
年・大過兔年・大過龍年・大過蛇年・大過馬年

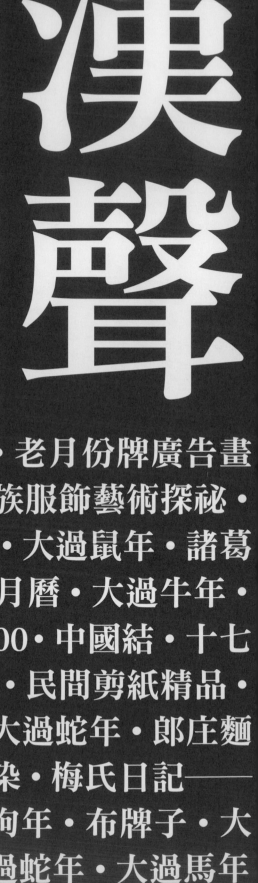

中國攝影專集·中國馬專集·中國童玩專集·國

我們的古物·我們的古蹟·古蹟之旅·稻米專集

篇》·菜根香《鮮食篇》·乾、泡、醃、醬——菜根

專集《添加物篇》·免於「吃的恐懼」專集《農藥

的虎文化專集·台灣的漳州人專集·福建圓樓專

俗專集·台灣獼猴·戲齣年畫·老北京的四合院

祭·淮陽泥泥狗·占里的人口控制與生態保育·

前文化·西北高原的花兒·藏人行旅·北方農家

民·中國民間美術·膠東麵花·貴州蠟花·普陀

功和荷蘭人在台灣的最後一戰及換文締和·楠溪

取罐·喜雞·荷包·大興安嶺狩獵民族樺樹皮文

十四走·蘇南水鄉婦女服飾·緜緜瓜瓞·蘇南水

·中國民間肖像畫·福建土樓·手繪四川民居·

大過豬年·長住台灣·夾江造紙·搶救龍潭聖蹟

村鄉土建築·美哉漢字·吉祥百圖·有機報告·

中國人的悲歡離合·中國歷史影像大遷徙·中國

世紀荷蘭人繪製的台灣老地圖·大過虎年·夾纈

婺源鄉土建築·大過兔年·曹雪芹紮燕風箏·陽

花·楊柳青年畫·大過馬年·關麓村鄉土建築·

荷蘭土地測量師看鄭成功·惠山泥人·大過猴年

過豬年·梅縣三村·大過鼠年·大過牛年·大過

漢聲

搶救民間文化大作戰，依然行進中

採訪／撰文——鄒欣寧

吳美雲說，《ECHO》的創刊號專題，是辦公室的守護神報導。

守護神？我們還在腦中費力搜索是哪位神祇掌管雜誌出版業，吳美雲已雙眼晶亮、迫不及待地解開謎底，「是饒河街慈祐宮的媽祖！」原來，《漢聲》雜誌的辦公室所在，正是慈祐宮媽祖的「轄區」，「是黃永松告訴我的。他一帶我去慈祐宮看，我就著迷了。」

那是一九七〇年，剛從美國回來的吳美雲，正籌備一本給英文讀者看的雜誌，在她的想像中，這本雜誌當如《NEW YORK》一樣，成為台北、甚至是台灣對外發聲的管道。

這本叫做《ECHO》的英文雜誌在隔年元月出現。《ECHO》創刊號即便放在今日閱讀，都可感受到一股「潮」味。除了松山慈祐宮的報導，還有大鵬劇校的課程實況、淡水高爾夫球場介紹、紡織進口議題的報導，以及中國風服飾的時尚穿搭……從選題、報導風格、圖像呈現，乃至破天荒的銅版紙彩色印刷，《ECHO》締造了台灣雜誌的歷史。

其中，以四個景框構成的封面設計，簡潔、俐落、搶眼，令人拍案叫絕。為了達到「強反差」的視覺效果，黃永松還得特

ECHO
1971.1 – 1976.9｜共61期
漢聲
1978.1 —｜共150期（2014）

別到印刷廠教工人如何印製。「我那時真是佩服黃永松，知道自己沒選錯人。」吳美雲回憶，光是創刊封面，黃永松就設計了五十個圖像，掛在牆上讓大家挑選，「一看就知道這個是對的，後來也成為雜誌重要的辨識風格」。

從訂戶遍及三十三個國家的新潮英語雜誌，到後來洋溢濃厚的傳統民俗風格，四十年間，《漢聲》雜誌幾經流變，從最早的雜誌社，拓展為今日的出版與文創事業公司，維持一年至少一本的傳統民藝專書出版。然而，無論外人眼中的漢聲出版品是書還是雜誌，從說起慈祐宮仍雙眼發光的吳美雲和黃永松身上當可發現，漢聲對民間傳統文化的關注，從一九七〇年至今，沒變。

一切，從「漢聲四君子」的遇合說起……

今年七十歲的《漢聲》雜誌創辦人吳美雲，坐在「漢聲巷」二樓的《漢聲》雜誌辦公室中，說起「那些年，我們一起辦的雜誌」，眼神仍是滿滿的熱切。

儘管近年身體狀況欠佳，對採訪抱持「敬謝不敏」的態度，好不容易答應受訪的她，特別將《漢聲》雜誌合訂本通通搬到辦公桌旁，隨著一頁頁過往痕跡揭開，記憶力驚人的她不時停駐，侃侃而談紙頁背後的故事。說時，眼中熠熠生光。不難想見，四十年前她用同樣的熱切探索傳統習俗的美，將它們帶到雜誌讀者的眼前。

她且開宗明義說，「我先聲明：《漢聲》不是任何一個人做出來的，而是我們四個人做出來的。這四個人是一張桌子的四隻腳，少一隻腳就站不起來。」

這四個人，就是後來文化圈熟知的「漢聲四君子」——吳美雲、黃永松、姚孟嘉和奚淞。姚孟嘉於一九九六年因心臟突發疾病離世，當時任職漢聲雜誌社社長暨副總編輯的他，年僅四十九歲。一九九九年，奚淞從副總編輯一職自漢聲退休，此後，漢聲由黃永松和吳美雲掌舵，一主外，一主內，直到今天。

漢聲的起點，也從吳、黃兩人相遇開始。

那年，才二十五歲、在英文報社擔任記者的吳美雲，有了離職的念頭。大學時代在美國度過的她，媒體生涯早在學生時期展開，辦過報紙、當過校報總編，畢業後還到紐約《讀者文摘》工作。對報紙滿懷熱情的她，因為工作不如預期，在聚會時跟長輩抱怨工作。長輩問，何不自己辦報？只是當年台灣還有報禁，「那就辦雜誌嘛！」長輩這麼說。吳美雲心想，台灣當時只有兩千多個雜誌，好，就辦雜誌！

即使全無雜誌經驗，行動力超強的她毫無懼意，很快確認自己要做的，是一本文圖並重、向外國人介紹中國傳統文化的新刊物。「我想辦像《NEW YORK》一樣的雜誌。我認為台北需要有那樣的東西，因為當時很多觀光客到台灣，但真正懂台灣的人很少。」

吳美雲也回想起自己在美國念大學時受邀演講中國文化，每每在資料上讀到外國人將中國習俗與迷信落後畫上等號，讓她越讀越氣。許多在外國人或現代人眼中看似沒有邏輯的中國習俗，其實都有源頭。好比，「你知道為什麼中國人說不許喝冰的？」

「這要說到古人的冰怎麼來。古代沒冰箱，皇宮裡的人就把河裡的冰一塊塊切下來，放在地窖，一塊冰上蓋一層沙，這麼層層疊起來。到了夏天，皇帝就把冰拿出來切分給大臣。那麼你想，這冰能吃嗎？吃了一定拉肚子！知道這個，你還要說不能吃冰是中國人迷信嗎？」

喝了一口咖啡，她繼續說道，「我們的工作，就是要找出傳統習俗的背景、源頭。當我們不了解一個習俗的源頭，很容易認為它是迷信，可是中國人這麼聰明，一個習俗一定有它的邏輯在。」

「我就要做一本給外國人看的雜誌，讓他們透過我們的眼睛看中國文化」，這在當時分外重要，因為，文化大革命在中國已如火如荼，一般認為，台灣是保留中國文化的最後基地。

她還想做一本文圖並重的雜誌。這也是當時的突破之舉，「台灣所有雜誌都以文字為主，因為彩色印刷是不得了的價錢。但我真的很討厭人家說台灣做不出世界水準的東西，既然我們可以印製非常漂亮的月曆，我就要證明我們也能做出擺得上檯面的雜誌。」

這個決定，引領吳美雲找到了黃永松，開啟兩人長達四十多年的合作。

從國立藝專（現為台灣藝術大學）畢業的黃永松，在校期間就展露他對現代藝術的熱衷。畢業後，他曾在廣告公司工作，也和《劇場》雜誌的黃華成、莊靈、陳耀圻等人相熟，不只加入陳耀圻拍攝紀實電影《劉必稼》的工作團隊，也在紀錄片《上山》中成為被拍對象，開啟了黃永松對拍電影和紀實影像的興趣。

黃永松參與藝專同學導演的電影《不敢跟你講》，成了串連吳美雲和他的重要橋樑。「我一看這電影，興奮的不得了——這是世界一流的電影來的！」吳美雲從電影的取景和構圖看見黃永松驚人的美術能力，當下她就知道，「一定要這人當我的美編。」

但黃永松只答應跨刀三個月，三個月後，他就要到美國和陳耀圻拍片。不過人算不如天算，《ECHO》創刊初期，資金和人力捉襟見肘，不忍吳美雲獨撐的黃永松續留，還把藝專學弟姚孟嘉和奚淞找進雜誌社。從此，「漢聲四君子」的合作模式廓然成形：吳美雲主持編務和行政，黃永松掌視覺，負責策畫、收集資料、美術設計和攝影，姚孟嘉負責攝影和繪圖，能畫能寫的奚淞則多扮演採訪主筆角色。

「這是一群志同道合、心胸很寬的臭皮匠組合」，吳美雲這麼形容。她笑說，許多時候雜誌專題是「吵架吵出來的」，「我們都是很有意見、想法的人，而且不怕爭論。哪個人丟出idea，其他人就會找漏洞，互相辯論，通過這樣的討論，大家就對這個idea非常了解，所以我們的編輯會議是很熱鬧的！」

爬到桌上對罵、摔破水族缸、甚至撕破稿子……歷數編輯會議發生過的「慘案」，吳美雲止不住笑意。然而，工作的爭執歸爭執，離開了編輯台，友誼依舊。《ECHO》創刊兩年後，黃永松、吳美雲、姚孟嘉等人為了製作玉山專題，全副武裝登山攻頂。站在這座東亞最高峰上，六個漢聲人結拜為終生的異姓手足。

從英文版到中文版：讓「傳統」向不同讀者說話

回顧《ECHO》創刊號的慈祐宮和大鵬劇校兩篇報導，猶如兩扇重要大門，暗示日後《漢聲》雜誌的兩條主要路線。慈祐宮開啟了漢聲對民間信仰與文化尋根的探索，大鵬劇校的京劇課程，則一路蜿蜒為對傳統藝術的長期關注。

這兩扇門，都是黃永松指出來的。

吳美雲雖對中國傳統文化有興趣，但礙於成長背景，習俗落地生成的吃穿用住，她並不熟悉；反觀在桃園鄉下長大的黃永松，從小就浸泡在傳統中。舉凡逢年過節的各式祭典、客家人的宗族祭祀文化，「這些對鄉下孩子都是很自然的事情，是一種文化的節奏。」連參與電影拍攝工作，都遇上京劇電影，和來自中原的傳統文化接上軌道。於是，當吳美雲提出她對傳統的孺慕之情，黃永松自然帶領她走進各式各樣的俗民生活現場。

「首先我問吳美雲，妳知道漢聲辦公室有保護神嗎？她不知道，於是我帶她去慈祐宮看。宮裡的廟祝給我們介紹，也講得很好，吳美雲聽了就開心了。」對黃永松來說，信仰也碰觸到台灣開發的歷史，松山古稱錫口，慈祐宮媽祖廟的興建是錫口重要的初期建設，「這樣的報導題材跟我們的生活是有關係的，這是雜誌主要吸引我的原因。」此外，「我也帶Linda（吳美雲）看我家鄉做拜拜，還去北港看炸鞭炮，大甲迎媽祖……這

Matsu, Goddess of the Sea

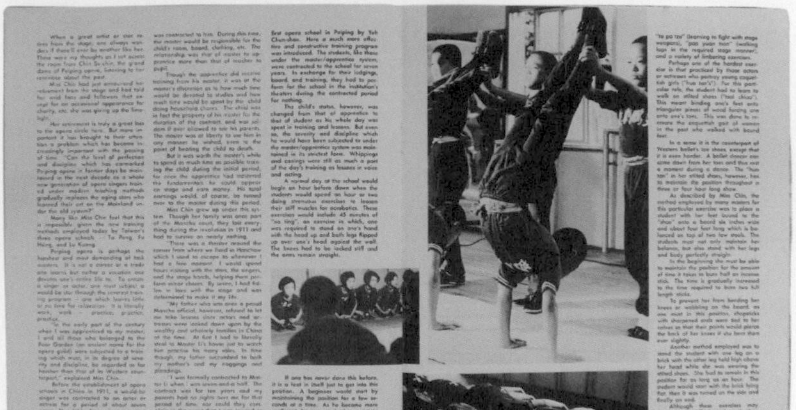

些都引起她極大的興趣。」黃永松說。

「他們都叫我外國人，因為我對這些一竅不通」，吳美雲假裝生氣地抱拳，然而，一竅不通恰恰是她採訪時最好的起點，「我完全用新鮮的眼光在看，而且問最笨的問題——就算我都知道也會這麼問——問最笨的問題，你才能拿到最棒的東西。」

英文版《ECHO》共發行了六年六十一期。期間，編輯團隊走訪台灣各地，製作諸如傳統節慶、皮影戲、南鯤鯓、台灣山岳、油紙傘、畫糖人等專題，這些題材也成為日後中文版《漢聲》雜誌的墊腳石，在《漢聲》雜誌時期有更多深入、全面的報導。

此外，《ECHO》對洪通、朱銘、陳夏生等人的報導，成功引起了國內外讀者對這些台灣藝術家、工藝大師的注意，更為

漢聲
of Things Chinese
中國馬專集
布馬
安曼之賓

ECHO
of Things Chinese
GOLD MELON ROCK
BANS AND BANES

of Things Chinese
THE OCCULT SCIENCE OF GEOMANCY, REBIRTH OF KUANHSI'S TAI HO TEMPLE
SEPTEMBER DELICACY

台灣早已蓄勢待發的鄉土情懷，灌注了一股積極、正面的能量。

一九七八年，在漢聲四君子長達一年的運籌帷幄，中文版《漢聲》雜誌登場。吳美雲嘆道，「本來打算兩本都做的，從沒說過不做英文版，但後來發現，根本不行，沒時間做英文！」

動念做中文版，是因為很多讀者去信編輯室，希望能看到《ECHO》的中文報導。對吳美雲來說，既然要做，沒道理「給自己人看隨隨便便，給外國人就漂漂亮亮」，怎麼超越自己，做出比英文版更好的中文雜誌，編輯們煞費苦心。

吳美雲深知，縱使同樣關注傳統文化，中文版的詮釋視角必然與英文版不同，「你不可能把中國文化介紹給中國人自己嘛！」然而，過去幾年跑遍全台，他們親身感受現代化如何造成傳統的飛快消逝，加上俞大綱一席話鼓舞，將民俗文化的精髓、智慧、技術，透過採訪記錄保留，遂成為《漢聲》中文版的主要目標。

俞大綱送給漢聲的話，是這樣說的：「傳統好比人的頭顱，現代有如人的雙足。在現代化的激流中，漢聲必須負起肚腹的擔當，使現代中國人能銜接傳統與現代，全身前行。」

養丹田：漢聲的選題、採訪與呈現

肚腹位居人體中心，練武之人講究蓄養丹田，瑜伽行者也視腹部為核心力量的所在，以肚腹自居的《漢聲》雜誌如何「練功」？幾個原則：小題大做，曠日廢時，不依附流行，以及最重要的，對「做好」的堅持超過一切。

所謂小題，指的是不從大範圍開展，而是挑選一個具象主題，深入探討，從而展現文化的整體。例如中文版第一期專題「中國攝影專集」，表面談攝影設備和技術傳入中國後的相關人事物，實際上卻輻輳出近代中國史的樣貌；又或第二期因應馬年的「中國馬專集」，中國人與馬的關係，實則反映古代歷史的變遷，因為馬是最主要的交通工具，政治聯繫和戰爭行進，都得靠牠。

曠日廢時，這個日後被人們辨識的漢聲出版特色（漢聲可以花九年時間醞釀、等待、製作一個專題），早從英文版時期，編輯團隊連續三年參加大甲媽祖遶境，直到第四年才推出專題便可見一斑。

媽祖專題由吳美雲主筆撰稿，她回憶自

《漢聲》雜誌的階段性發展

1970年6月，吳美雲成立「漢聲雜誌社」，籌備英文版《ECHO》。8月，黃永松加入漢聲團隊，並邀姚孟嘉、奚淞參與美術、採訪工作。1971年，《ECHO》以月刊型式創刊發行，是國內首見以台灣傳統文化為主題的英語雜誌，彩色文圖並置、銅版紙印刷的形式開當年先河。

1974年，《漢聲》連續四年走訪大甲媽祖遶境，製作大型記錄報導，奠定日後《漢聲》田野調查報導的基本模式。1976年，編輯團隊到美濃採訪油紙傘製作工序，亦成為《漢聲》記錄民間技藝的基礎。

1978年，《漢聲》雜誌中文版歷經一年籌備後登場，黃永松擔任發行人兼總策畫，吳美雲任總編輯，姚孟嘉為副總編輯兼社長，原本在《雄獅美術》擔任主編的奚淞重新加入漢聲團隊，擔任副總編輯。第3、4期推出的「中國童玩專集」引起讀者廣大迴響，漢聲遂停刊兩三個月，全員投入中國童玩全省巡迴展，參與民眾單台北場就高達四十萬人次。

1987年，兩岸開放探親，《漢聲》前往中國製作尋根系列專題，在中國各地成立編輯工作站進行民俗田野調查。同時，台灣城市發展、古蹟保存議題亦引起《漢聲》注意，陸續出版「長住台灣」(73-76)、「搶救龍潭聖蹟亭」(78)等書。1996年，《漢聲》雜誌「有機報告」(91、92)、「日本MOA的自然農法」(93)，帶動台灣有機飲食與自然農耕風潮。一百期之後多推出以工藝、地方風物為主題的叢書式雜誌。

已以「外國人」的心情首次參與遶境所感受的震撼：「那場面簡直讓人昏倒！你想想，四萬人連走八天八夜，而且經常半夜摸黑走！」記憶力絕佳的她，清楚記得走出大甲鬧區，鞭炮聲逐漸止息，「天上星星特別的亮。田野間，遠遠就看見一炷香火，星星點點走過來，或是有人挑了個擔子，裡頭裝了食物或水，要給我們吃……」

「那真讓人感動。台灣人就是這麼老實、誠懇。幾萬個人跟著媽祖走路，沒人吵架，平平靜靜，就是個『寧』字」。但，走了兩趟，即使採訪過整個組織和許多遶境信眾，吳美雲遲遲不敢動筆，「太龐大了。我從沒處理過這麼龐大、震撼的東西。第三年去完就提筆寫，但到第四年，我更清醒了，也對寫出來的東西比較有信心，才出了這個專題。」

這個「四年磨一劍」的過程，比起後來八、九年起跳的專題製作期，雖是小巫見大巫，卻也足見吳美雲對專題報導細膩、嚴謹的要求。同樣地，黃永松也發揮紀實攝影的功力，不僅鮮活捕捉遶境信眾的庶民容顏，更將這些肖像逐一去背、連續排列，賦予專題連綿不絕的群眾感，視覺效果飽滿驚人。

在漢聲，每個專題多會組成三到四人的編輯小組，出外進行田野調查。吳美雲形容，「每次出去都像打仗」，必須在有限時間盡可能地蒐集資料，幸而「漢聲四君子」早建立極深的默契，每到一個現場，分進合擊，誰看到有趣、不容錯過的畫面，一個眼神示意，其他人就知道趨前捕捉材料。通常，由吳美雲和奚淞發問、做記錄，姚孟嘉和黃永松測繪、攝影。

日後，當《漢聲》雜誌前往中國進行民間工藝調查，奚淞還曾寫下他們如何靠著高度默契，記錄在四川街頭偶遇逐漸失傳的「彈棉被」技藝：原本要採訪「瀘州老窖」酒廠的一行人，看見對街兩個漢子宛如特技表演般勾彈舊棉被中取出的棉線，立刻決定「來吧，就來一段即興的民間工藝採訪吧。」

「當我們從行囊中掏出筆記本，編輯早已一個揹攝影機、腳架奔上天橋頂，尋找俯拍角度，另一個也開始記錄詳細工序了。」

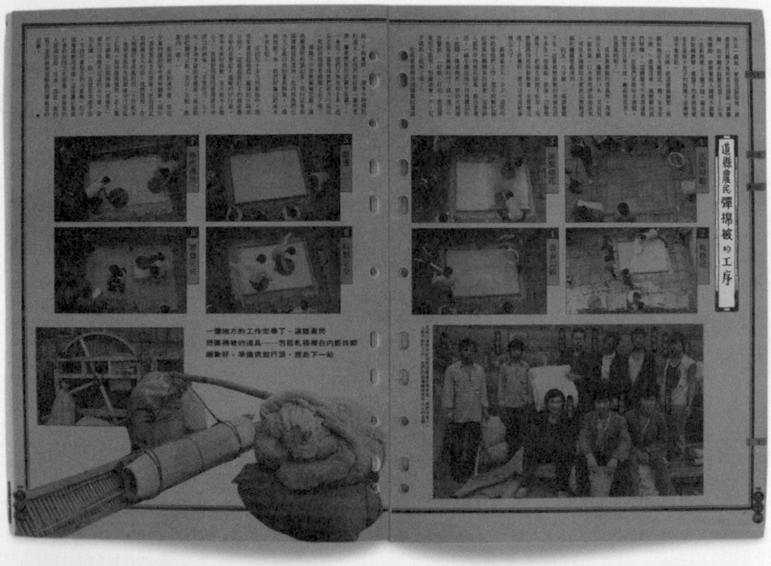

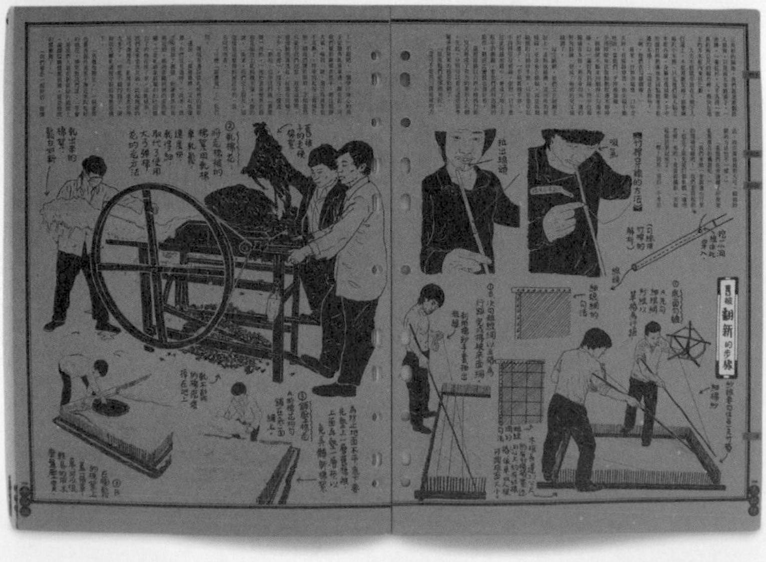

奚淞寫道，「這是漢聲夥伴從事民俗田野調查、合作了二十年的大默契。」

「我們負責文字、圖像記錄，也得分秒必爭，從民間工匠的身世背景，一直到工序流程的每個細節，都得鉅細無遺的記錄下來。不然，待回到台灣，發現缺了一道工序環節，整段民間工藝的採訪就算報廢了。田野調查工作，就是如此緊張、又興奮。」（以上奚淞文字皆引自〈生活裡的智慧——一起來搶救大陸傳統民間文化〉《聯合報》，一九九一年六月廿六日）

然而，等待被發現、被記錄、被搶救的民間文化這麼多，漢聲如何決定選題範圍？「我們沒有跟隨時尚的問題，也沒有對手，因為根本沒人要做這種事——賠死啦！」吳美雲哈哈大笑。儘管如此，瀏覽《漢聲》雜誌初期專題，不難發現，其關注焦點仍隱隱扣連著時事脈動。

例如，「國民旅遊專集」（5、6）推出時，正逢台灣開放國外觀光護照。當其他媒體大肆報導如何出國觀光時，《漢聲》反其道而行，分就自然生態、歷史人文面向介紹台灣深度旅行，在一片「出國熱」中一新讀者耳目。「文化資產保存法」發布前，《漢聲》就製作一系列「我們的古物」（8）、「我們的古蹟」（9）專題，甚至邀請讀者共同踏尋台北古城，開啟了近代台灣城市踏查的先聲。

《漢聲》也是國內最早關注食安、有機農業議題的雜誌媒體。「稻米專集」（12）、「菜根香專集」（15）、「免於吃的恐懼專集」（17、18），放在塑化劑、毒奶粉引起軒然大波的今時今日重讀，《漢聲》製作專題的前瞻性令人讚歎，也不免百感交集。

至於，專題是如何從無到有的？爭論不休的編務會議是專題最早的搖籃，吳美雲說，黃永松、奚淞、姚孟嘉等人都是創意滿滿的點子王，面對他們繁星般的概念，「我就變成了摘星人，從這一大堆棒得不得了的idea裡，挑一個做得成的題目繼續發展。」

吳美雲以「我們的古物」專題為例，談一個專題從發想到最後呈現的過程。編輯部研讀了大量國外資料，對美、日等國如何保護古物大致理解，但中國古物的相關資料往往付之闕如，便採訪了國內幾位歷史文物研究者。其中，歷史博物館的劉平衡教授以陶壺為例，娓娓道來「如何從一只壺看出當時的社會文明」，過程猶如閱讀推理小說。從壺的構造破解歷史密碼固然有趣，但，「為什麼我們要保護古物？」

物品會開口說話。它能告訴後人發明的過程，反映了怎樣的人類智慧。認識這些知識後，「萬一將來我們有危機，這些智慧會變成我們的基因庫，讓人類找到其他存活下來的方法，文化就不會因此死亡。」吳美雲說。

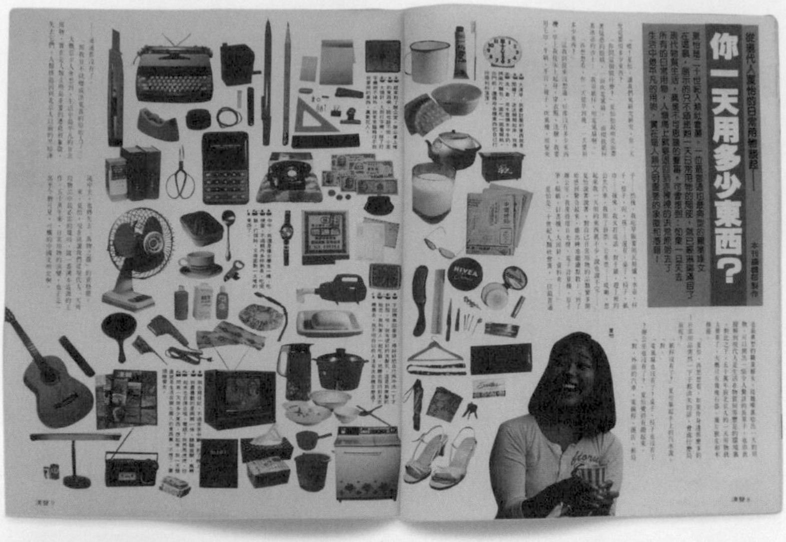

然而，要將傳統智慧與當代人連結，必須創造引起讀者興趣的環節。開啟「我們的古物」專題的，是一位《漢聲》編輯現身說法，列出她一日生活所需的物品。這些日常用物，從過去的古物逐漸蛻變、革新，也將成為未來的古物。專題最後則呈現了未來古物的最大貯存地——垃圾場。借古物傳達對現代生活的態度，《漢聲》編輯團隊的用心不言而喻。

練核心：漢聲的「稿件撰寫」與「美術設計」心法

除了採訪時面面俱到、鉅細靡遺，如何以最精準的方式呈現專題，身為雜誌總編輯的吳美雲和美術總監黃永松，也各有自己的品味堅持。

從報社記者轉為雜誌採訪者，吳美雲全靠閱讀喜愛的雜誌學習。創刊前，她和黃永松到西門町舊書攤大量搜刮美國雜誌，「有幾本雜誌是我們的老師。《NEW YORK》、《NEW YORKER》、《TIME》是文章好，《PLAYBOY》更是，它還是全美稿費最高的雜誌！《LIFE》、《SATURDAY EVENING POST》是看它的攝影表現，我們從中學習怎麼用攝影說故事。」

吳美雲發現，好的雜誌報導特別注重開場白，「你要想像，人家是坐在馬桶上讀你的文章，他只會給你三秒鐘。你標題不吸引他，他就不看第一段，第一段不吸引就不看第二段——第三段看完，他就會往下看了。」

「另外，我要求撰稿盡量口語、白話。你想，坐在馬桶上怎麼看咬文嚼字、邏輯轉來轉去的稿子？還要記住，你不是在寫日記，是寫給人家看的，要從讀者的角度看這篇文章。」

《漢聲》雜誌的稿子一般要過三道關卡，吳美雲把守最後階段的「定稿」。怎麼定？用聽的。「我完全靠耳朵。一覺得聽不懂、邏輯不對、次序不對，文字嘰嘰嘎嘎的，我就要改。」她說，「文字這東西，是你聲音

一遍又一遍的角力、蕩秋千、跳高……孩子們看來纖小的身體，卻是精力之泉。

停在哪裡，重點就停在那裡。要是停錯地方，邏輯就不那麼清楚了。」

不只雜誌這麼做，漢聲出版的「中國童話系列」也一樣。每個童話寫完，在奚淞、姚孟嘉看稿前，編輯就先往街上喊鄰近的小朋友來，「小朋友都知道要來聽編輯唸故事。萬一沒聽完孩子就跑了，這篇就得重寫。」

文字靠的是這等水磨功夫，黃永松的美術設計也不遑多讓。《漢聲》雜誌從中文版第三期的「中國童玩特集」，便以一系列圖片搭配短文的圖序形式，讓讀者藉由影像進入主題敘事的情境，形成《漢聲》雜誌重要的特色。

小皮球，香蕉梨，滿地開花二十一，二五六，二五七，二八二九三十一……

「我的設計哲學是『恰到好處』，因時、因地、因人、因物制宜，不套模式。」黃永松如是說。學過藝術也拍過電影，雜誌版面在他，是創作，更是一種「寓動於靜」的表現形式，在他眼中，雜誌「不是一個個跨頁看，是要連著看的。要把時間落實在空間上，讓人感受到時間。」

「設計第一要做到表達，就是記錄清楚、說事明白。第二是表現，用什麼方式展開你的報導？最後，是表演。」他以拍紀錄片的講究構思畫面，將字體、字級、色彩、欄位、文圖配置皆視為創造氛圍的要素，讓靜止的版面充滿情緒渲染的力量……《漢聲》雜誌成了他另一形式的電影菲林。

此外，隨著「搶救傳統民藝」的路線逐漸清晰，「中國傳統文化基因庫」的選題範圍成形，《漢聲》雜誌也改版為「民間文化剪貼」，採取讀者可自行撕開重組的活頁裝幀，這些改變都曾引起讀者和媒體的廣泛討論。

推出中文版後，一九八〇至九〇年代的《漢聲》雜誌，幾乎期期專題都引來其他報紙媒體的介紹討論，足見其影響力與媒體號召力。一九八〇年，《中國時報》將「漢聲雜誌十年來的努力與收穫」選為「風雲十年—文化十事」，《漢聲》的專題報導也獲報導文學獎項，成為台灣報導文學的奠基者之一。一九九四年，《漢聲》雜誌被電視節目「縱橫書海」選為「過去三十年來對台灣產生深遠影響的三十本書籍」之一。二〇〇六年，《漢聲》雜誌被他們曾取經學習的《TIME》

雜誌選為「亞洲之最─行家出版品」，一時聲勢達到高峰。

不過，進入二十一世紀的漢聲，早已將船舵駛離了雜誌，航向更遠的疆域。

二十年後回看，什麼最重要？

對《漢聲》雜誌的訂戶來說，準時收到雜誌，不是一件那麼必然的事。

《漢聲》雜誌的出版頻次歷經許多變動。《ECHO》時期是月刊，中文版早期是雙月刊，八〇年代後改為一年發行四次的季刊，一九九一年改版「民間文化剪貼」時曾每月發行，但隨著工藝類專題製作趨向叢書化，發行時間不再固定，儘管仍以「雜誌」名義出版，在讀者眼中，毋寧更近於一本製作精美的工藝書。

為什麼發行頻次變來變去？

「我承認大部分責任在我身上」，吳美雲先是俏皮翻了翻白眼，語氣旋即認真，「我是這麼想：去編一本書或雜誌，是天賜給你的機會。有這機會，就要把能力發揮到極點，把每一本書做得比前一本好。」因此，與其拘泥於定期出刊，「我更在乎做得好不好。二十年後回頭看，出書晚了五天十天不那麼重要，但做到七十分或一百分，差別很大。」

但是，把一個專題做到什麼程度才算最完美的呈現？在漢聲，這是一門時間、經驗、能力持續累進的發現過程。「我們有很多後來成書的題目，之前都在雜誌出現過。一開始發現，就先做小的（專題），當遊記報導，知道越多層次就發展越大。」

特別是一九八七年後，兩岸開放探親，漢聲也將民俗田野調查推展到中國。隨著編輯團隊的足跡深入這片廣袤的文化母土，他們驚訝地發現，這裡不僅地大人多，連傳統文化流失的速度都快得嚇人。透過大量的田野調查，漢聲一面構築遍及全中國的搶救民俗網絡，一面經由專題與讀者分享他們的見聞和學習過程，並從中選擇必須跟時間賽跑的民間工藝，作為深入了解、記錄、維護的對象。

曾在《漢聲》雜誌出現過的「中國的虎文化」(20)、「福建圓樓」(22)、「剪紙藝術」、「曹雪芹風箏譜」(38)、「貴州蠟花」(42)等，日後都以專書形式出版，更全面、完整地呈現出該文化的特質、發展脈絡、工法與製程。雜誌專題叢書化，成為不可避免的方向，「每個題材都太精采了，不可能一個專題做完就結束。何況我們是希望工藝保留下來，不重複做下去，沒辦法保留。這麼把一個小題目深入完整做，最後就變成一本書了。」吳美雲說。

翻開一本漢聲

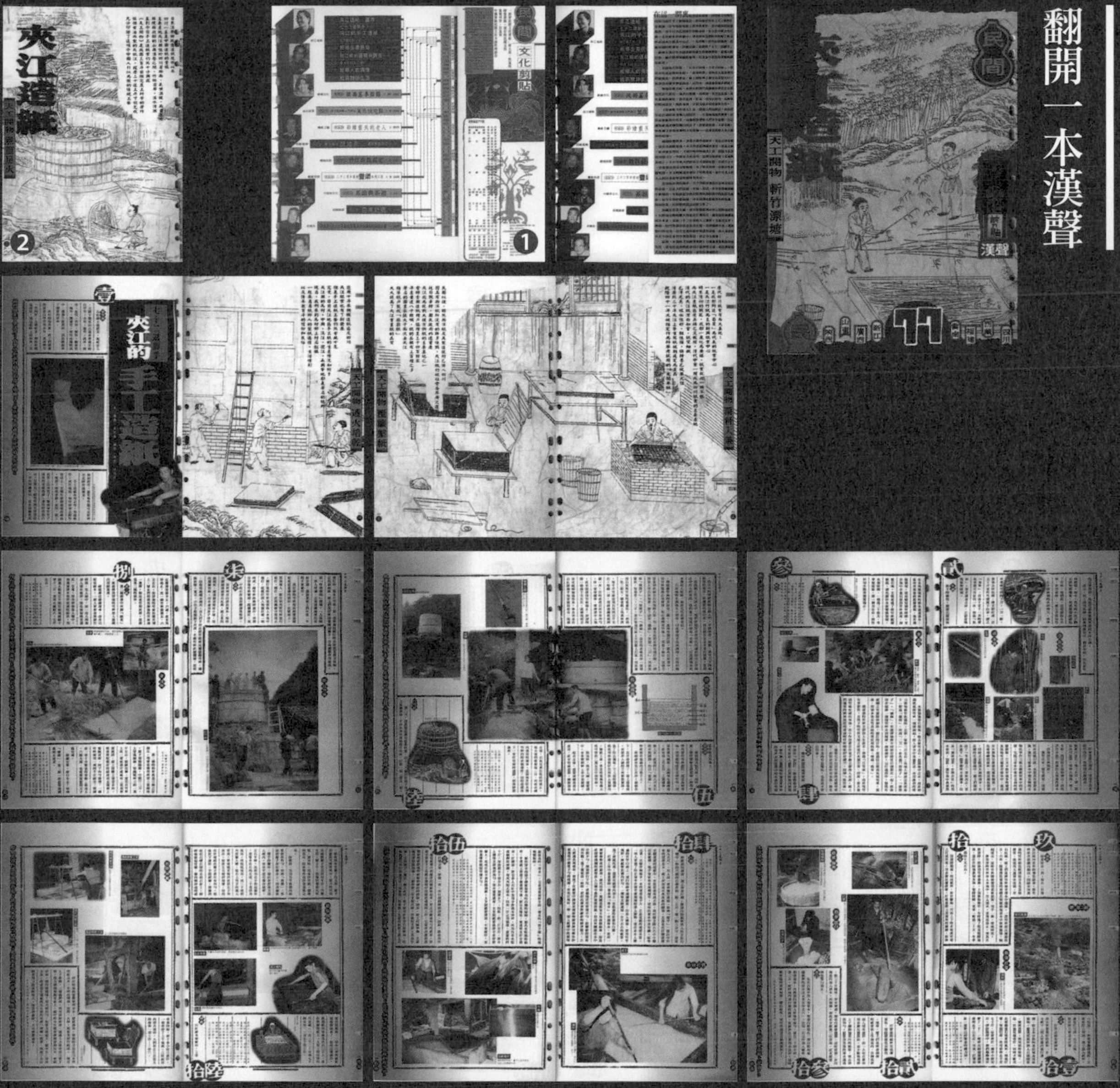

1 封面裡｜改版為民間文化剪貼後，序言皆置於封面折口。

2 該期主題｜初期《漢聲》封面主題所占篇幅幾近全本，底下尚分小類。
改版為民間文化剪貼後，主題篇幅減少至40到50頁，但仍占全本二分之一左右。

基因庫與工藝四法則

面對中國廣遼的民間文化和傳統工藝，必須建立一套選題標準和工作方法，才不致失卻方向。一九八八年，漢聲開始在中國各地成立民間文化編輯工作站；一九九一年起，改版為「民間文化剪貼」的《漢聲》雜誌，由台灣編輯部和北京的編輯工作站分進合擊，輪流推出專題。此時，黃永松提出了「民間文化基因庫」的構想，以及整理工藝素材的四項法則，作為《漢聲》編輯部選題、工作的指導原則。

「民間文化基因庫」分為五種、十類、四十七項，舉凡生活、信仰、文學、藝術，無不涵括其間。但，怎麼樣的文化算是《漢聲》欲記錄保存的民間文化？黃永松提綱挈領：「第一，只做中國不做外國。第二，只做傳統不做現代。第三，做基層民間文化，不做上層菁英文化，所以知識分子關切的題材我們不做。還有，第四，做活的不做死的。現代的、上層的、考古的，這些都有別人做，我們就在其他面向盡量周整，不偏廢。」

而工藝四法則，指的是「體、用、造、化」，亦即，編輯團隊在田野調查中，必須將體——形狀、質地、色彩、裝飾；用——什麼人在何地為何事而用，用法又為何；造——製作過程、材料、工序、注意事項；化——文化，地區使用的脈絡和流變等，予以完整地採集記錄。

這些歸納，正是《漢聲》雜誌多年來累積的經驗所整理而成。吳美雲記得，早在《ECHO》時期的美濃紙傘報導，他們便開始完整細膩地記錄一把傘從無到有的工藝過程，「我們做工藝，最大的目標就是要讓讀者看到報導的圖文就能做。」畢竟，能夠實踐的文化，才有存續的可能，「搶救」也才有更積極的意義。

然而，要全面記錄一門傳統工藝，達到可永續傳承的目的，一點都不容易。黃永松曾以「惠山泥人」的技藝調查為例，說明漢聲對記錄傳統工藝所下的扎實功夫。

一九九四年，黃永松在中國發現了「泥人」這個絕佳題材，經過長期觀察與學習，

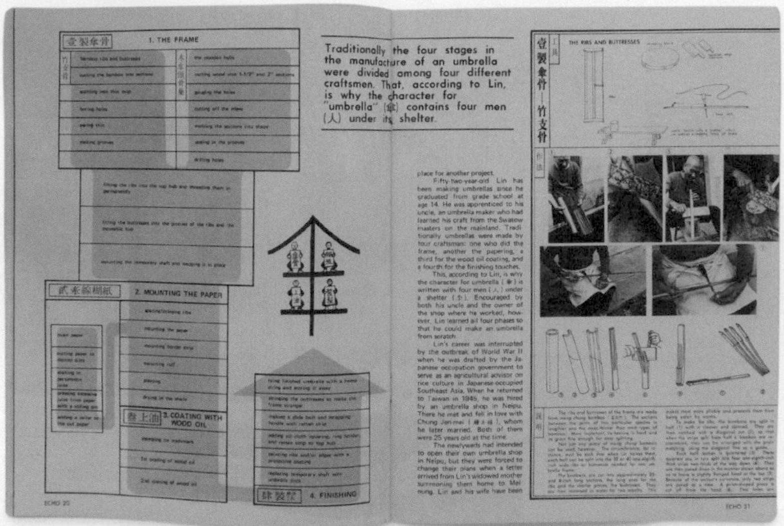

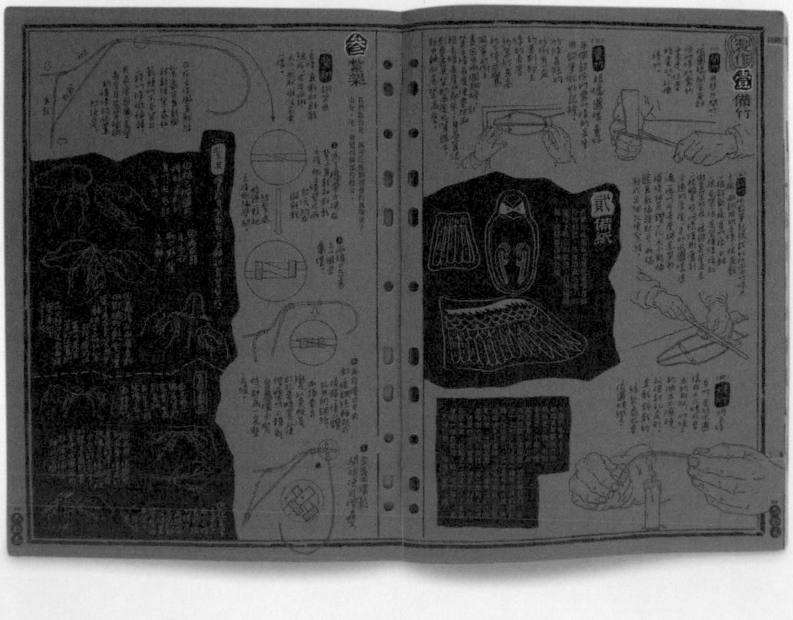

3 文化節貼｜篇幅不大，多為4到6頁，一期通常會有12到15個文化節貼，書目皆有所屬類項可對應到文化節貼目錄。

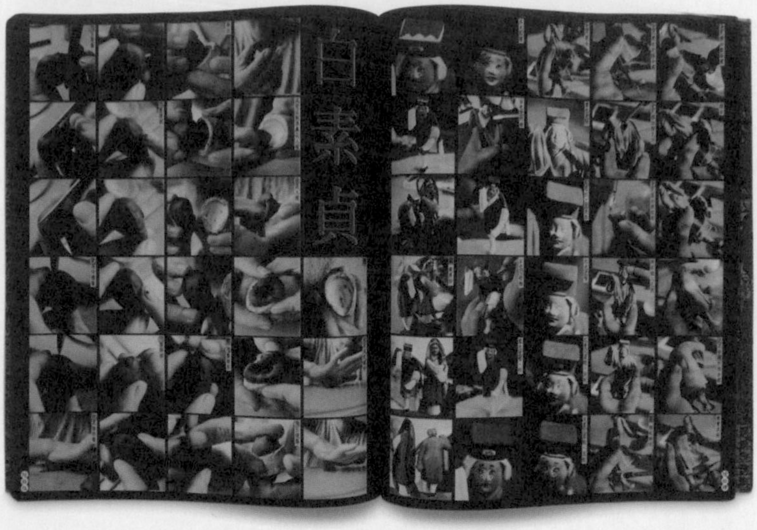

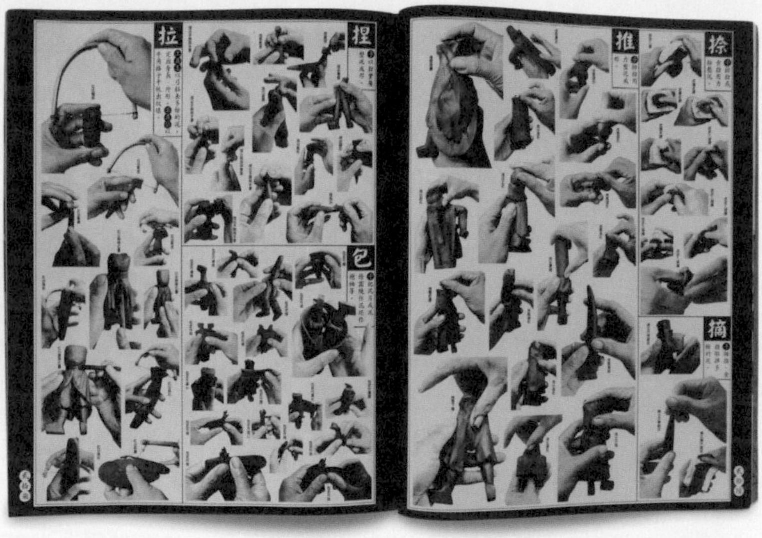

於一九九八年帶領四位《漢聲》雜誌編輯為泥人師傅的工藝留下紀錄。在長達十一天的工作中，「美編負責拍照，文編負責寫下紀錄。為了工作方便，我們在小樓房的室內與室外弄了兩個攝影棚，分泥塑和彩繪兩組人馬進行。」沒想到，從台灣帶去的攝影用藍燈泡兩天就燒壞了，黃永松動員全中國的朋友打探，才發現上海有賣相同的燈泡，連忙讓人從工作所在地的無錫，搭火車去專程買回來。

為了詳細記下步驟，師傅的每一個動作都得拍照片，「有時候老師傅動作快了點，我們便要求重來，老師傅給我們叫幾次重來，就生氣了。老師傅從很開心，做到開始不高興，然後做到生氣，生氣還在做，又做到很沮喪，做到很痛苦，然後又開始歡喜。」最後，老師傅的工藝被《漢聲》歸整出「捏

《漢聲》工藝專集的裝幀

《漢聲》雜誌的視覺風格歷經幾個不同階段的變化，每次變革都能引發討論，甚而帶動國內設計、裝幀的新潮流。

《ECHO》時期，封面為創刊以來一貫的四格景框，從早期以框格呈現內容的不同面向，後期轉變為純粹的視覺意象，內頁文圖配置簡潔，大幀圖片的攝影表現在水準之上，製造清新、流暢的閱讀感。

中文版《漢聲》雜誌的文圖編排更趨流動，在幾期的風格摸索後，逐漸走出專題圖序、繪製插圖、版面流動性強的編排風格，其中以精美的手繪插圖，為讀者留下歷久彌新的漢聲印象。「戲齣年畫」(25) 專書出版，黃永松的設計美學得以盡情發揮，從用紙到印刷都有全新的表現。其後，《漢聲》持續推出裸書（書背僅上膠不貼皮）、雙色印刷的剪紙書、全書設計將手工過程具象化的蠟染書等出版品，曾獲選《時代》雜誌亞洲之最行家出版品、中國出版裝幀設計獎、中國最美的書、西版牙最佳食譜設計獎等獎項。

黃永松表示，他對書籍設計的總體概念，是追求最能恰當表現內容的設計，其次是如何以最節約的方式達到最好的設計表現。從專題初期到印刷實務，他的參與度非常全面，因此能精準掌握作品最終的樣貌，也是其他美術設計難以企及的。

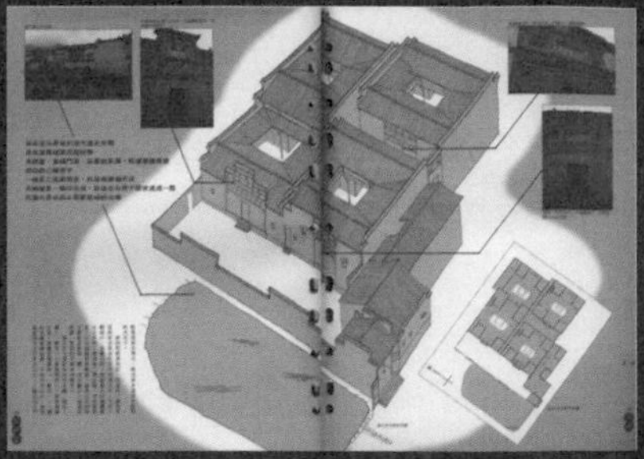

葉氏住宅群
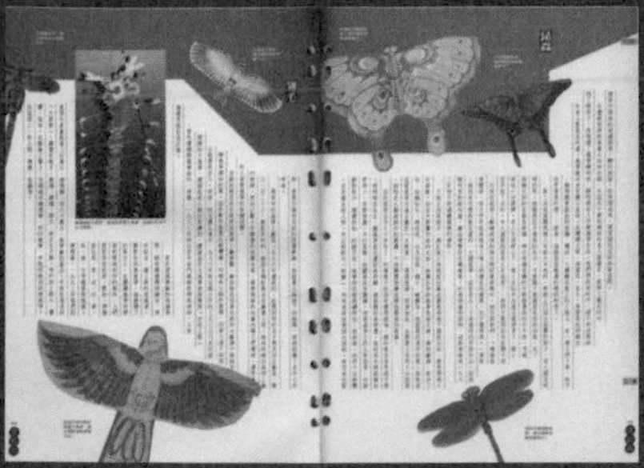
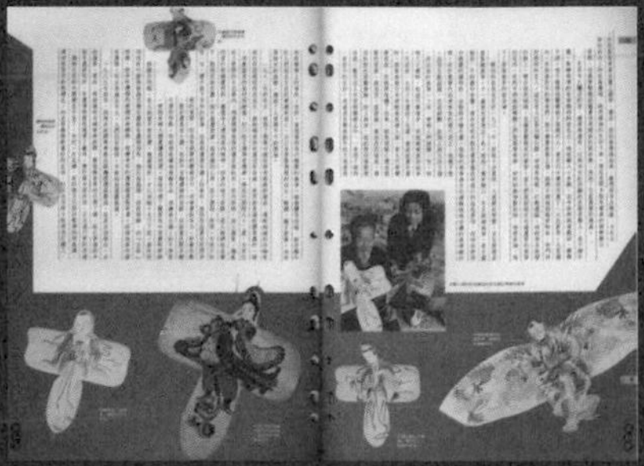
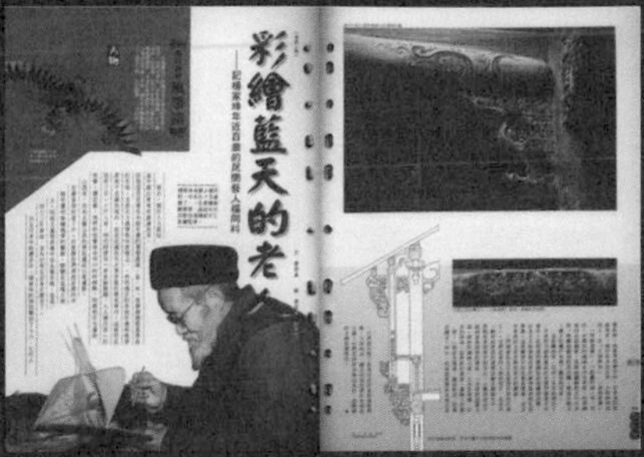
彩繪藍天的老人

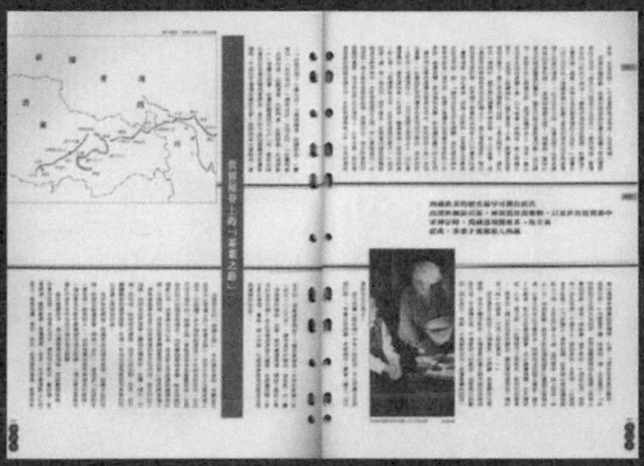

請你喝杯
酥油茶

晉江
莊銘真宅
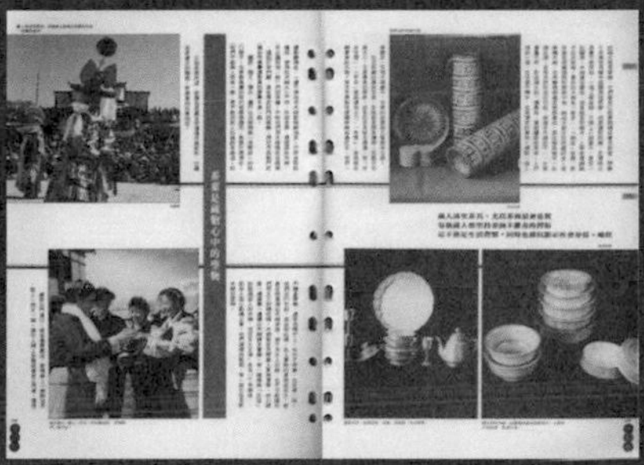

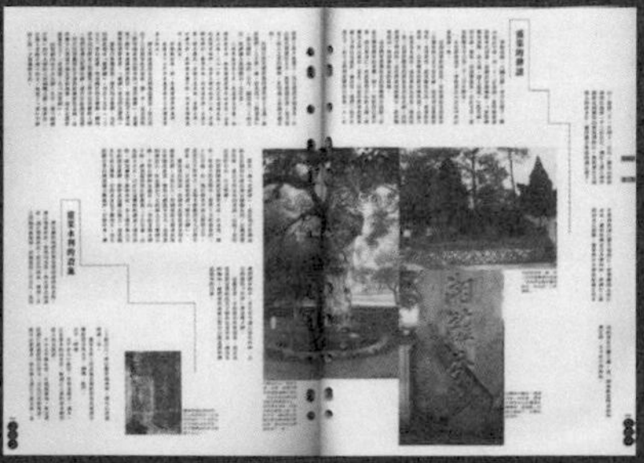

二千二百年前的
靈渠
水利工程
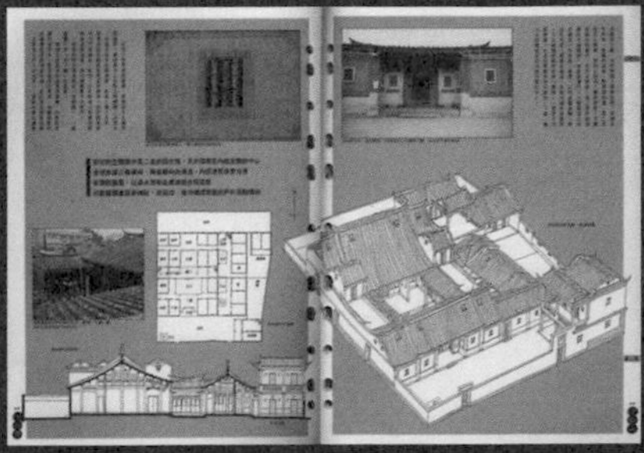

塑十八法」與「彩繪七法」。這個折騰師傅與編輯的工作過程，化為《漢聲》雜誌的三期內容，也成了黃永松最難忘的採訪印象。

（以上引文出自《黃永松與漢聲雜誌》，二〇〇三年出版）

雜誌的型式改了，「做雜誌」心態沒變

這些年，漢聲已從昔日每推出議題必引起矚目的文化雜誌，轉型為民間藝術文化的精緻專書出版者，被歸屬於哪個出版形式，其實不太重要。「你可以說漢聲現在的內容太深，不是雜誌，但，我們的目的從來不是『做雜誌』，而是借雜誌型態跟讀者分享我們學習到的東西。」吳美雲強調，雖然表現形式和能力都在進化、改變，不變的，是漢聲對於知識分享的使命感。

在黃永松眼中，「（漢聲的）雜誌心態是沒有改的。這心態是活潑、充滿生命力。過去，書給人的感覺比較沉重、靜態，我們用雜誌的心態做叢書式的內容，讓雜誌跟書可以交流，重點是把內容說好，為內容找到最恰當的表達。」

將鮮少出現於主流文化的傳統民藝介紹給一代又一代讀者，放在出版漸趨不易的今日，應當會被視為「不可能的任務」，不過打從一開始，又何嘗容易過？四十年來，總有人問吳美雲「在漢聲工作很辛苦吧？」「不辛苦！我每天工作都在玩，工作就是要開心，這是人生的goal（目標）！」她哈哈大笑。

她的老搭檔黃永松也同樣氣定神閒，「前幾天我還被媒體問到，我七十一歲了，打算退休嗎？我說，到今天我才感覺這文化工作我越做越成熟，看法越來越清楚，不能退休！我還能做二十年，繼續帶年輕編輯往前走。」

孔子說，人生到四十叫不惑，七十歲是「從心所欲不逾矩」。從心所欲的吳美雲和黃永松領著不惑的漢聲，做雜誌也好，出書也罷，媒介怎麼變都無妨，他們仍懷抱對傳統文化和知識的熱情，繼續打磨畢生累積的技藝，將漢聲作為傳統文化的老窖，源源不絕，造出佳釀。■

《漢聲》營運的過去、現在與未來

《漢聲》雜誌自創刊後有十多年是赤字經營，英文版雖然每月發行兩萬份，其中一萬份賣給中華航空公司，但賣價過低，不敷成本，早期需靠編輯部為其他公司行號代編刊物或製作廣告傳單以維持營收。

1981年，叢書《中國結》和《中國童話》出版，加上後來的《漢聲小百科》，成功開啟相關出版市場，叢書更成為養雜誌的收入來源。1982年，為遏阻盜版，雜誌社成立漢聲直銷隊，由吳美雲親自授課，奠定漢聲直銷部以產品知識為銷售優勢的經營方針，該年《中國童話》創下54萬冊銷售佳績。1992年，漢聲成立直銷、電銷、郵購隊伍，全台四十多個辦公室，並設立客服、倉儲部。1993年，漢聲在中國正式成立直銷分公司，全盛時期的漢聲人力達千人。《漢聲》雜誌的銷售基本上以零售為主，各冊銷售狀況不一，像《中國童玩》因為搭配展覽，銷售量可高達6-7萬本。

2003年，北京漢聲文化信息諮詢有限公司（北京漢聲巷文化創意發展有限公司）正式成立，提供中國各地文化活動顧問、諮詢、策畫、執行等服務。而雜誌編輯部仍維持中、台各自運作營銷與發行出版品。

4 **封底裡**｜封底或封底裡，固定擺放老廣告圖片。

系列報導｜初期《漢聲》除主題外偶爾會出現「系列報導」，由專家撰寫，如中國古典園林、郭老師說故事。兩岸開放後新增「大陸采風」專欄。

回響｜初期《漢聲》最後有回響專欄，為前幾期主題的後續報導。

以圖像帶領文字

中國攝影專輯

陳傳興×行人編輯部

期數——一
時間——一九七八年一月
篇幅——一〇〇頁（p17-p116）
內容——中文版《漢聲》創刊號即為英文版《ECHO》最後一期的主題：中國攝影，以攝影史的角度談攝影，整理中國攝影百年來發展軌跡。專題以郎靜山口述整理的「中國攝影的發展」展開，分幾個面相——**人**，介紹中國最早也最重要的兩個攝影社團「北京光社」、「上海華社」創始者黃堅及郎靜山，並由兩位話中帶出當時攝影環境。**事**，介紹新聞攝影，從各類型的新聞照串出近代中國史，並特別介紹當時著名的新聞電影（newsreels）記者，人稱「新聞片王」的王小亭。**物**，主要著重於器材相關介紹，包括古董相機達人及其收藏的老相機們、柯達攝影公司在上海的發展，以及中國古代針孔成像的典故介紹。最後，再以郎靜山的藝術攝影，作為整個專題結尾。

此外，本期《漢聲》一開始連續五頁柯達的廣編稿，介紹柯達公司的歷史發展與現況，亦可視為主題的一部分。

陳——封面延續《ECHO》四個景框的設計，版面、題材，都看得到英文版的影子。做這個主題，選材可能會有限制，用照片也得很小心，比如說留在大陸的攝影家、受日本教育跟學習的台灣攝影家當時都不太能談。所以相對地，郎靜山占了滿大比例。當然，事實上郎靜山也相當程度地影響了台灣當時主流沙龍攝影。

●《漢聲》封面使用四個景框設計一直到第四期，第五期略有變化，第七期開始全新設計。前六期應直接套用「ECHO」版型，「漢聲」的標準字下可看到「ECHO」及「of Things Chinese」。

●封面共十七張照片，幾乎都從「新聞攝影」及「新聞片王」文章中選出，加強此專題偏重攝影史的角度。

地步入現代化。攝影術在西方剛萌芽不久，便就立刻被中國人接收了。
中國初期的攝影和西方一樣，只是應用在人像的攝製上。照相能為人們保留下生命中華麗的瞬息——例如婚姻、子息的誕生等。然而對執著
Zeiss Ikon

● 郎靜山展示玻璃底片

流浪的照相師傅來了，鄉民們圍攏過來，好奇地觀察他如何擺佈起照相機、坐椅、撐起作暗房用的黑布帳子。照相師傅於是口若懸河、大吹法螺，說明這照相術是如何的神妙，總有人會忍不住越來越強的好奇心，掏出錢來試一試這魔術箱。

溼片除了曝光時間短之外，還可以將拍攝後收存乾燥的玻璃版當作負片，印出照片來。不過當時人對可以印出無限制數目照片的這件事並不感到興趣，一般人只想擁有一張自己或家人的照片用以祭祖或擺在桌上就好了。為了滿足人們這個要求，「安布羅太普」(ambrotype)被引進了中國。

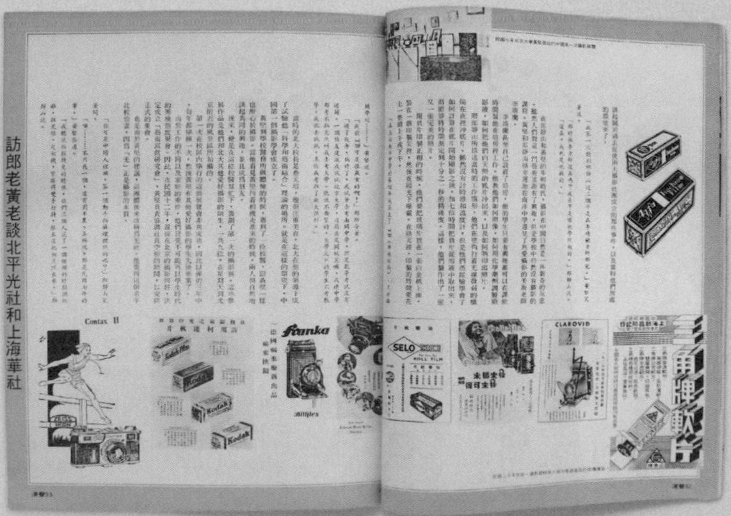
訪郎老黃老談北平光社和上海華社

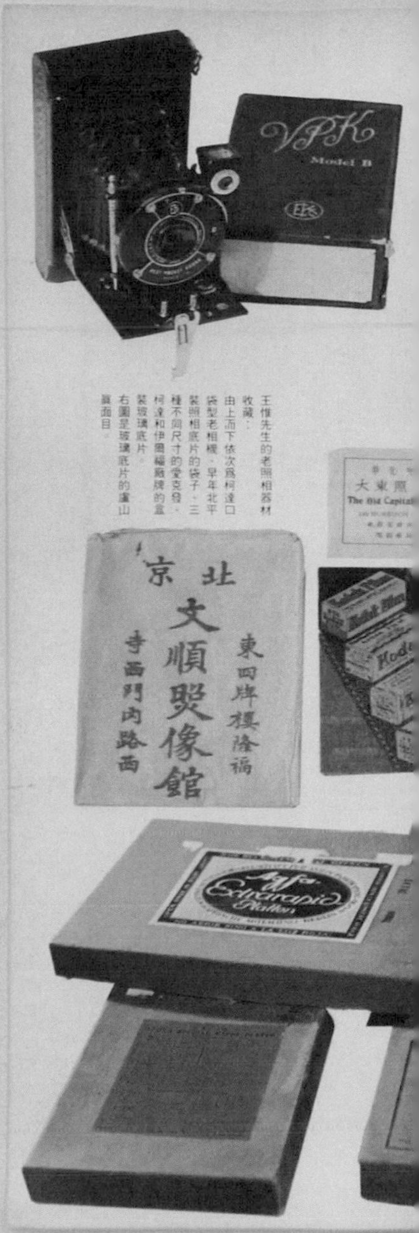
VPK
Model B
王惟先生的老照相器材收藏。由上而下依次為柯達口袋型老相機、早年北平裝照相底片的袋子、三種不同尺寸的愛克發、柯達和伊爾福廠牌的盒裝玻璃底片。右圖是玻璃底片的盧山真面目。
北京
文順照像館
東四牌樓隆福寺西門內路西

● 右下的漫畫有兩個目的，一是柯達的宣傳漫畫，畫的是創辦人伊士曼；同時也是十九世紀末，中國照相師傅揹著全部攝影家當、兜攬生意的寫照。

五四・北伐

在一連串的混亂中，民國成立了。民國八年五月四日，由於日本二十一條宣言——其中包括日本要求在山東海軍基地的權利，國內各大學的師生公開地表達出他們對政府的強烈不滿。

當時中國代表團正抵達凡爾賽參加和平會議，發現美、英、法同盟國對山東歸還中國之事毫不支持。巴黎和會中由於我方外交失敗，凡爾賽條約竟將第一次世界大戰前德國在山東的權益讓給了日本。

消息傳來，國人非常憤慨，北平十三所大學的學生舉起「外抗強權，內除國賊」的牌子，組織遊行隊伍，要爭回自己的土地。

黃堅是數千名參加示威遊行的知識青年之一，他回憶當年的情況：

「……我們在天安門前集合，決定往日本大使館的方向走去，然而路都被使館衛兵堵死了，我們只得繞道去賣國賊曹汝霖的家，我們闖進部長公館，把門窗玻璃都一股腦兒砸爛，更揪出章宗祥來痛揍一頓……當時我隨身帶着照相機，就把這些都拍了下來。我們正打算燒房子的時候，警察來了，把大多數示威的學生都捉拿起來。我運氣可眞好，恰好我的外籍英國文學老師也以記者身分趕來了，他向警察打交道，說我是來拍照的外報記者，混矇了過去，沒有受到牢獄之災……。」

五四運動把知識份子的革命更提高了一層，使得全國民衆的政治意識和愛國熱忱普遍加深。到民國十五年七月，當時的 蔣總司令爲完成 國父孫中山先生統一中國的遺志，開始北伐，要澈底把軍閥消除、外國強權趕走。

當時的大軍閥吳佩孚以武漢爲根據地，控制了河南與兩湖，孫傳芳佔有東南五省，張作霖則盤據了整個東北和

五四運動時，學生示威遊街，圖中左起第二人爲羅家倫。

右圖是民國十五年 蔣總司令檢閱北伐軍隊。下面依次爲閻錫山、吳佩孚、張作霖、馮玉祥。

下圖爲民國十五年 蔣總司令誓師北伐後，對北伐軍訓話。圖中可見到已經有攝影師把這歷史鏡頭拍攝下來。左上是民國十七年六月 蔣總司令北伐完成，赴武漢視察。左下是馮玉祥的騎兵隊。

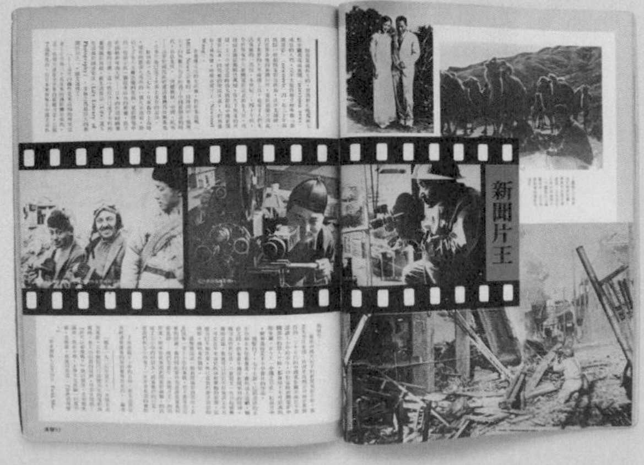

（原刊於39頁）……上海當時也有成立「攝影通訊社」的打算，雖然沒有成功，卻可以從他們為新聞攝影劃分六大類中（時事、裝飾、風俗、風景、名人、藝術）看出當時人為新聞攝影所下的範圍和定義，是與今天大致相同的。

在三十年前戲院一般劇情電影放映前，往往先插映一段世界各地的新聞短片，電影新聞片因此成了重要的大眾傳播工具，也成了人們生活重要的一部分。

- 此期與英文版《ECHO》最後一期內容、版面相同，僅直排、橫排，右翻、左翻的差別。
- 標題為「新聞攝影——相片裡的近代中國」文字中很大比例為近代中國史的介紹。

……在同年十月先擊潰了吳佩孚而光復武昌後，再揮兵東向，進攻隔岸觀火的孫傳芳，而於次年三月光復南京。

正當北伐軍事順利進展之際，共黨卻暗中擴展勢力，並掀起一連串的暴亂，迫使 蔣總司令下野，北伐大業遂告中斷。民國十七年元月四日， 蔣總司令徇國人之請，回京復任，於三月底渡江繼續北伐。張作霖見大勢已去，便逃回東北，被日本軍閥設計炸死。其子張學良於民國十七年十二月改懸青天白日旗，中國遂宣告統一。

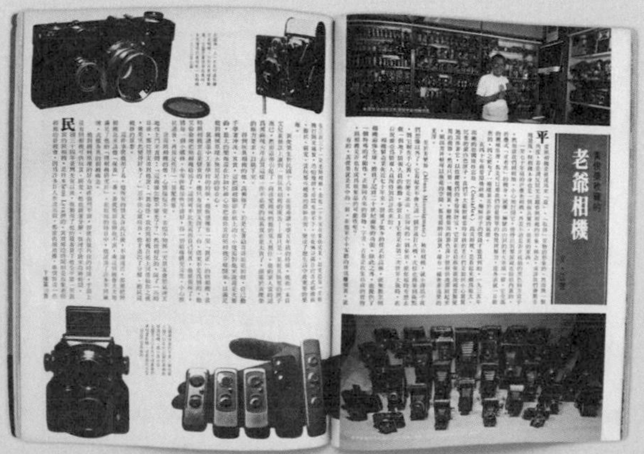

中國人造形

● 此期開始，《漢聲》封面脫離《ECHO》四個景框設計。整個版面布滿小方格照片，為之後《漢聲》常見設計。

● 三個放大的人物，呼應主題的三個面向：平劇裡的孫悟空（肢體）、媽祖（習俗）、唐絹畫婦人（歷史）。

期數——七

時間——一九八〇年一月

篇幅——七十八頁（p4–p81）

內容——觀察到當時社會越來越受到西方審美價值影響，《漢聲》特別製作「中國人造形」主題，從歷史及生活角度，介紹、剖析東方人面貌及體態特徵，企圖恢復屬於中國人的審美觀。歷史部分包括：「一萬年來的中國人」，將一萬年來以「人」為主題的藝術品，按時間排列，呈現出幾個階段的變遷，及每一段時期的精神本質；「黃帝子孫的形象」則是由李亦園教授從人種角度看中國人的體質特徵；「先秦時代隱晦的人像美術」則是由袁德星（楚戈）撰文，探討先秦時代的人像美術。

造形也包含了肢體動作，「中國舞台上的肢體語言」從傳統戲劇角度、「早起的台北人：看國術中的肢體表現」從武術角度，分別探討中國傳統的肢體美學。

「喜逐顏開：談挽面習俗」、「看相：訪傅樂成談中國觀人習俗」和「傳統雕塑的殿堂——大天后宮」則從傳統習俗切入，看日常生活中的造形美學。

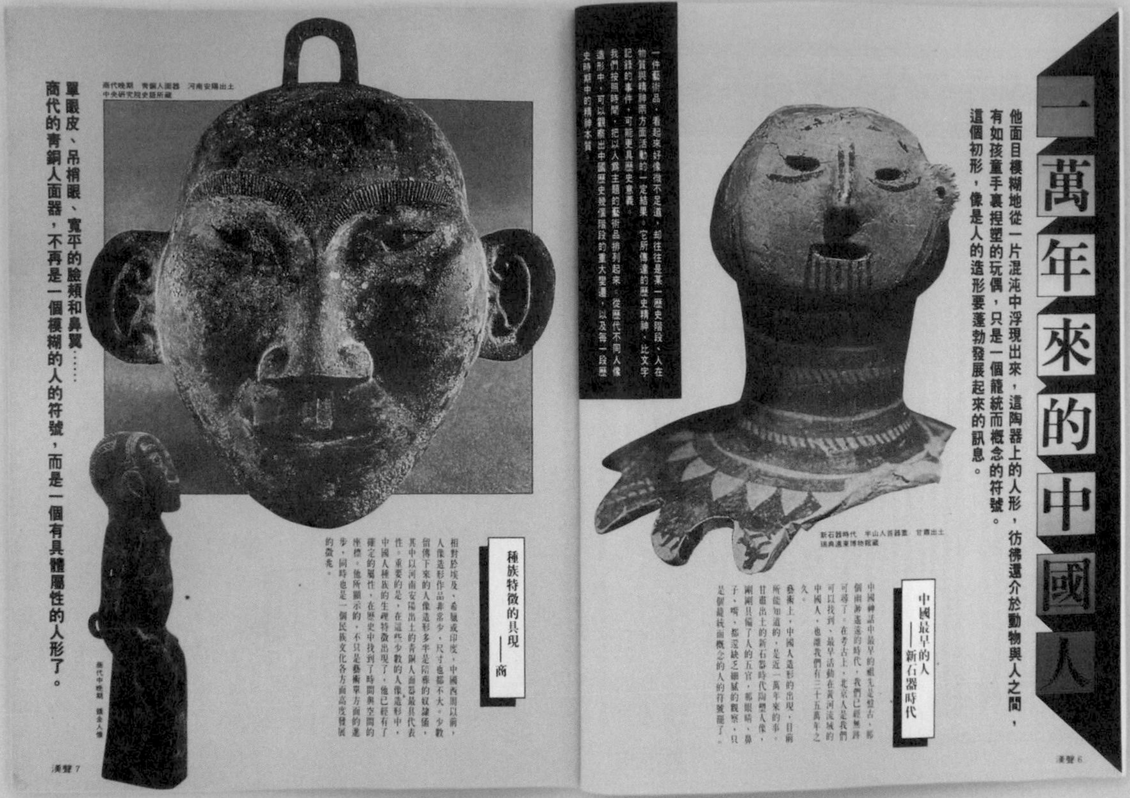
一萬年來的中國人
他面目模糊地從一片混沌中浮現出來，這陶器上的人形，彷彿還介於動物與人之間，有如孩童手裏捏塑的玩偶，只是一個籠統而概念的符號。這個初形，像是人的造形要蓬勃發展起來的訊息。
單眼皮、吊梢眼、寬平的臉頰和鼻翼……商代的青銅人面器，不再是一個模糊的人的符號，而是一個有具體屬性的人形了。

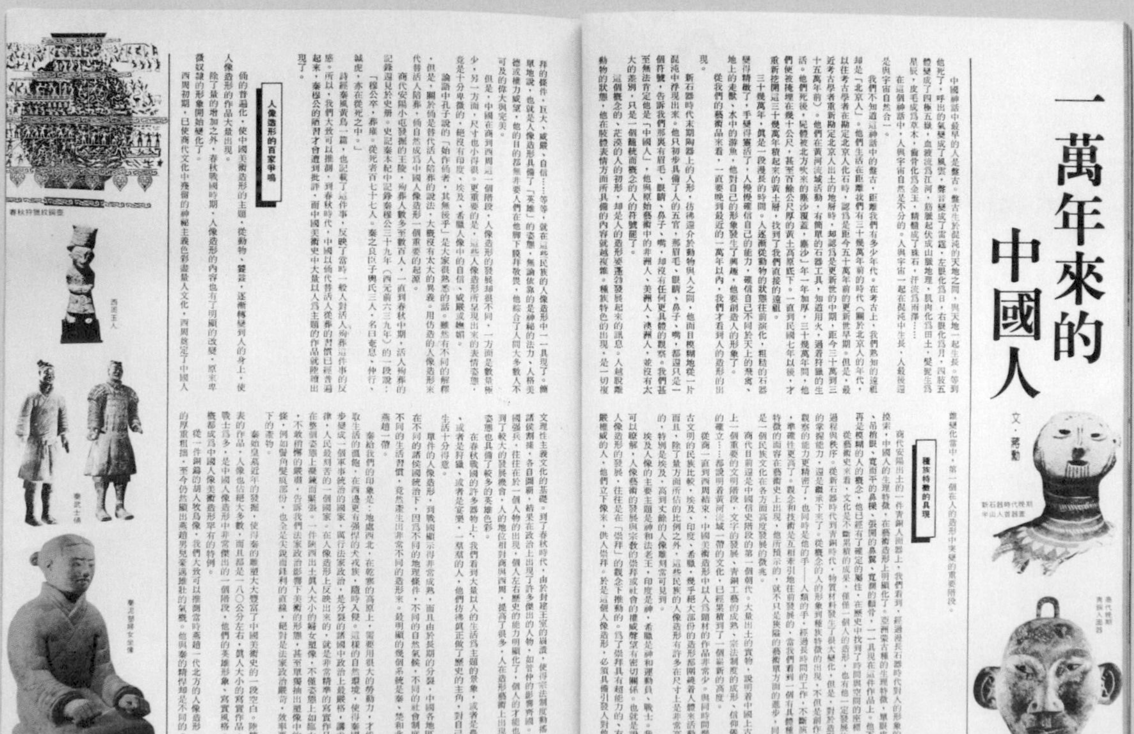
一萬年來的中國人

● 同樣素材，分兩種層次呈現：先以圖為主，按時間排出歷史上以人為主的藝術品，並擷取後面奚淞的文字作為特文。圖片結束後，再呈現完整文章，而之前出現過的人像彩圖，此時改為黑白，縮小到文章兩旁作為配圖。

陳——這本雜誌是image概念，以圖像來帶領文字，編排基本上以圖片為主。

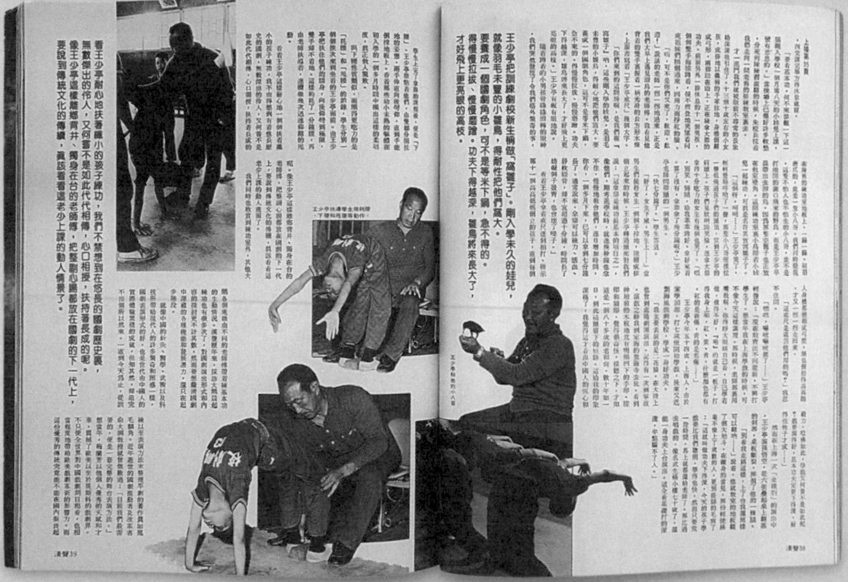

（原刊於34頁）最重要的，是中國戲劇秉承、融會了悠長的傳統，如今仍活生生地存在於我們身邊，有待我們從各個角度去重新審視它、研究它，並尋找出來中國人表達自己情感和肢體的方向。

平劇中的勾臉，是為描寫具有不尋常性格的特殊角色，……在舞台上不只呈現出繽紛而富麗的對比和變化，也使角色性格分明凸出。

● 仍是圖像先行的概念，先以一系列神像照片搭配特文，之後再帶入主文。
並在文章中以插圖解釋，進入大天后宮後，建築對視覺造成的影響。

大天后宮裏的數十件大小神像作品，都是泥塑的。據當地父老傳說，這是在將近三百年前，一位泉州師傅的傑作。據說這位民間藝術家有抽鴉片的習癖，每得過足了癮之後，才會靈感大發，塑出精采生動的像來。

如果說希臘、羅馬人綜合了他們理念中的美點，寄託於美神維納斯像中，我們該也可以在歷代的媽祖、觀音或其他神像中找到中國人對美的寄託。大天后宮的媽祖像，便是我們民族容顏美好極致的代表之一。

在攝影燈的強光照明下，
奇蹟出現了。
媽祖低俯，埋藏在陰影下的眼睛，
突然顯現出清亮的瞳仁來，
使得我們看清楚了這大約有兩人高，
龐大的媽祖坐姿雕塑，
是具有何等慈悲和莊嚴的法相。

在大天后宮，一些小神和侍從的容貌上，可看出，它們是依照中國民間的各種人物典型而塑製的，因此顯得十分生動、自然而活潑，可以說是人間芸芸眾生相最凝鍊而具體的藝術表現。

……在五、六十步的距離縮短中，你不會覺得媽祖在變高、變大，或使你因此不敢仰視。相反的，她似乎永遠維持著一個恰如其份的、很溫和的大小和表情。……觀眾在臨近的過程中，不知不覺升高了三層地階才到媽祖眼前，所以沒有突兀變大之感。

「十畝之間兮，桑者閑閑兮」
在暖陽和風的春日，摘採桑葉的人們，
有的攀枝爬幹，有的手提籃筐，
那笑語和歌聲的熱鬧氣息，
一時都要滿滿的透溢出來了。
春秋以前的人像繪畫和雕刻一樣，藝術水準不高，只是動物畫的陪襯。西周中期以後，由於工藝革命，美術家才努力創造出一目了然的「白話紋」。從戰國銅壺的刻紋上，我們可以看到剪影式的古代中國人的形象：宴樂、狩獵、習射、採桑……在兩千多年後的今天看來，猶使我們體會到那個時代的人們日常生活裏的活潑、生氣。
小熊馴服、專注而微微恐懼的在桿頭上注視著主人，而主人極有信心的看著觀眾給牠大聲喝采。這個戰國時代的玩熊人，線條簡潔，只略加刻畫，便顯得生動異常，眞是東方寫意雕刻的代表作品。

陳——大量使用插圖，彩色篇幅很多，有很多非常鮮豔的、比較接近一九七〇年代由廖修平帶入版畫的設計，特別是套色版面的使用。這在當時是滿開創性的做法。因為當時台灣大多是海報或廣告，才流行做這種套色或鮮豔漸層的設計。

看相

陳——從目錄旁邊的對照表可以看出，這個系列是類似系譜的概念。設計成文化剪貼，其實就是把編輯權放給讀者，讓讀者跟書的主題互動，其實也是帶出民間文化採集的概念。

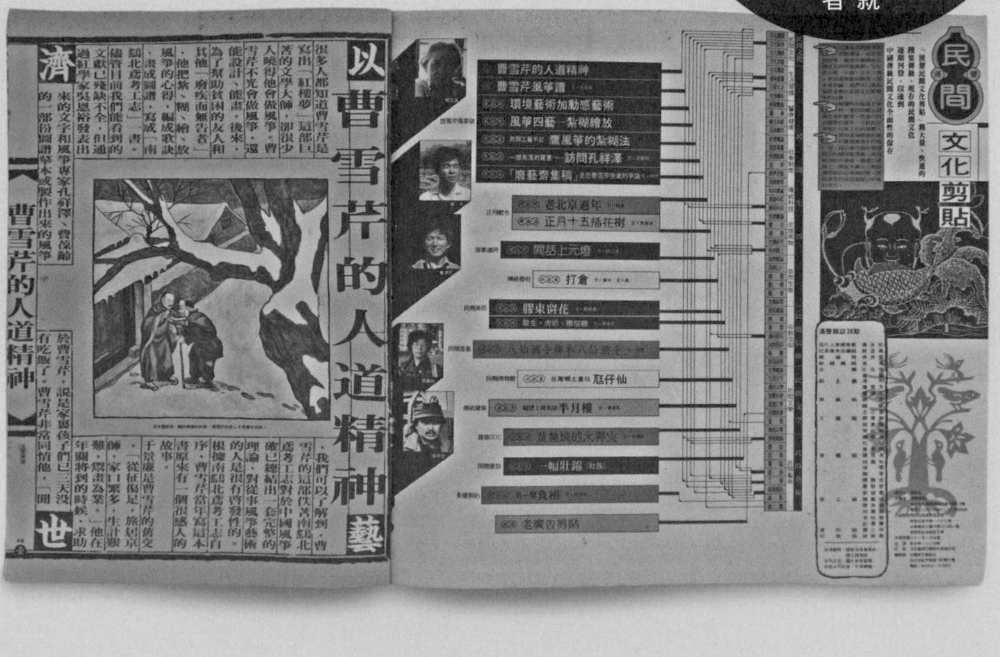

●「民間文化剪貼」系列，以文化剪貼、基因庫概念為主，故此系列「民間」二字及該期主題往往較大，紅底白字的「漢聲」反而不明顯。

●封面為「雙鯉魚風箏」，屬於第一類（硬拍子風箏）第伍項（水族）第九目。

曹雪芹風箏譜

期數——三十八
時間——一九九二年二月
篇幅——四十三頁（p1-p43）
內容——以曹學芹佚著「南鷂北鳶考工志」為引，介紹中國傳統風箏藝術，以及曹雪芹與風箏關係典故。一開始，以奚淞繪圖、撰文的「曹雪芹的人道精神」，帶出「南鷂北鳶考工志」成書典故，接下來篇幅主要可分為拆解風箏譜及歷史考據兩個部分。

「曹雪芹風箏譜」為風箏專家孔祥澤從類到目、文圖照並呈的總論介紹，「風箏四藝——紮、糊、繪、放」、「民間工藝手記：鷹風箏的紮糊法」則分別文字搭配照片，或是手繪工序圖的方式，拆解曹雪芹的風箏藝術。歷史考據部分則以三篇文章：「環境藝術加動感藝術」、「一部失落的寶書——訪問孔祥澤」、「『廢藝齋集稿』是否曹雪芹佚著的爭論」，介紹風箏藝術及曹雪芹佚著之發現與爭論。

此專題屬於《漢聲》民間文化剪貼系列，每頁書口均標示該篇屬項，參考目錄頁即可對照出該項所屬類種。

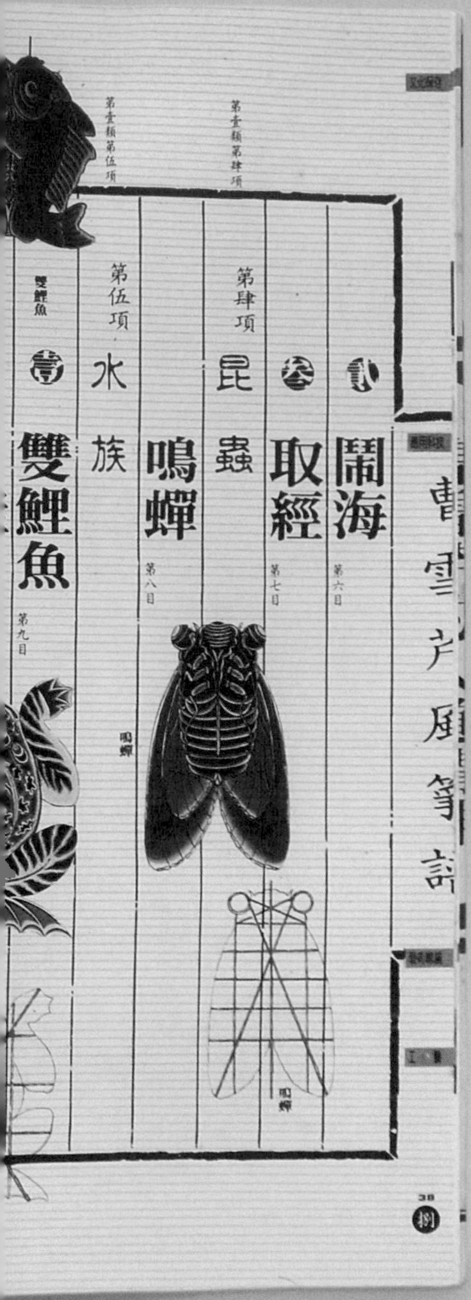
第壹類第肆項
第壹類第伍項
第肆項
昆蟲
第伍項
水族
鬧海
第六目
取經
第七目
鳴蟬
第八目
雙鯉魚
第九目

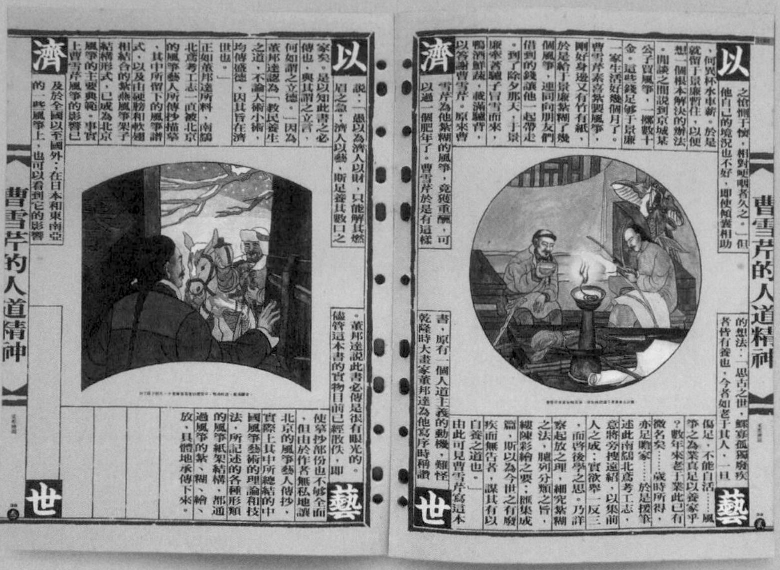
曹雪芹的人道精神
以
藝
濟
世

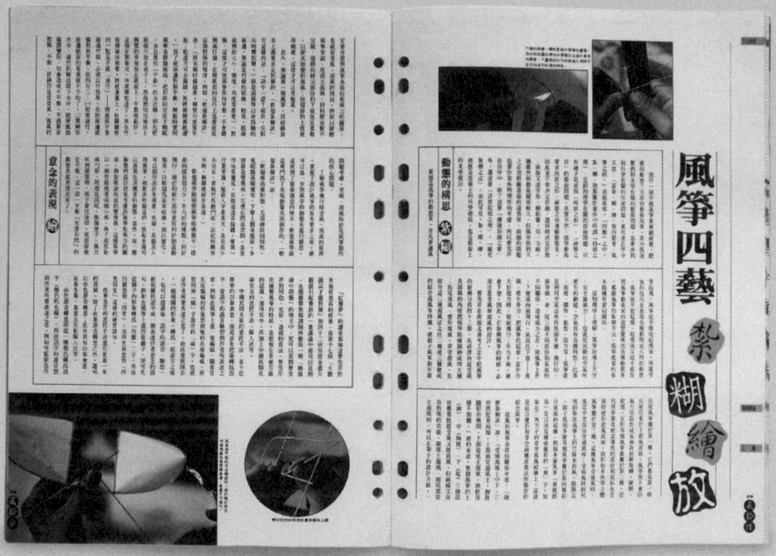
風箏四藝
紮
糊
繪
放

第貳類第壹項
水族
壹 鯰魚 第十三目
貳 紅頭魚 第十四目
叄 紅帽子魚 第十五目
肆 龍睛魚 第十六目
鯰魚
紅帽子魚
龍睛魚
米字架
硬膀
平頭長尾風箏
普通硬膀健實，只在與尾部銜接處稍刮削；膀兜糊法卻宜淺不宜深。加紮硬膀，主要是利用硬膀兩梢瀉去些許風力。硬膀瀉風時，頭即搖擺，加上長尾瀉風時的擺動，即生搖頭擺尾的動態。這種結構，常用來做魚類風箏，例如鯰魚就是這樣紮糊的。
38 玖
第壹種第貳類
長尾
第貳類 平頭長尾風箏
壹 六合同慶 第十一目
貳 魚躍龍門 第十二目
上部的「平頭」借用了硬拍子風箏結構，取其受強風不變形的優點。但長尾並不用尾繩或長繐，所以要在平頭之下加紮一個硬膀。硬膀上條極粗壯，下條也要較
青蛙
青蛙
第貳種變形瀉風
風箏的架子結構，既有硬條，也有軟條。硬條利於受風，軟條利於瀉風。面料或糊成有彎度的
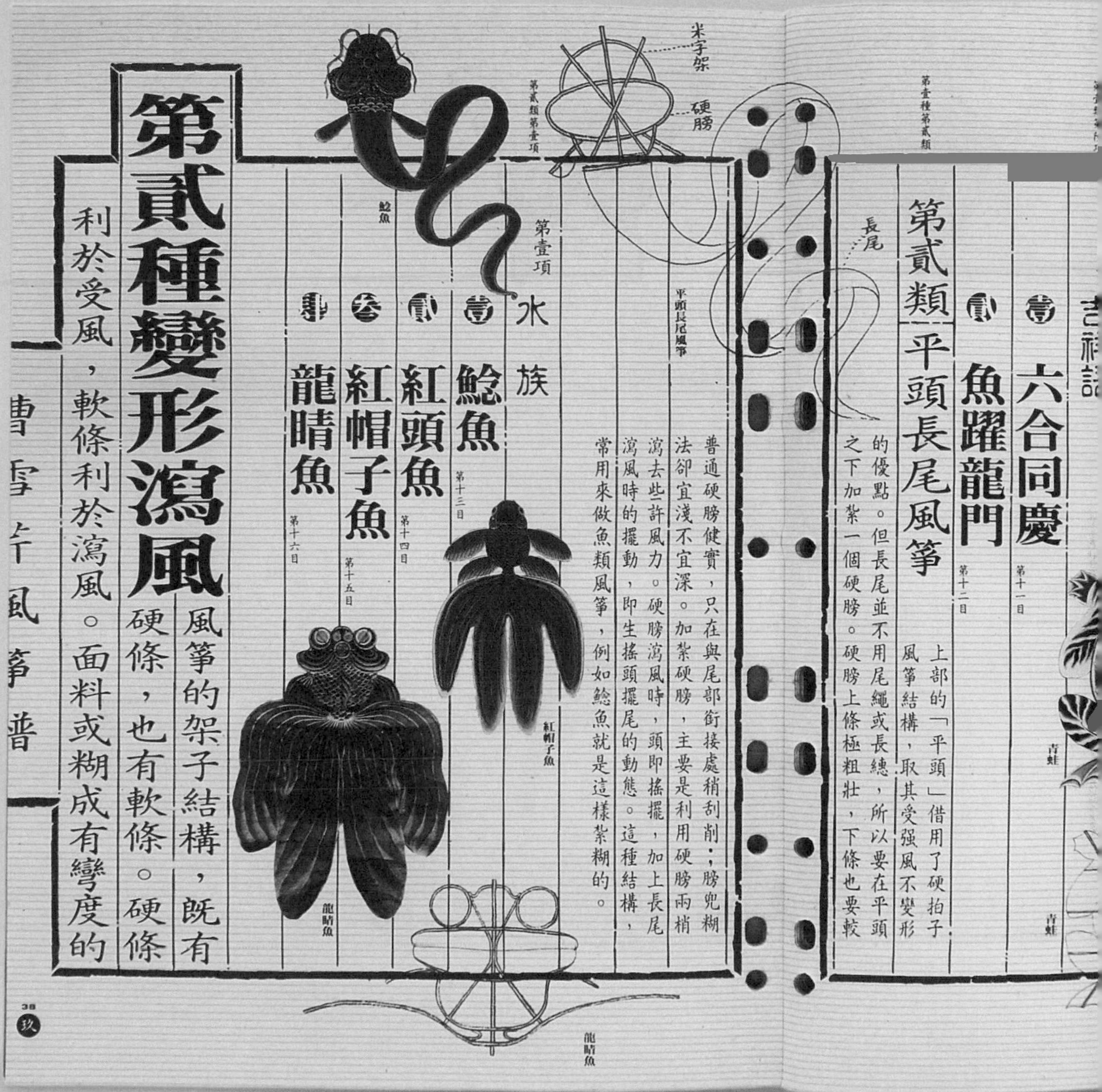
曹雪芹風箏譜
● 風箏譜的分類整理，以宋版書的變形為底，風箏、風箏骨架破格設計。

● 每頁書口都有標示該篇屬項，不限一項，此篇即為「應用科技」、「藝術概論」、「工藝」。

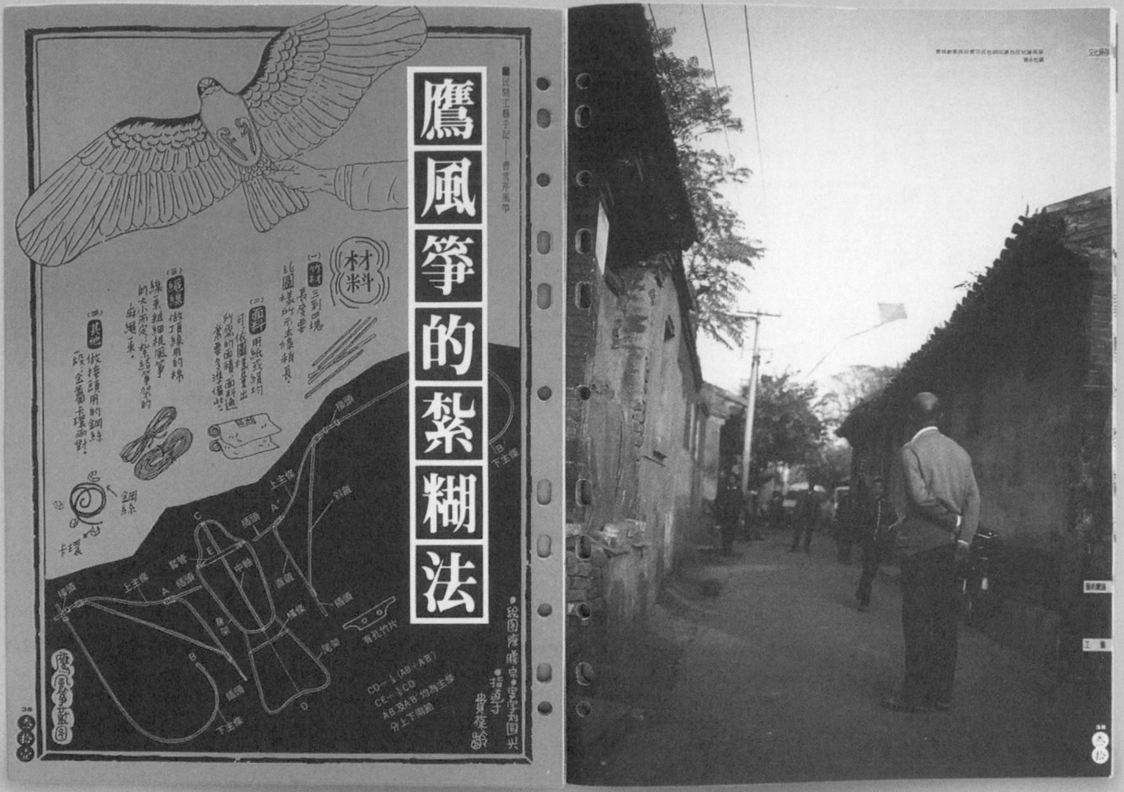

鷹風箏的紮糊法

材料

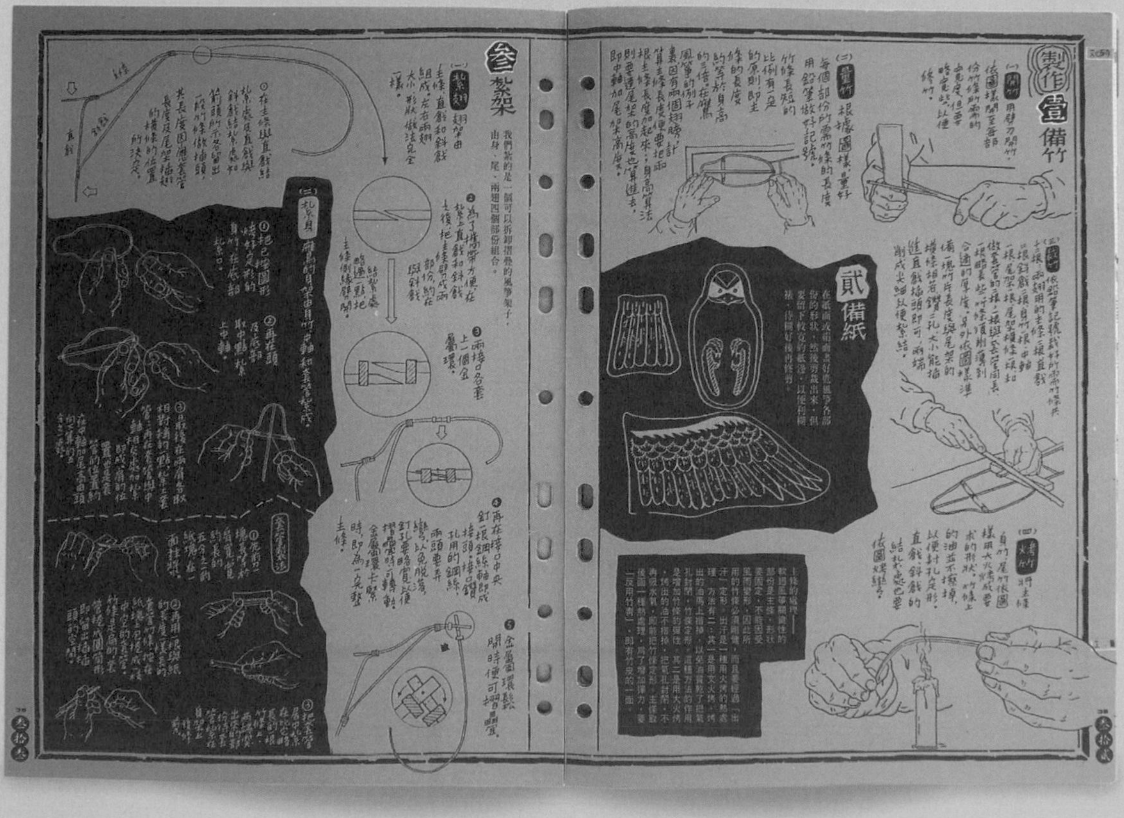

參 紮架

貳 備紙

製作 壹 備竹

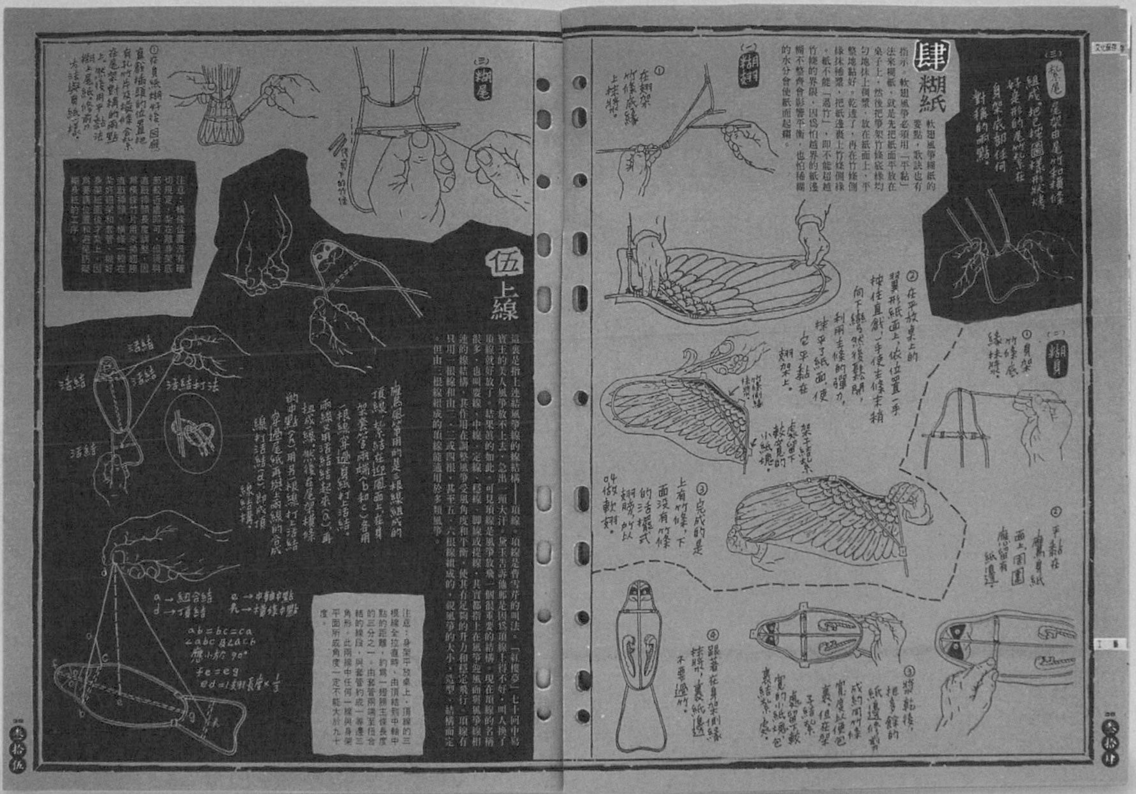
伍 上線
肆 糊紙

一部失落的寶書
——訪問孔祥澤
「廢藝齋集稿」是否曹雪芹佚著的爭論
陸 組合

急切且持續的文化關懷

溢於言表、躍乎紙上的持久熱情……

張世倫
藝評人

對於愛書者來說，《漢聲》雜誌就像一座仰之彌高、望之彌堅的高山，非但難以輕易穿透，更很容易讓人著迷於山中風景，而難以窺探其全貌。有別於目標讀者群較為明確的雜誌（例如《人間》的左翼人道、《島嶼邊緣》的學院批判、《影響》的藝術片迷、《好讀》的知青文藝），以民藝、民間、民俗為主軸的《漢聲》雜誌系列，涉獵內容極其廣泛，從「自然農法」到「鄉土建築」、自「台灣獼猴」到「麒麟送子」，這份雜誌展現出無比深邃的人文厚度、關懷視野與企畫能力。

然而《漢聲》有時候也難免令我困惑，是否真有人能興趣廣泛到能宣稱自己是該雜誌全系列內容的「忠實讀者」，畢竟要對如此複雜多樣的各期專題都抱持著同等高昂的閱讀熱情與探究興趣，恐怕不是件容易的事，但這或許也證明了《漢聲》雜誌所成就的，是何等了不起的艱難事業——不被動追隨可輕易操作的輿論話題，而是藉由精心籌畫的專題內容，主動開啟文化議題的深度討論。總讓人有些距離的《漢聲》雜誌，因此也像一隻讓人摸不清頭緒的「巨象」，每個盲人般的讀者，只能摸索並掌握到自己最有興趣的局部細節，驚歎其用心細緻，但對於整體全觀的雜誌形態，似乎總缺乏了一些實在的掌握感。

但在困惑中，仍可清楚辨明的，或許是該刊對於圖像化與視覺元素的高度重視。一九七八年的《漢聲》雜誌中文版第一期便以「中國攝影專集」為題，試圖建立一套深入淺出、以攝影文化為核心的視覺歷史系譜，或許並非偶然之舉。《漢聲》一些企圖宏大的系譜式計畫，亦見諸於「中國人造形」、「台灣的泉州人」、「台灣的漳州人」，與「台灣的客家人」等專題。如今回顧這些年代久遠的經典企畫，仍可讓人清楚感受到那股急切地為民族尋根「造像」，並藉由視覺元素之拼貼、組裝與挪用，努力地將複雜議題轉化為通俗語言的文人熱情。這股溢於言表、躍乎紙上的持久熱情，在現今台灣雜誌界那種以操作短線議題為樂，並高度講求制式規格與利潤理性的邏輯算計裡，已經很少出現了。

另外一個令人印象深刻處，是《漢聲》雜誌的早期封面（尤其是英文版時期），常慣用「格狀式」(grid)的框架構圖，將畫面切割成若干方塊。這些格狀物，既像是底片或照片外框，又像是提綱挈領的重點提示，更帶著一種視覺元素被「檔案化」處理的暗示，令人玩味。事實上，無論形式如何變化，《漢聲》系列從英文版、中文版，乃至之後規格多變的雜誌書樣貌，唯一不變的或許便是高度講究設計細節，並竭力於將行將凋落的民間樣貌予以「視覺檔案化」的傳承精神。

不過奠基於一九七〇年代的《漢聲》雜誌，其「民間」想像的構造根基，一如彼時絕大多數坊間刊物，大抵上仍建立在以華人系譜為主的「中國民族主義」情懷上。這樣的視野雖然寬闊宏大，關切核心也不拘於台灣一地，但在處理一些題目時，若干觀點如今以「後見之明」審視，難免顯得有些缺憾。例如第一期的「中國攝影專集」，念茲在茲的是「西學」如何「華用」、以郎靜山為核心人物的中國攝影現代化軌跡，但對於在二次大戰前受日本統治，因此有著另一套影像史軌跡與視覺身世的台灣攝影近代歷程，則未置隻字片語。而在一九九五年出版的攝影專輯「目擊抗戰五十年」裡，雖然依舊設計精準且視覺強烈（該書第二部分的「文物篇」尤其出眾），但或許是太執著於正邪對抗的民族主義立場區辨，使得其中缺乏彼時身為日本殖民地的台灣民間觀點，亦無台籍日本兵的論說空間。取而代之的是過於鐵板一塊的視覺簡化與單向敘事，書中亦有許多戰時為了宣傳目的，其真確性與詮釋角度都頗有史實疑義的照片，而少了些迂迴與隱晦的人性層次。影像在此，不再是深化問題意識與歷史厚度的切入點，而僅是做為一種「存在」即「真實」的視覺見證物，藉以凸顯「我們」對抗「他們」的二元對立。

《漢聲》系列的「民間」想像，另一特徵則是對「行將消亡」文化現象的考掘與記錄。例如早期分成四期刊載的「文化國寶專輯」，多層次地開啟了台灣雜誌界對古蹟的報導視野，而類似的文化關懷與急切之情，亦見諸於往後《漢聲》對於民間傳統工藝與鄉土建築聚落的系列採訪裡。不過此一多少奠基於七〇年代藝文界「回歸鄉土」呼聲的「民間」想像，大抵仍比較聚焦在現代社會裡易被遺忘忽略，較為「純粹」質樸，彷彿置身在前現代光景，而未受太多外部因素「污染」的文化現象。至於那些與現代性交相混血、衍生突變的底層文化，例如那卡西走唱、電子花車或金光布袋戲，雖可謂之為另一種「民間」風景，但較不是《漢聲》所關懷的文化現場。

即便如此，《漢聲》多年來成就的文化事業，仍然讓人敬佩仰望且高度珍惜，關於此事，倒有兩則相關的小回憶。還記得二〇〇三年當兵服役時，我以「文化替代役」身分服務於當時仍在籌備階段的台北縣立十三行博物館。當時明明開館在即，卻仍萬事混亂、百廢待舉。某日接到館方一則緊急任務，命令我到台北地區的舊書店，逐一尋找有無已經絕版的《漢聲》雜誌第三十四期「八里十三行史前文化」專輯，「越多本越好，通通買回來」，一方面可當作當時仍未完工的展覽製作視覺參考，二方面亦能幫助設想，未來如何發展深入淺出的官方出版品。我白放了兩天公假，遊晃於公館師大等地，卻也沒能找著二手書市裡原本就不大常見的《漢聲》雜誌，當然，我也不想告知他人，自己手上其實有收藏這期專號，就怕被迫要割愛給館方。但此事倒是讓人體會，《漢聲》雜誌多年來不計成本且艱苦卓絕的文化事業，很大程度反向見證了公部門的失職怠慢，而在文化創意產業尚未成為一門名實不符且成效可疑的政策顯學前，《漢聲》便已用近似系譜化的視覺檔案角度，不計短期功利與數字績效地，獨力完成了許多應是政府部門或學術單位所應從事的文化調查記錄工作。

還有一回至東京旅行，特別繞路造訪代代木公園車站附近，一家以珍稀攝影集為特色的獨立書店。在向店主告知來意，並詢問店內是否有與台灣相關的罕見影像書後，只見他神色異常興奮地說「攝影集沒有，但我有很棒的台灣貨噢，你一定會喜歡」，並從櫃台後神祕兮兮地拿出加上保護套的《漢聲》雜誌，仔細一看，是「老月份牌廣告畫」專輯。這一回我倒沒有故作矜持地假裝自己沒有這本書，而是高興地說，「《漢聲》雜誌，這我有很多噢，台灣最好的雜誌之一。」那天外面的天空晦暗陰沈，但內心是雀躍的，因為遇到了愛書人才會懂的會心一笑。

傳統與現代的聯繫

一直到現在，民國六十七年出版的《漢聲：中國童玩專集》，依然是舊香居歷久不衰的暢銷書，深受書人藏家的喜愛、蒐集！中華文化的發揚、融合，以一本雜誌的形式呈現，成為傳統與現代的聯繫，跳脫立場、政治等因素，始終堅持面對傳統，讓讀者認識、了解前人數千年延續保存至今，豐富多元的文化寶藏，加上台灣在地生活經驗、民俗活動，讓《漢聲》雜誌的創造性和格局早已超越時間侷限。細數過往各期內容，文字和圖片紮紮實實為台灣記錄下許多美好的畫面和歷史！

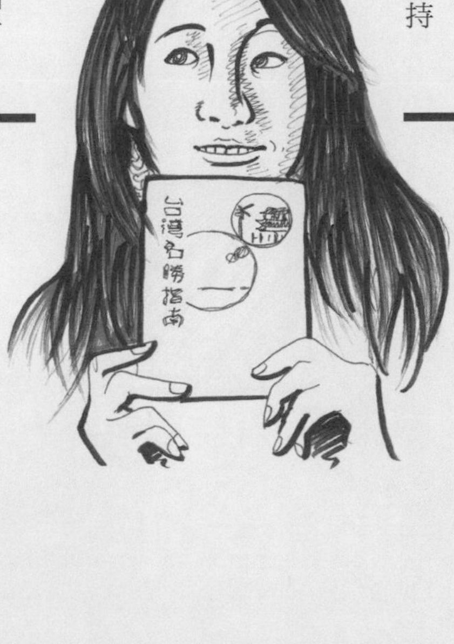

吳卡密
舊香居店主

在紙頁重建「民間社會」

在那個充滿「啟蒙焦慮」的「大敘述」的「大時代」，《漢聲》偏偏捲起袖子，另闢蹊徑，一頭走上最艱難的道路：寓「宏觀」於「微觀」，遠「廟堂」而近「鄉野」，以近乎偏執的對「細節」與「手藝」的講究，簡直「苦行式」的實地考證、採集、手作……，涓滴不捨，一磚一瓦，在紙頁重建「民間社會」令人目眩神搖的豐沛風景。

《漢聲》的「手藝人」精神徹底貫注在印刷物的每一頁每個角落，這是「形式」和「精神」完全統合的示範：它在專題編輯、版式設計、圖文配置，乃至於裝幀印刷各方面樹立的成就，在我心目中，即使過了這麼多年，仍是「編輯人」同行的一道「漢聲障礙」。

馬世芳
廣播人，作家

人間

之二的希望與奮鬥・楊
給我吃……・從地圖上
・再見！林投花・跨過
還給兒童・山崁頂的囚
詞・用鹿港人的眼睛來
蠘的叢林中・我們窮鄰
圓山貝塚・顏文門・美
颩雷・AIDS・世紀的疫
・一座神像的崩解・請
・海峽隔離後遺症・大陸媽祖・林
・沈從文和湘西風土・保衛森林的
拓在北京・搶救台灣原始森林報告
肺結核肆虐下的秀林鄉・搶救20
海域・最後的溫泉鄉・人間海峽兩
・70師的台灣兵・台灣客家・黨外
後四代人的童年・台北病理學・打
的悲歌・等待解嚴・台灣錢淹頭殼

在內湖垃圾山上討生活的人們・百分
醫師，謝謝您！・因為我餓了，你們
消失的洲後村・搜巡在中國的邊陲上
中原文化的邊疆・屬於兒童的，請
徒・6萬個孩子的聲音・怒吼吧！花
看・尋找一瓢乾淨的基隆河水・在鎮
居的兒女們・濁水溪・驚人破壞下的
好的革命・娼奴籲天錄・啊！台中的
癘・湯英伸回家了・還我一瓢清淨水
給這孩子一個機會！・嗚咽的二仁
務積弊總爆發！・海峽兩岸的客家
緊急呼籲・鍾俊陞大陸採訪專題・
・蘭嶼醫生田雅各・桂竹林的林厝
萬被虐兒童！・洩忿的口香糖・危
岸對談・痛土之旅・讓歷史指引未
執政・徬徨在戰爭與和平之間・戰
倒獨裁・赤獄「國特」・各自唱各自

人間
1985.11 – 1989.9｜共47期

人間
是報導者、參與者，更是介入者

採訪／撰文——黃奕瀠

一九九八年，《人間》雜誌停刊將屆滿十年，台北市長選戰正趨激烈時期，因課業需要，我在插滿競選旗幟的舊光華商場尋找老雜誌。地下室透著明亮但帶點慘白的光，展示著電腦組件、光碟影片的店家隔出一排又一排勉強走人的廊道，舊書報攤散布在畸零地間，發出潮了的歷史氣味。《人間》雜誌則一捆又一捆地放在門口，相當醒目。

「一定很多人都來找這雜誌吧。」我從商人的思維判斷：即使收刊十年，《人間》還有餘溫。

認真說來，這是六年級中後段班的我與《人間》的初次相見。比我年長的世代談起這份雜誌皆崇敬且感懷，比我年幼者幾乎不識《人間》，卻不免因追尋某些文化作品而接觸其影，如紀實攝影家關曉榮、阮義忠、李文吉、林柏樑，如作家藍博洲、李

疾，陳列……，或是活躍於劇場的王墨林、鍾喬……，乃至於社區工作者廖嘉展、顏新珠……，都是《人間》的一員。

即使當代年輕人不曾經歷「人間」，「人間」仍像精神遺產一般，傳遞下來：當今日媒體以邊緣人故事打動讀者，《人間》早點燃一盞「人間燈火」照亮那些孤獨的角落；現下公民記者、獨立媒體探討污染公害、山林危機，《人間》早已探討二仁溪的嗚咽、反杜邦抗爭和後勁反五輕的激烈；當同志權、司法人權議題逐步攤開被討論的當代，《人間》透過湯英伸和祁家威的例子，伸張原住民、同志與愛滋病患被污名漠視的問題。

換句話說，一九八五年創刊的《人間》所面對的台灣社會問題，竟仍是當代的危機。戒嚴前後，因快速經濟發展與資本主義擴張帶來的反省，如今同樣存在，甚至趨於惡化。於是，始終有一群人在戰鬥著，而這群人的身影姿態，不免讓人想起《人間》。

然而，談起《人間》，更不能忘卻它其實是陳映真的巨大身影。

「大陳就是太陽系的太陽，眾人圍繞著他。」從助理開始，一路當到記者的詩人曾淑美簡明道出陳映真的地位；從創刊便擔任美編的李男更不諱言：「這本雜誌，從頭到尾就是陳映真在表演，工作人員皆是在旁搖旗吶喊、敲鑼打鼓。」

陳映真

1937年苗栗出生的陳映真，本名陳永善。「陳映真」是他早逝的孿生哥哥的名字，他以兄長之名作為筆名，書寫無數。是台灣當代文學重要旗手，闢出台灣近代左派思想道路，曾被喻為「海峽兩岸第一人」。

但也因為如此，從本土和台灣意識高漲的黨外年代至今，陳映真的統派色彩讓他與其後追隨者，始終在政治和文化的邊緣位置。2006年，他對台灣越感失望，移居北京，並在北京接連兩次中風，至今仍在修養中。儘管離開台灣已久，學界或文化界偶爾會以著作出版等方式，紀念這位理想主義者。畢竟，他的作品至今仍為台灣無數青年，留下一盞光。

這位作家文壇之路，於1959年透過〈麵攤〉開展。曾擔任高中老師、亦曾在藥廠工作的陳映真，1968年因馬克思讀書會之故，被捕入獄。在那戒嚴時期，出獄後，也屢被拘留。但他並不畏於此，仍堅持馬克思主義道路，並主張兩岸統一。

陳映真曾在〈鞭子與提燈〉中記述父親對他說的一段話：「孩子，此後你要好好記得：首先，你是上帝的孩子；其次，你是中國的孩子；然後，啊，你是我的孩子。」他飽含熱淚聽受這些話，並以此為一生勉勵，這話也成為解讀陳映真的重要關鍵。於是，《人間》的創刊詞，便主張了相信、希望和愛。

但他們甘願如此——很多人都因閱讀陳映真、崇拜陳映真而來，而陳映真也不顧身段，親自求才。

《人間》收刊時，還是個小學生的我，也如同接下來的故事一般，因在學生時期讀了陳映真的小說，被感動、被影響，於是在這麼個「人間」不再的時代，追尋「人間」。

陳映真與《人間》之始

曾擔任《人間》調查採訪主任的鍾喬，高中時期便讀陳映真。「那時他還在坐牢，小說在遠景出版，是禁書。」那是戒嚴時期，鍾喬並不知作家坐牢原因，上了研究所後，因為機緣前去拜訪陳映真，也受邀加入他所辦的《夏潮》雜誌，「我當時還在念書，就當成打工，一方面有收入，一方面也有反抗國民黨的心情。」

此時，鍾喬也明白陳映真為何坐牢，「在那個反共親美的時代，黨外運動確是禁忌，而左翼運動更是。」分別在《夏潮》和其他黨外雜誌打工的他很快發現，儘管同樣對抗國民黨，但陳映真和《夏潮》更關注的是第三世界、原住民、勞工和底層，「那時閱讀左派刊物仍是禁忌，在那氛圍下，因為接觸了陳映真，我對世界有了另一種觀看方法。」他慢慢理解這是左翼世界觀和社會內部階級觀。

對資本主義擴張、消費主義不滿的陳映真，更因其中國情懷，與當時主張本土、台灣意識的反國民黨主流勢力分道揚鑣。在那樣的時代氣氛，不禁令他思考是否該另尋發聲管道與形式。

「他信基督，但他對馬列主義的信仰比基督還深。」《人間》攝影鍾俊陞認為，陳映真丹田裡的東西就是這些，因此他所發出的聲音，便是替無產階級叫屈，「他想將宗教上的信望愛，搬來跟無產階級、社會主義扣在一起。」

一九八三年，陳映真在美國愛荷華參與寫作班，受到紀實攝影大師尤金．史密斯（Eugene Smith）的作品震撼，體認到「文字枯竭、圖像統治」的時代來臨；又看到台灣當時一份報導深刻、卻因缺乏圖片而削弱感動力量的生態雜誌——《生活與環境》，於是動念創辦一份以紀實攝影與報導文學為基調的雜誌。

他的弟弟當時開了家印刷廠，還兼開漢陞出版社，出了一些刊物，其中一本叫《立達信苑》。陳映真該年召集《立達信苑》的幾個編輯，如李文吉、蔡明德和潘庭松開了

編輯會議，準備籌辦一本類似美國《國家地理雜誌》(*National Geographic*)的新刊物。

從創刊開始便參與的攝影鍾俊陞，則是被陳映真主動找進來的。

「我因為一張拍攝楊逵的照片，被推薦到《夏潮》和一些黨外雜誌。我和《夏潮》的人特別好，他們很熱情，看事情的方法很不同。」那年，鍾俊陞約了《夏潮》的朋友如楊渡、鍾喬等人到坪林老家烤肉，陳映真竟也去了，「那時我幫《夏潮》拍了很多照片，大陳可能很欣賞，就問我有沒有參與新雜誌的意願。」

不知陳映真來頭的鍾俊陞，第一次編輯會議爽約，陳映真急忙打電話邀他參與第二次會議。「他直接把我拉到辦公室裡。辦公室非常小，我們根本是膝蓋頂著膝蓋聊。」他回憶，當時陳映真劈頭就問要多少薪水？鍾俊陞聽了都傻了，他只是來聊聊而已。

「無所謂。」鍾俊陞回答。

陳映真便說：「八千好不好？」鍾俊陞說，都可以。

聊完後，陳映真要去吃飯，才到樓梯口走沒幾步，他就拍拍鍾俊陞肩膀：「還是給你一萬好了。」鍾俊陞笑說，這樣的薪水維持好多年，才漲了一些，「《人間》很多同事都是賠錢在工作，都是衝著一股熱情。」

美編李男亦是一開始就被陳映真找上。「那時大陳滿腔熱血，對我這代人來說又是天王級人物。」手上案子非常多的李男並不真的了解陳映真想做什麼，只覺得忙不過來，於是推薦了個朋友接手。「大陳叫我去看試刊的打樣。我一看，頭很大，真的不好。」

儘管陳映真什麼都沒說，但自覺不好意思的李男，決心負起責任，不計成本和損失，接手設計。他對《人間》的建議便是：「大量起用黑白照片！」陳映真雖略有遲疑，最後也接受。

「我看了創刊號的內容，覺得那些照片若做彩色，會削弱感動人的力量。」李男並不清楚陳映真是否有徵詢他人意見，但他認為陳映真還是自己下的決定。於是，以黑白照片為封面，成為《人間》的特色。

創刊

一九八五年十一月，台灣尚未解嚴，《人間》雜誌以關曉榮八尺門阿美族少年照片為封面，內湖垃圾山為主故事，堂堂創刊。

在創刊詞上，陳映真以「因為我們相信，我們希望，我們愛……」為題，道出緣由：「因為社會高度的分工組織化，造成一個人和另一個人之間、一個生產部門與另一個生產部門之間、一個市場與另一個市場之間的陌生與隔閡……在一個大眾消費社會的時代裡，人，僅僅成為琳瑯滿目之商品的消費工具。於是生活失去了意義，生命喪失了目標。……」他不願如此。

在這創刊詞中，也為這雜誌定位：「《人間》是以圖片和文字從事報告、發現、記

錄、見證和評論的雜誌。透過我們的報告、發現、記錄、見證和評論，讓我們的關心甦醒；讓我們的希望重新帶領我們的腳步；讓愛再度豐潤我們的生活。」這段話昭揭了這是一份以圖片和文字報導為主，帶有濃厚社會關懷的雜誌。

於是，在那個有《南方》、《文星》、《當代》等文化性刊物，雜誌市場蓬勃熱烈的時期，《人間》透過紀實攝影和報導文學控訴當時台灣的社會問題，揭露貧苦的底層角落；更以占版面三分之二的黑白照片，安靜卻也沉重地表明、記錄台灣社會中的真實，令讀者「眼見為憑」。

這確實是一件大事，甚至被媒體標誌為一九八五的年度文化盛事。況且，創辦人是陳映真。但這樣的雜誌是否可行，是否有市場？當時許多人都抱持懷疑且保留的態度。

陳映真自己也知道。

自一九八三年動念辦《人間》以來，陳映真便不斷做市場調查，也讓編輯群不斷學習、測試。

「他要把《立達信苑》轉過來時，曾做了一些市場調查。」鍾喬回憶，那時陳映真翻過《國家地理雜誌》和日本的消費性雜誌，了解這些雜誌成功的原因，並花上兩年時間市調、試刊，「他並非不了解這件事，但最終他還是走上了以他的理想主義出發的刊物。」

參與試刊的鍾俊陞則表示，「因為，這是台灣史無前例的雜誌，所以一切都從零開始。」

對於當時的讀者和編輯來說，報導文學、報導攝影的概念都是模糊的，於是，籌備期間，所有工作人員都在接受教育，「陳映真有很多資源，邀來黃春明、馬以工、張照堂這些各路人馬，來替我們上課。」鍾俊陞和其他人邊上課，邊出門採訪，回來洗照片、寫稿、再出去採訪，不斷練習和磨練中，度過兩三年的試刊期。

「大陳認為，一旦創刊後，不論週刊、月刊、季刊，日子都過得非常快的，這一期才剛出刊，馬上稿子的壓力又會來，會面臨開天窗啊、事業成本等等，因此要弄得非常完美才能出刊。」鍾俊陞補充，開會時會把稿子定下來，儲備一些稿子，以便應付創刊後接下來各期的需要，「他會挑一些相對沒時效性的做存糧。」

自創刊就擔任攝影及撰稿工作的李文吉，在去世前也曾對媒體表示，《人間》雜誌的採訪籌備期很長，材料的扎實及完整是其他媒體遠比不上的。

採訪和選題

鍾俊陞被指派的第一個工作，就是採訪自己的故鄉坪林。自稱不愛讀書的他，腦中被塞了許多訓練，卻無法消化這些素材，這題目失敗了。第二個工作則是「生死邊緣」，鍾俊陞必須在馬偕急診室記錄觀察寫故事，最後刊出了，但也搞得他焦頭爛額。

「拿起相機，我就發覺自己拍不下去。」鍾俊陞在馬偕急診室來來回回一兩個月，什麼都做不了，只要從觀景窗看出去，就眼花花流淚，索性當起義工，帶家屬領遺體，甚至和警察吵架。「陳映真也對我直搖頭。他大概會想，找錯人了，這個人實在不該領薪水的。」

像這樣的感性和參與，幾乎是《人間》記者編輯的特性，總是先到了現場，然後哭著回來報告，又出去採訪，最後還是將稿子帶回來。

「我記得曾寫過一篇人間燈火的故事，一個放羊的老兵娶了個精神狀態不好的妻子，把她像狗一樣拴在屋外。」從助理一路當到記者的曾淑美回憶，這對夫妻住在鼻頭角，一個風景美麗的地方，卻有如此處境的人，「像這樣人性化、特別的故事，也是不少的。」

鍾喬表示，那個世代許多人都參與社會

〈激流中的倒影〉杜邦事件特寫 2

用鹿港人的眼睛來看

工業污染下的人文反撲

幾個月來，我們的大衆媒體，
刊載了大量批評反對或同情支持
杜邦設廠的報導和分析；
洋洋灑灑之中，放眼而望，
誰曾經契入了鹿港居民的生活內層呢？
我們的各種討論，彷彿
總是缺少了民衆的觀點；……
本文彌補了這項缺憾，
作者以鹿港人的感覺、語言和眼光
來想，來說、來看——
所謂杜邦爭議，因此而有了真正的實體與意義……

撰文■鍾喬 攝影■蔡明德

14

15

20

21

運動，《人間》的題目可從這裡來。然而，社運場上常有弱勢者，「大陳便將這些人轉成故事。他很敏感地知道，最感人的還是這些人的生命。」

《人間》創刊時剛好在當兵的鍾喬，雖無緣參與開始，但卻因兵役期間閱讀報刊，與盧思岳等人一起發現杜邦設廠消息，投入反杜邦運動，並記錄書寫。這樣的運動現場記錄，也刊登在《人間》上。

該期故事一開始便直言「用鹿港人的眼睛來看」：「幾個月以來，我們的大眾媒體，刊載了大量批評反對或同情支持杜邦設廠的報導和分析，洋洋灑灑之中，放眼而望，誰曾經契入了鹿港居民的生活內需呢？我們的各種討論，總是缺少民眾的觀點……。」

「那時還沒解嚴，居民會害怕因為抗爭，讓國民黨記他們一筆。」鍾喬表示，作為報導者難免掙扎，擔心民眾會不會失去主體性，是否該把他們描述得更英勇些？陳映真卻對他們說，只需把實際狀態寫下，並且要保護民眾，「不要因為我們寫得很刺激，讓那些民眾受到無端的牽連。」

對報導位置百般思考與反省，也是《人間》的特性。李文吉在某期中自述，在《人間》的第一個採訪令他挫折感大：「洲後村是我第一個題目，我沒有經驗，又得自拍自寫這樣一個民間自發運動題材，工作方法不但不成熟，而且主觀意願過強（當時認為整件事情是很悲壯的行動）。文章便呈現完全站在村民的立場，太過情緒化的東西……。」

「話說回來，所有媒體都在圍勦洲後村，《人間》報導至少有平衡作用。」他在結

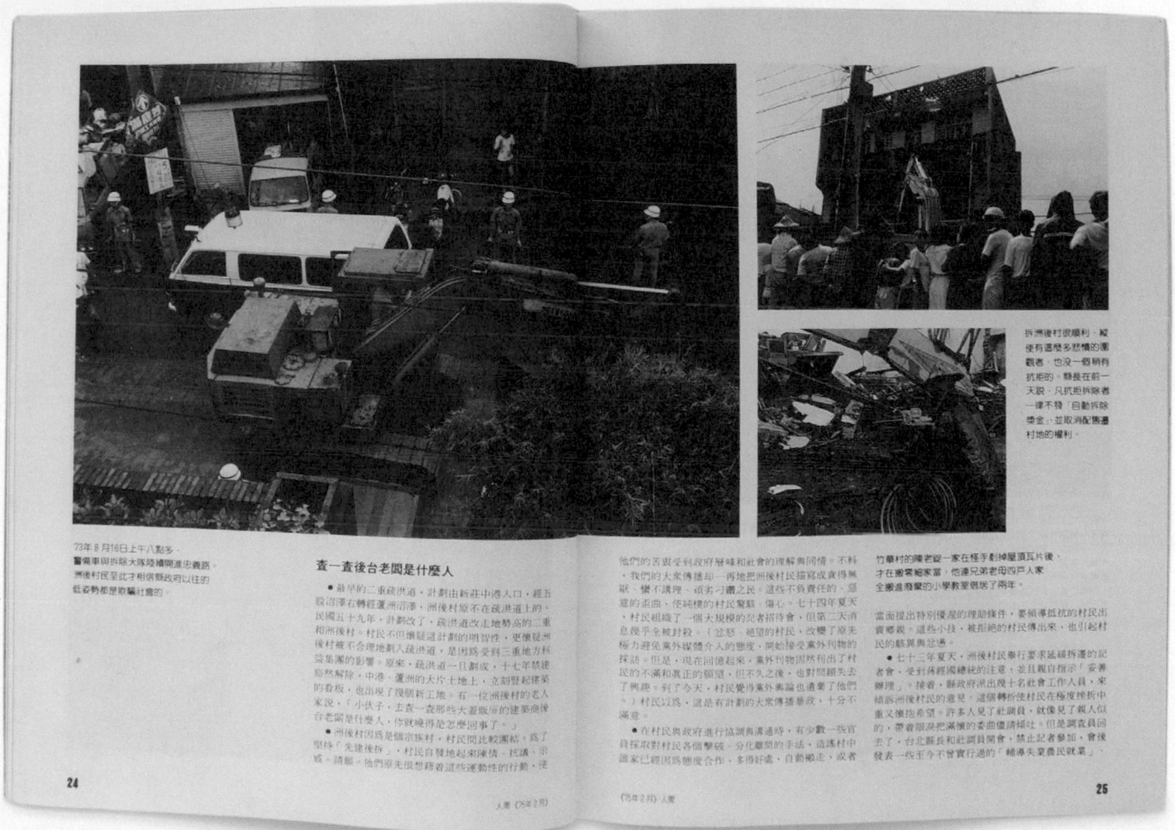

73年8月16日上午八點多，警備車與拆除大隊陸續開進忠義路，洲後村民至此才相信縣政府以往的低姿勢都是欺騙社會的。

查一查後台老闆是什麼人

● 最早的二重疏洪道，計劃由新莊中港入口，經五股沼澤右轉經蘆洲沼澤，洲後村原不在疏洪道上的。民國五十九年，計劃改了，疏洪道改走地勢高的二重和洲後村。村民不但懷疑這計劃的明智性，更懷疑洲後村被不合理地劃入疏洪道，是因為受到三重地方利益集團的影響。原來，疏洪道一旦劃成，十七年禁建豁然解除，中港、蘆洲的大片土地上，立刻豎起建築的看板，也出現了幾個新工地。有一位洲後村的老人家說，「小伙子，去查一查那些大蓋販厝的建築商後台老闆是什麼人，你就曉得是怎麼回事了。」

● 洲後村因為是個宗族村，村民間比較團結。為了堅持「先建後拆」，村民自發地起來陳情、抗議、示威、請願。他們原先很想藉著這些運動性的行動，使他們的苦衷受到政府層峰和社會的理解與同情。不料，我們的大眾傳播卻一再地把洲後村民描寫成貪得無厭、蠻不講理、頑劣刁鑽之民。這些不負責任的、惡意的歪曲，使純樸的村民驚駭、傷心。七十四年夏天，村民組織了一個大規模的記者招待會，但第二天消息幾乎全被封殺。（忿怒、絕望的村民，改變了原先極力避免黨外媒體介入的態度，開始接受黨外刊物的採訪。但是，現在回憶起來，黨外刊物固然刊出了村民的不滿和真正的願望，但不久之後，也對問題失去了興趣。到了今天，村民覺得黨外輿論也遺棄了他們。）村民以為，這是有計劃的大眾傳播暴政，十分不滿意。

● 在村民與政府進行協調與溝通時，有少數一些官員採取對村民各個擊破、分化離間的手法，造成村中誰家已經因為態度合作，多得好處，自動搬走，或者當面提出特別優渥的理賠條件，要領導抵抗的村民出賣鄉親。這些小技，被拒絕的村民傳出來，也引起村民的驚異與忿憑。

● 七十三年夏天，洲後村民舉行要求延緩拆遷的記者會，受到蔣經國總統的注意，並且親自指示「妥善辦理」。接着，縣政府派出幾十名社會工作人員，來傾訴洲後村民的意見。這個轉折使村民在極度挫折中重又懷抱希望。許多人見了社調員，就像見了親人似的，帶着眼淚把滿懷的委曲儘情傾吐。但是調查員回去了，台北縣長和社調員開會，禁止記者參加，會後發表一些至今不曾實行過的「輔導失業農民就業」、

竹華村的陳老欽一家在怪手剷掉屋頂瓦片後，才在搬家細索當，他連兄弟老母四戶人家全搬進廢棄的小學教室借居了兩年。

拆洲後村很順利，縱使有這麼多悲憤的圍觀者，也沒一個稍有抗拒的。縣長在前一天說，凡抗拒拆除者一律不發「自動拆除獎金」，並取消配售遷村地的權利。

24　人間（75年2月）　（75年2月）人間　25

語如此寫著。

鍾俊陞回憶到這故事也說，當時很多人已經採訪過了，洲後村居民已經有不好的經驗，因此《人間》同仁要進封鎖線，便被叫囂：「幹你娘，免來啦！」

「那個年代，很多媒體都報喜不報憂，民眾會認為媒體不為他們說話，但《人間》並非如此，是貼近群眾觀點的。但同時，很多讀者也會批評我們不報導光明面，總是報導負面消息。」鍾俊陞笑說，連黑白封面也被數落，「確實，書報攤那麼多雜誌，一眼望去只有一本黑黑的《人間》在那邊，看起來就愁雲慘霧的。人家就說彼歹代誌。」

而這正是陳映真辦《人間》的初衷。過去接受媒體採訪時，他便說：「我們報導的都是沒有臉的人，被主流媒體所不屑一顧的社會真實。」正是因為親臨現場的衝擊，讓《人間》記者拚死拚活也想寫出來，「稿子滿滿都是激動。」

這所謂的社會真實，正是政治衝突、環境污染、勞工權益、弱勢族群和社會底層的問題；除此之外，《人間》深度報導的人物圍繞著中下階層的農民、工人、外籍幫傭、老兵、拾荒者、愛滋病患、流浪者、雛妓、原住民、受虐兒童……。這份刊物甚至將關懷擴至第三世界，充分展現了人道主義的精神，為日後走入田野，注重下層弱勢族群的

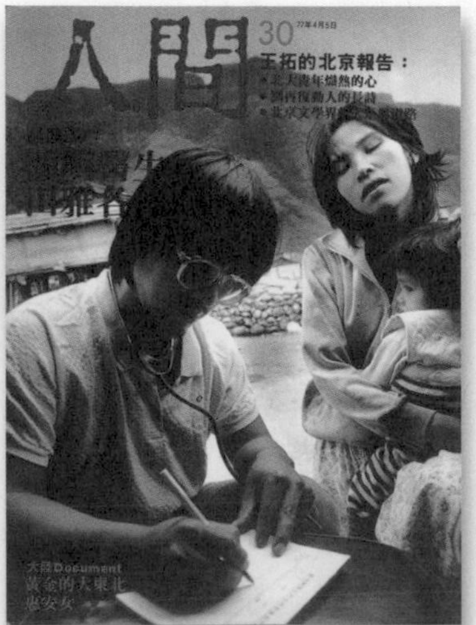

報導文學主流奠下根基。

報導文學和報導攝影

台灣的報導文學始於日治時期的楊逵，一直到七〇年代《中國時報》人間副刊，才帶起一波高潮。「當時的主編高信疆，希望文學能反應社會。」鍾喬解釋，那還是戒嚴統治時期，但已有一批作家書寫社會現實，如古蒙仁寫了〈黑色部落〉，雖不具批判性，但也讓台灣社會知道原住民真實生活樣貌。

高信疆的確推動了報導文學的社會實踐，因此，《人間》創辦時，陳映真便找高信疆討論參與，並擔任編輯顧問，奠定了《人間》以報導文學為主的平台根基。

陳映真曾說在戒嚴時期楊逵對報導文學的殷殷期盼和呼喊「是獨一的、宏亮的高音。但是回答他的，竟是漫長的沉默。」《人間》或想打破這個沉默。

原本對報導文學、報導攝影一無所知的鍾俊陞在不停摸索後，有了心得：首先，題材必須感動你，「不能感動你的東西，如何去感動別人？」

「其次，報導文學必須真的用腳走出來。」鍾俊陞進一步解釋，它和新聞的不同，在於它不只是報知，還有導向功能，「我寫這篇文章或是拍這組照片，便是要把你帶領到我希望你去之所。」

如今說來雖頭頭是道，但那不到三十歲的年紀，鍾俊陞對報導文學、攝影難免懵懵懂懂、一知半解，只要到了現場，就跟採訪一個廟會一樣，心情亢奮得不得了，哪裡敲鑼就跟著跑，哪裡放鞭炮又往這跑，「東跑西跑，跑到後來你就淹沒在那個氛圍裡頭了。」

以他如今駕輕就熟的視野來看，報導文學的題材選擇必須有普遍性，普遍發生在社會上，再從中找到一個典型例子作為代表，「這是一個非常重要的原則，你就不會跟著鑼鼓不會跟著鞭炮不會跟著阿嬤爬那個轎底下。你會很清楚它的精神是什麼，本質是什麼。」

「對《人間》來說，就是以人為出發點，以人為核心。」鍾俊陞下了結論。

因此，時常置身田野的《人間》報導者，亦時常成為介入者、參與者，拿起筆來就幫忙寫文宣、想點子，為其奔走，也導致《人間》時常遭不客觀、不公正批判。但陳映真總說：「客不客觀由讀者決定。」他也曾說，立場並不代表真實，而是要用辛勤的工作來表現，不是口號。

《人間》的「介入」

《人間》因關懷弱勢、揭發議題，不自覺也涉入了許多社會運動中。如鍾俊陞採訪後勁反五輕，便跟著一起搞運動；關曉榮在蘭嶼拍照，也通報、關注核廢問題，讓受陳映真啟蒙的蘭嶼青年郭建平號召族人發起「驅逐惡靈」的反核廢運動。

除此之外，「山崁頂的囚徒」等報導，也激發社會的同情和捐款熱潮。但讓人印象最深的，是鄒（曹）族青年湯英伸的故事。

十八歲、誤入求職陷阱的湯英伸，在積欠介紹費、身分證被扣押，還必須超時工作情況下，殺了雇主一家三口。犯案後，湯英伸前往警局自首。經過判決，死刑定讞。

張娟芬在《殺戮的艱難》中提到，「《人間》雜誌賦予了湯英伸案一個意義，那是我們第一次探索什麼是『惡』，什麼是『罪』，第一次願意跨越道德評價，去聆聽與理解，第一次以動態的社會過程去理解一樁暴力犯罪的前因後果。湯英伸是以《人間》雜誌所描繪的模樣被記憶的……。」

當時《人間》傾全社之力救援湯英伸，有人負責透過牧師找總統特赦，有人負責串連，有人跑監獄，有人支持家屬等等。即便救不回來，湯英伸仍被執行死刑，《人間》記者也將骨灰送回部落。最後，甚至促成被害者家屬與加害者家屬和解。從揭露故事，到死刑判決，到最後和解，《人間》都在。

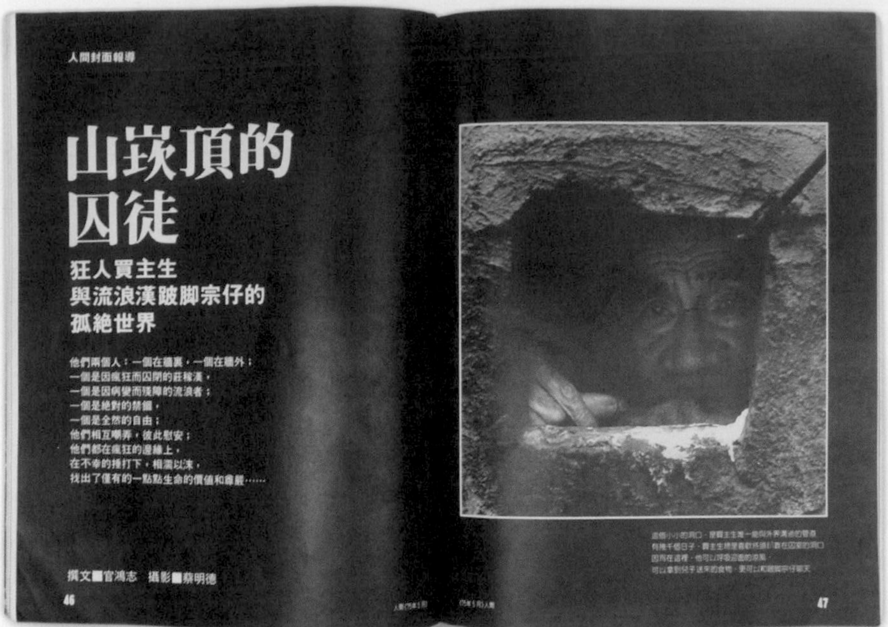

「我們必須參與生活、介入生活，理解受訪者的生活，才能夠寫出深刻的東西。」鍾俊陞表示，必須跟對方成為朋友，甚至要能和他吵架、在他家如入無人之境，隨你進出，才能夠寫出好的報導。

這也就是《人間》雖是揭露底層故事，但受訪者仍願傾吐。因為，在《人間》記者面前，不會有人認為自己被消費，被剝削，反而是正面呈現。初次接下採訪工作，便是採訪雛妓的曾淑美，將「娼奴籲天錄」寫得很有生命力，博得陳映真讚許：「那麼慘的遭遇，卻還是堅強美麗的生命。」

「《人間》的同仁去採訪時，都滿誠懇的。」曾淑美表示自己因為資淺，都會聽資深同事解說提點，當然也會收集資料，但更重要的是，「到了現場很真實地去面對。」

　這都是陳映真的教誨。曾淑美一直記得他的話：「我們永遠是要到被採訪者面前去受教育的。」鍾俊陞也強調，讀再多資料，都不如受訪者告訴你的具體，「我們是向他們學習的。」

　因此，也讓《人間》記者不若一般記者的高姿態，相反的，會不停質疑自己做得不夠。鍾俊陞便說，「我們得到很多迴響，可是你回到現場，那些人依然處於困頓的環境，就覺得不捨，不知該如何繼續下去。甚至不敢回去看他們……。」

　曾淑美也這麼說：「記者或編輯的工作就是不斷的往前，一期一期、一篇一篇的往前推進，我沒有時間和那些弱勢者往來。

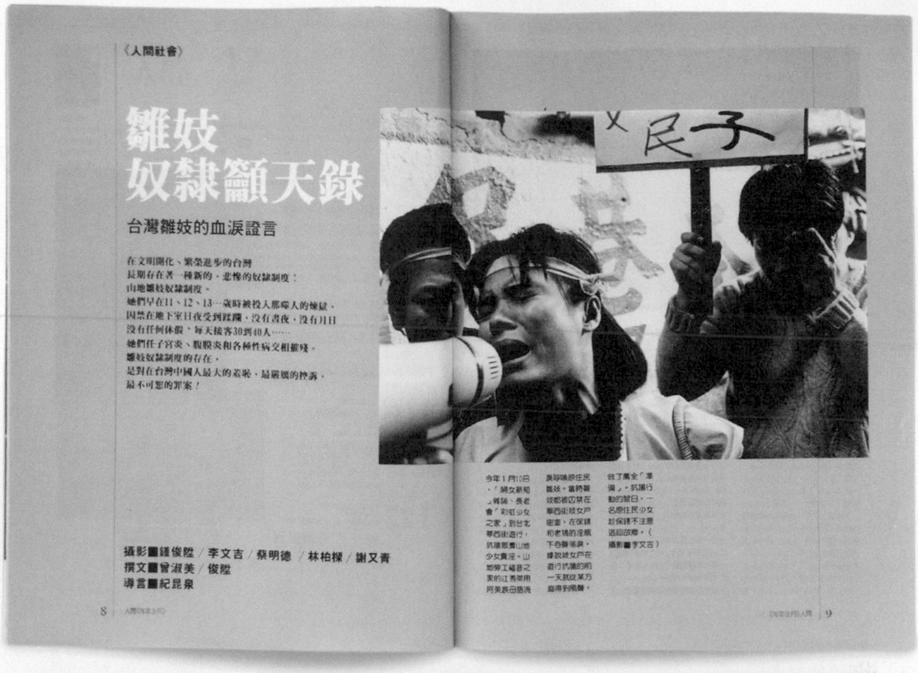
〈人間社會〉

雛妓
奴隸籲天錄

台灣雛妓的血淚證言

在文明開化、繁榮進步的台灣
長期存在著一種新的、悲慘的奴隸制度：
山地雛妓奴隸制度。
她們早在11、12、13…歲時被投入那啐人的煉獄，
囚禁在地下室日夜受到蹂躪，沒有晝夜，沒有月日
沒有任何休假，每天接客30到40人……
她們任子宮炎、腹膜炎和各種性病交相摧殘。
雛妓奴隸制度的存在，
是對在台灣中國人最大的羞恥，最嚴厲的控訴，
最不可恕的罪案！

攝影■鍾俊陞／李文吉／蔡明德／林柏樑／謝又青
撰文■曾淑美／俊陞
導言■紀昆泉

今年1月10日，「婦女新知」雜誌、長老會「彩虹少女之家」到台北華西街遊行，抗議販賣山地少女賣淫。山地勞工福音之家的江秀英用阿美族母語洗

被社會所褫奪的「外人」

她們的證言

這讓我很有罪惡感。他們把你當朋友對待，而且他們整個生命可能只有這個時候是受到注視的，他被你採訪，把他的故事那麼完整地獻出來給你。你因為這個作品得到一些讚美，但是，做完這件事我就捨棄他了，因為我沒有時間去跟他們做朋友……。」

她直到現在都深感愧疚：「這是我自我挫傷的地方。」

編輯與照片

原本不會打字、憧憬當個詩人或是偉大詩人情婦的曾淑美，大學結識藍博洲，受其影響閱讀陳映真，「對有點正義感的年輕人來說，陳映真的小說是很有吸引力的。」聽說陳映真要辦《人間》，便拿了大學時期寫的「幼稚的詩」前去拜訪，並志願當義工。

陳映真將作品留下，答應了她，但他也不占曾淑美便宜，每個月付她三千元讓她當助理。曾淑美瞞著家人說在《人間》上班，直到母親發現怎麼都沒在雜誌上找到女兒名字，才乖乖招認是當義工。

有一天，曾淑美母親拿著女兒從小到大的獎狀直奔陳映真辦公室，稱女兒是能寫東西的，請陳映真讓她試試看。隔日，陳映真見到曾淑美眼睛發亮，直說太佩服曾媽媽，便指派兩個題目給曾淑美試試，一個即是雛妓的故事，一個是合歡山環境問題。「大陳喜歡生命力旺盛的女生，我媽媽讓她感動。」曾淑美笑說，她就這樣當了記者，雛妓那篇陳映真很喜歡，但合歡山就完全不行，他看了後說：「淑美，我真不敢相信這是同一個人寫的。」

作為小說家，文字是陳映真的專長，幾乎每個人的稿子都要經過他，而且，修改幅度都不小，甚至都要重寫。他會和每個記者討論，曾淑美形容，這像是「個別門診」。她每次進去往往要三個小時，才能出來。

「他不會跟你說要如何調整，但會諄諄教誨他的觀點是什麼。我和其他人不同，像鍾喬這些大哥都有某種程度的政治覺醒，跟得上大陳的思考脈絡，我就是個年輕的小女生，因為崇拜他而進去的，顯得比較疏離。」曾淑美如今回想，她與一些人的文學觀、美學觀不同，若讓她改，可能會讓作者本質呈現，但陳映真不是，「某種程度，他把報導文學的文字當成工具，是政治信念的載體，有時候會讓文字更煽情一點。」例如「娼奴籲天錄」便被改得十分煽情，「即使我尊敬的大陳，我都不見得認同，何況其他人呢。」

但她也表示，「在大陳底下做事，他的理念、文字的美學觀強烈滲透和主導，這無可厚非，這是他的雜誌啊。」

鍾俊陞簡述了《人間》的工作流程：找到題目，把故事盡可能具體化，再回去說服你的同事，然後最終形成一個題材，他們可能可以給你一些經驗、一些意見，完善後再出發，「若事先準備豐富一點的話，失敗的可能性就低了。」

採訪回來後，編排和鋪陳也可再做討論，特別是陳映真會給予很多意見，「包括你寫完的稿子，他會做適當的修改，甚至畫叉叉叫你重新寫。」鍾俊陞說。

「大陳辦了《人間》之後，沒有一篇他不傷神的。」鍾俊陞表示，畢竟是他辦的，總不能讓自己丟臉，既然全台灣，文化圈都在關注著他這本刊物，他便格外認真對待每篇稿子，「每一篇稿子、圖片他都精心的，一個字一個字校給我看，每一個字。所以他很傷神，每一篇都很傷神。」

不過，在照片和美編上，陳映真就給了比較多空間，讓拍照者決定顏色、和編輯討論版面。鍾俊陞就表示，照片該拍黑白還是彩色，陳映真都不過問，「但一般生態環境會比較適合彩色，才能暴露一些細節。」李男也說，陳映真會聽他的建議。

「在照片挑選上，作者會和編輯討論，但最終讓編輯決定。」鍾俊陞補充，《人間》編輯室是輪流作莊的，大部分人都擔任過那個角色。

而封面，則是李男決定，「不管主要故

翻開一本人間

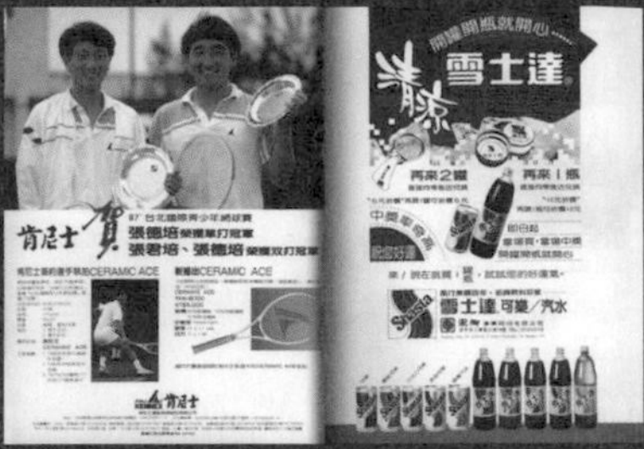

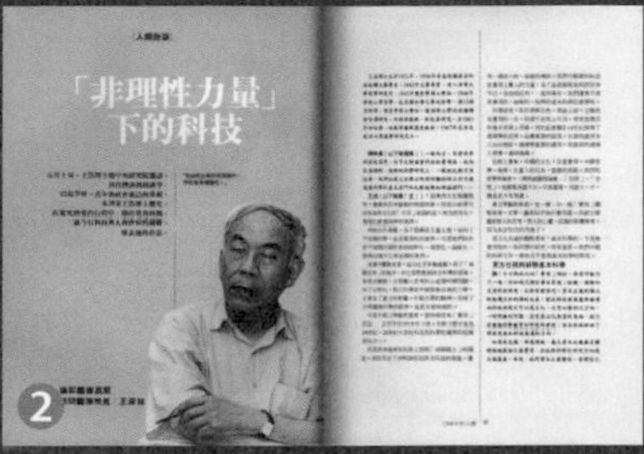

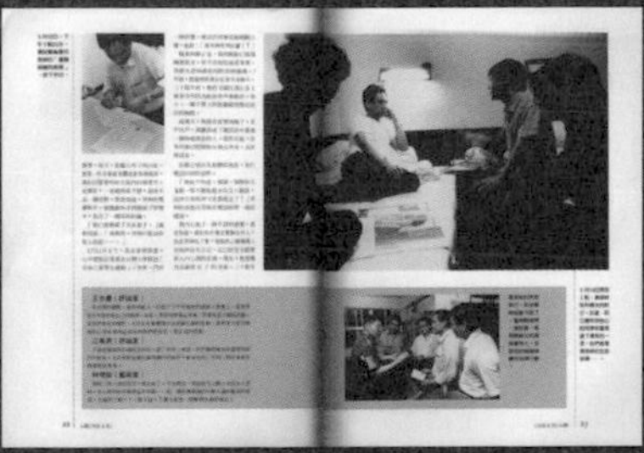

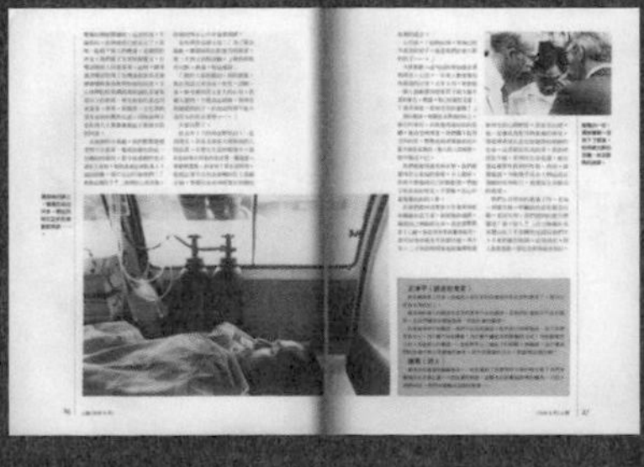

1 讀者信箱　　2 人間對談

3 該期主題｜《人間》主要的採訪報導，專欄名稱依內容決定，如「人間社會」、「人間環境」、「人間報告」、「人間燈火」，每期數量、篇幅不等，若為封面故事，有時會寫「人間封面報導」。第40期改版後，每期封面故事改為由5到10篇文章組成、規模較大的專輯。

事是什麼，除非大陳指定，不然我都會挑最像封面的那張照片當封面。」版面和頁數也是李男全權決定，「如果照片很好，我就做很大。」《人間》的圖文比約一比一，有時圖二文一，所以好照片就以二比一去做。

「做《人間》讓我很暢快。」李男表示，除了陳映真放手讓他玩之外，也提供他認為合理的圖文比例，「即便到了現在，大部分的雜誌圖文比例都還不很恰當，太偏重文字。」

對此，鍾俊陞也認同，「大概從來沒有一本雜誌的圖片是這麼被重視的，讓讀者覺得圖片的比重是很重的。」他感嘆，在台灣以圖片謀生一直是很辛苦的，因為照片一直是附帶的，是存在的客體，而非主體，「而《人間》相對提升它的主體性。」

經營、廣告與收刊

《人間》訂戶最高時期，曾達萬人，因此，陳映真更廣為招兵買馬，擴充編輯部工作人員，也增設了社務和廣告行銷部門，希望讓《人間》更上層樓。

然而，《人間》讀者多是小眾知識分子，尤以學生為多，時常透過「複印」傳閱，《人間》販售量未有起色，加上印刷成本偏高，《人間》售價不漲，經營顯得入不敷出。

有些新來的社務主管便建議，《人間》太多黑白照片，應該要改，尤其封面應改為彩色。陳映真接受了這建議，但李男卻不同意，認為好不容易有個品牌形象出來，卻要變更，「這麼多雜誌都是彩色的，我們何必衝進去跟他們拚呢？」

但，陳映真或許累了，因為背負著眾人生計，也顯得焦慮。

「他壓力很大。」李男認為，身為總司令，陳映真得要下判斷，「大陳有個很大的缺點，就是行銷。行銷不是像坐在那兒等人搭訕的美女這樣的事。但他就是那種等人搭訕的人。」

其他工作人員怎麼想呢？曾淑美認為，那時生存壓力太大，大家都在摸索，「若大陳本身都困惑的話，我們也很難形成一致、明確的想法。」

「就像抗日一樣，我們明明知道拿一把刀衝上去，一定會被殺掉。可是現在總司令說衝，我們就衝啦。」李男認為，《人間》當時就是這樣，因為陳映真決定的事情沒有人會質疑，即便是失敗大家也會接受。曾淑美強調：就算失敗，也是很光榮的失敗。

就連廣告也一樣，因為《人間》品牌和陳映真個人原則，令支撐雜誌生計的商業廣告，進不了《人間》。

「《人間》是連菸酒廣告都不做的，全天下沒有一本雜誌是人家給你廣告你不要的，《人間》卻有很多堅持。」私下兼任業務、拉了許多廣告的鍾俊陞回憶，《人間》登過一次海尼根廣告，就被罵翻天，「沒有一本雜誌登海尼根廣告，會被讀者寫信罵，但《人間》就會。」

鍾喬也說，反杜邦時期，社務人員本可拿到杜邦廣告，還去拜託陳映真，「我相信這是非常掙扎的。」他透露那廣告好像還是一個穿三點式的女生，陳映真自是不要，後來也擋掉非常多廣告，「我們這代的人，比較不會二元對抗，但陳映真是真正坐牢的人，是真正要革命的人，他們有絕對信仰和道德的一面。而商業廣告正是他所反省的那方。」

由於《人間》是陳映真弟弟的印刷廠金援的，大部分都仰賴這資金，在每期虧損多達二、三十萬元情況下，漸漸難以支撐。即使延攬了王拓等專業人士來負責社務，仍不見起色，一九八八年，《人間》即將步入第四年時，陳映真認真考慮收刊。

「《人間》一直賠錢的時候，大概是第三年吧，陳映真來找我。那時我在《中時晚報》副刊，他希望我去幫忙。」鍾喬表示，《人間》的薪水相較之下很微薄，但眾人都是憑著理想做事。他還記得，過年時，陳映真都會寫很長的信給大家，並附上兩千元紅包。

因爲懊悔需要寬赦，
因爲寬赦使愛得以完全。
而社會需要因愛而反省，而新生…
TOSHIBA
憑"心"而論
免費5年保證
東芝冷氣
七彩湖的悲歌
記一個變色的山湖
啊，美麗的台灣植物！
人間出版社
社會的火山

如何叫好又叫座，是陳映真萬般考慮之處，在商業收入與人道關懷的堅持間，鍾喬認為，最後陳映真終以叫好為前提。

因此，在眾人心裡，陳映真是傑出的領導者、優秀的小說家，是人格者，但實在不是個很好的經營者。

在經營困難時，李男有提出許多建議，包含整編人力等等，「但陳映真那個人，他做不到，他不會願意十個人裁到五個，他寧願自己死。」

「他有找我談過，我都勸他許多人必須養家，他會暫時打消念頭。」鍾俊陞表示，但最後，真的沒有辦法了，他將大家招來宣告停刊，眾人不肯，他說：「好吧！好吧！」就進了辦公室，想一想再出來，就這樣來回

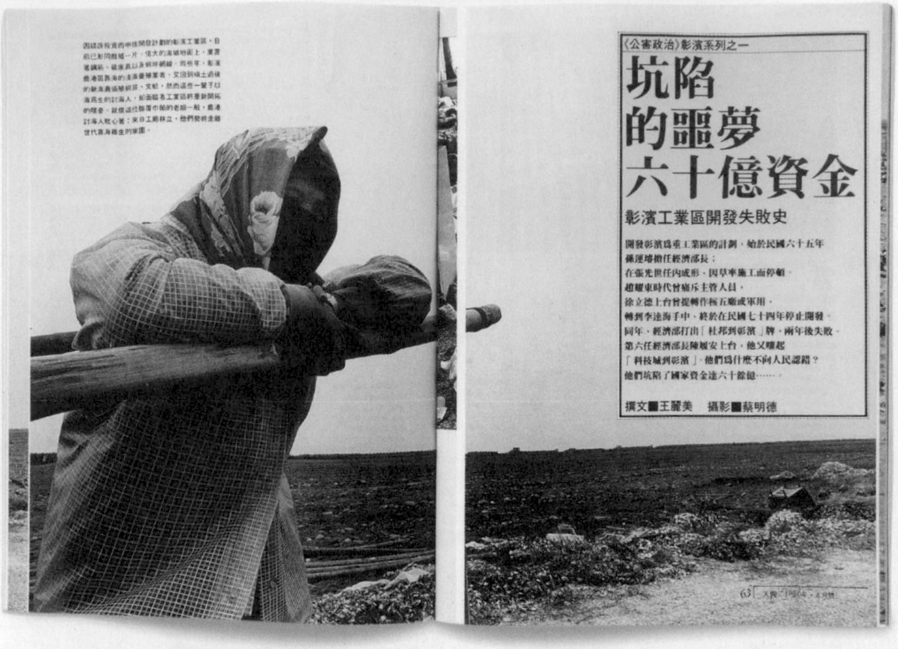
《公害政治》彰濱系列之一
坑陷的噩夢 六十億資金
彰濱工業區開發失敗史
撰文■王麗美 攝影■蔡明德

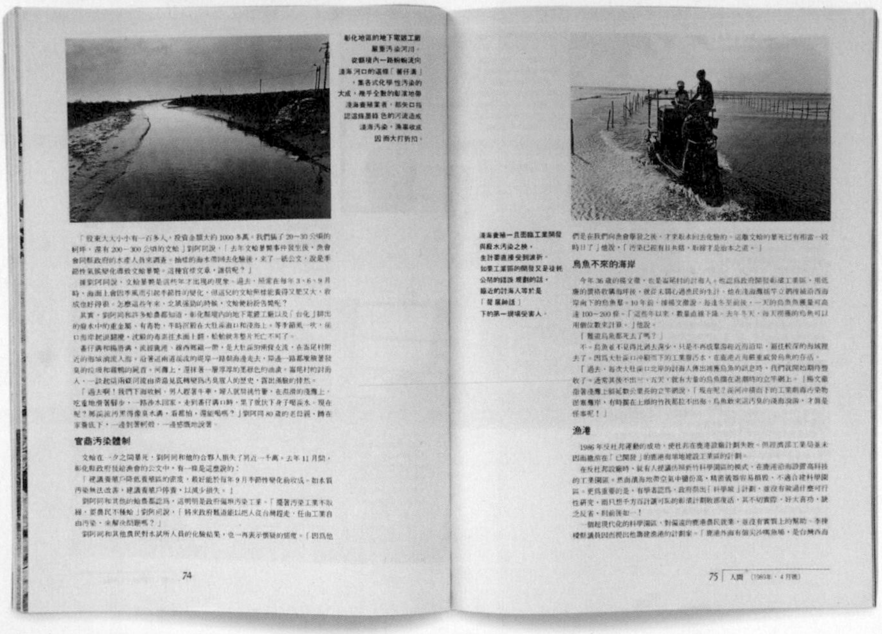

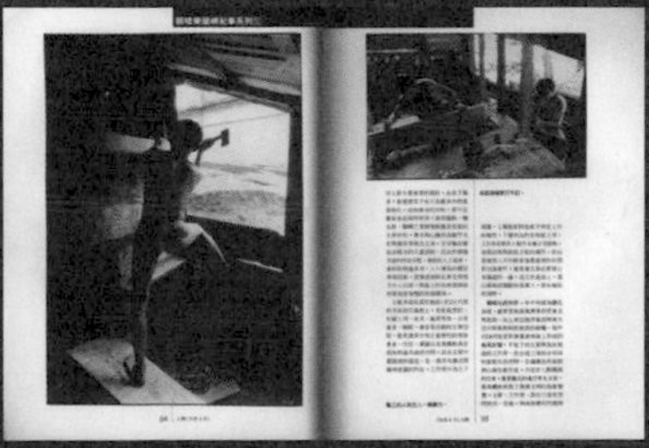

4 攝影報導｜此篇為五一九反對制定國安法抗議活動。

5 攝影作品連載｜約稿，或人間特約攝影，如阮義忠、關曉榮，長期蹲點攝影作品連載。

兩三次，而三十幾位《人間》同仁就在辦公室裡哭，宣稱明天開始不領薪水等等，但陳映真斷然拒絕。

鍾喬回憶，當時，陳映真宣布停刊後，走進自己的小辦公室，看著窗外許久許久，回過頭時，眼眶泛紅。

「在那個年代，可以預期《人間》不是那種熱銷的雜誌，大家心裡有數。」鍾喬表示，但這雜誌可以起些作用，能讓當時飽食富裕的台灣做些反省，「特別是，在美國的設計底下成立第一個加工出口區後，台灣在國際垂直分工底下扮演什麼角色？在過了二十年後的一九八〇年代，《人間》要扮演什麼角色，我想陳映真心裡是有數的。做個老闆，他當然希望把雜誌賣好，雖然苦惱，但他知道自己要做什麼。」

一九八九年九月，發行四十七期的《人間》吹了熄燈號。同年六月十九號，台灣一路狂飆的股市初次衝破了萬點。

陳映真後來接受採訪時，表述心情：「很傷心，這孩子生不逢時，不是這個時代所需要的雜誌。」他認為四年已經夠了，因為這是和社會背道而馳的雜誌，如今的雜誌都是資本主義消費社會下的產物，淪為廣告媒介，迎合讀者喜好編輯，而非編輯有話要說。

傷心的不只陳映真，各界人士也十分扼腕，願意出錢投資或買下來，但這個總司令拒絕了，「因為不知道別人是否會讓《人間》變了樣。」曾和陳映真一起到中國經營工廠、賺錢，好讓《人間》重來的鍾俊陞說，已經回不來了。

《人間》雖無法重來，但《人間》人和《人間》世代開枝散葉。過去的《人間》在陳映真的巨人身影下，只見他的光輝。如今，眾人成為他們自己。李男就說，在這本雜誌裡，沒人記得哪個記者或編輯的名字，每個人都是離開《人間》後才闖出點名號，但這工作的資歷也讓他們格外不同，「大家都很甘心。」

這批人，不論往返兩岸、到農村實踐，或者持續筆耕，仍然持續「用腳看世界」，他們登上各自山頭，實現自己的理想。在社會運動勃發的這一年，當人間公義與革命語彙迸發的這些時刻，他們以欣賞的眼光看著這一切發生，感受每個世代的光芒。但他們，還是在自己的路上。■

白色恐怖

《人間》在解嚴前後出刊，彼時，白色恐怖仍如影隨形。對那個時代的人們來說，都是壓力。

曾淑美曾道，剛擔任記者時，無法被總編輯高信疆完全信任，讓她不解。直到有次，高公稱讚她詩好，並坦言：「我從前看你的詩，和這本雜誌不搭調，以為你是情治單位派來的。」這話讓曾淑美感到委屈、憤怒，而後是悲涼之感：「他一定有被背叛的經驗，所以無法相信新人，太可憐了。」

鍾喬因為親近陳映真，在當兵時的一次打靶任務中，竟有輔導長靠近問：「你和陳映真有聯絡嗎？」讓他不禁冷汗直流。後來他的同學當了情報人員，也藉著親近他打探陳映真消息。

鍾俊陞也在多年之後，才知道在《人間》的工作人員曾被情治單位收買，當臥底；還有許多人對他坦白：「當時我們當實習生，就是在裡頭當臥底。」

曾淑美進了《人間》後，家裡開始出現監聽電話，「不出聲，就是騷擾。」她說，還有一次發出嘆息和喝水聲音，甚至還有椅子晃動聲，她怒極：「你會覺得這個國家真是糟透了，一點品味也沒有，派一個糟老頭來監聽。」

但陳映真不在乎。即使坐牢多年，陳映真依然保有對人的信任。鍾俊陞說，當時最好的方法就是一切公開化，坦然採訪，坦然發表，讓他們知道你只是去採訪，不做其他的事就好。

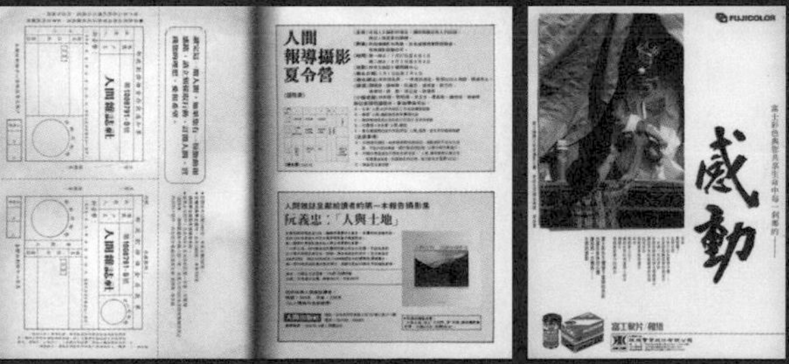

6 人間亞洲｜第16期開始的專欄，關注面相從台灣擴延到其他亞洲國家，如菲律賓革命週年、韓國學生運動。

7 副刊人間｜第20期新增專欄，首次刊載的是陳映真小說「趙南棟」。亦會刊載電影或世界報導攝影的選讀及評介

庶民觀點・媒體角色

李威儀×行人編輯部

李——在國家機器的掌控下，當年的主流媒體都沒有對機場事件進行完整報導，但《自立晚報》卻以一整版揭露當天的衝突現場與國家暴力鎮壓，因此陳映真親自訪問自晚總編輯顏文門，大篇幅報導並以顏作為封面人物。出刊後卻引來讀者投書「關切」，認為《人間》是否是要鼓勵和標榜「黨外」以及要走「黨外式」的政治批評路線。

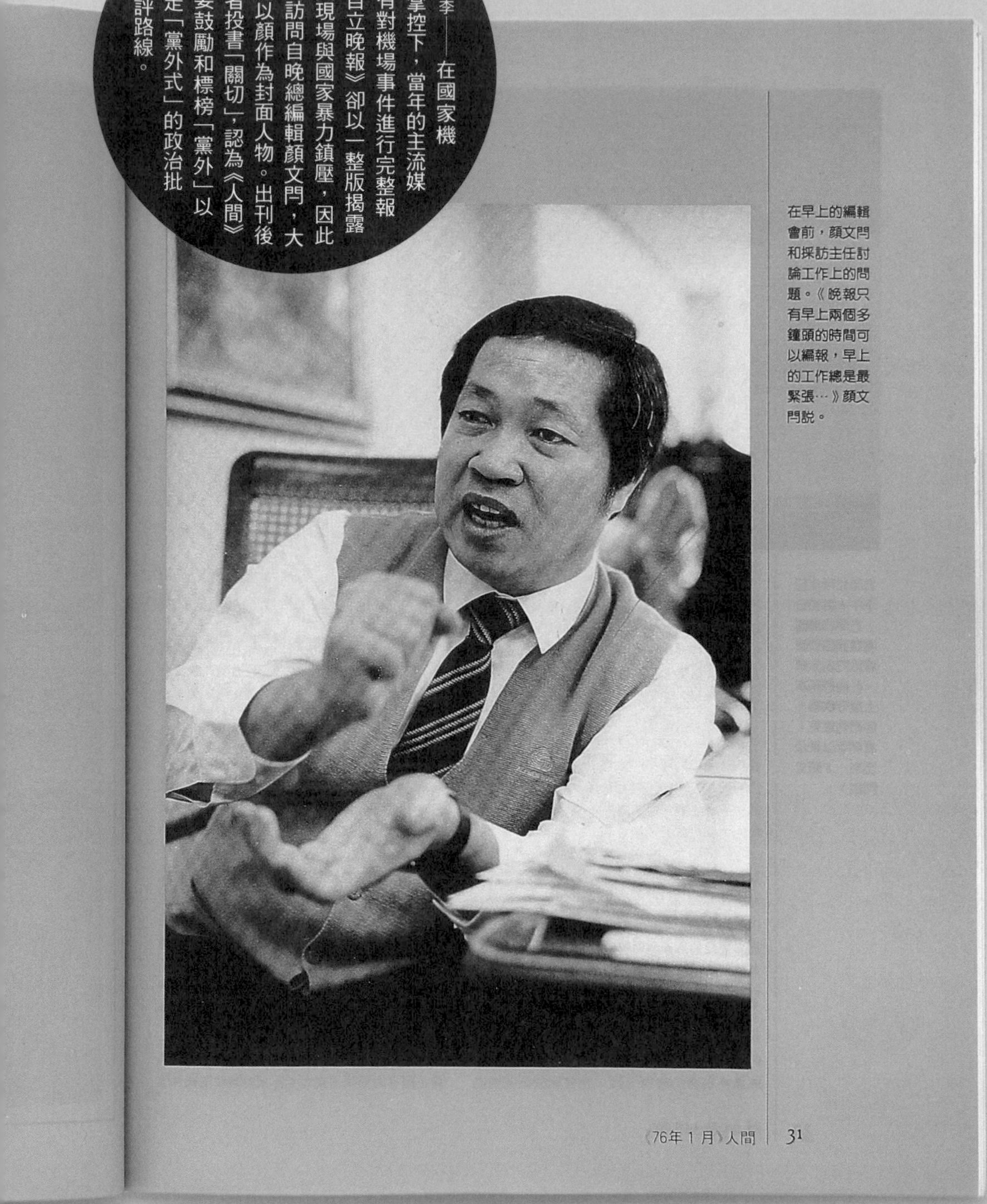

在早上的編輯會前，顏文門和採訪主任討論工作上的問題。《晚報只有早上兩個多鐘頭的時間可以編報，早上的工作總是最緊張…》顏文門說。

《76年1月》人間　31

石破天驚・顏文閂

期數——十五
時間——一九八七年一月
篇幅——三十八頁（p30-p67）
內容——一九八六年十二月二日，許信良企圖闖關回台，前往接機民眾與警察發生激烈衝突，即日後所稱「桃園機場事件」。次日，所有早報對前一日機場警察暴力，隻字未提，卻以某種「一致性」報導警民對峙、三十多名涉嫌危害公共危險民眾遭警察逮捕並於晚間釋放……

只有自立晚報，全版刊登前一日發生於中正機場的警察暴力事件。

陳映真認為此舉不僅打破執政者長年來的媒體控制、某個程度影響年底選情，更重要的是，顏文閂和自立晚報自此在中國新聞自由歷史上，占據了一個位置。

本期特別由陳映真獨家專訪顏文閂，除深入說明該篇報導始末及後續發展，也藉由工作側寫及成長故事帶出顏文閂理念及行事風格。

接下來兩篇以媒體為主題的報導，可視為顏文閂專訪的延伸：「當人民要掌握他們的媒體」專訪獨立媒體「綠色錄影小組」的王智章；「媒體的反叛」則請多位媒體人提出他們長年以來對大眾媒體的觀察分析、反省與批判。

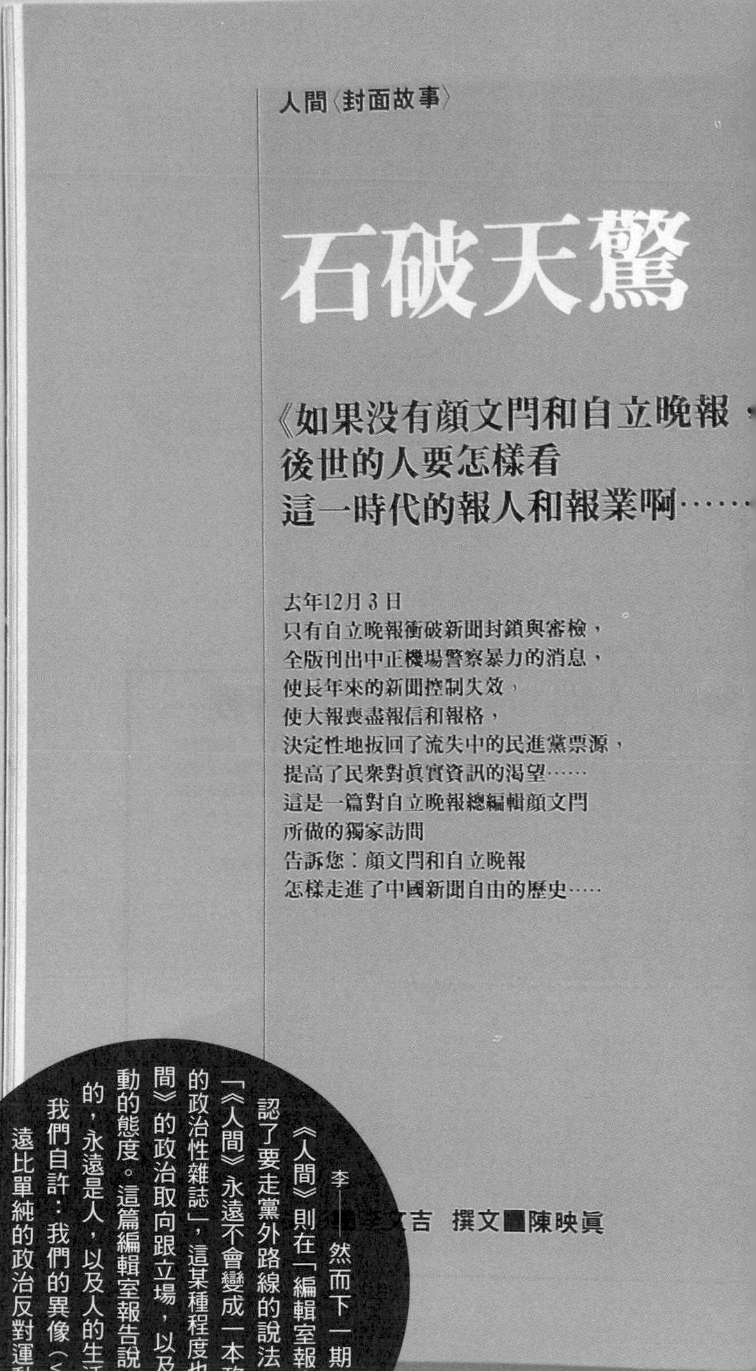
人間〈封面故事〉
石破天驚
《如果沒有顏文閂和自立晚報，
後世的人要怎樣看
這一時代的報人和報業啊……
去年12月3日
只有自立晚報衝破新聞封鎖與審檢，
全版刊出中正機場警察暴力的消息，
使長年來的新聞控制失效，
使大報喪盡報信和報格，
決定性地扳回了流失中的民進黨票源，
提高了民衆對眞實資訊的渴望……
這是一篇對自立晚報總編輯顏文閂
所做的獨家訪問
告訴您：顏文閂和自立晚報
怎樣走進了中國新聞自由的歷史……
撰文■陳映眞

李——然而下一期的《人間》則在「編輯室報告」否認了要走黨外路線的說法，並強調「《人間》永遠不會變成一本政治反對派的政治性雜誌」，這某種程度也反映了《人間》的政治取向跟立場，以及對於黨外運動的態度。這篇編輯室報告說：「我們關心的，永遠是人，以及人的生活和環境。我們自許：我們的異像（vision）遠遠比單純的政治反對運動寬闊得多。」

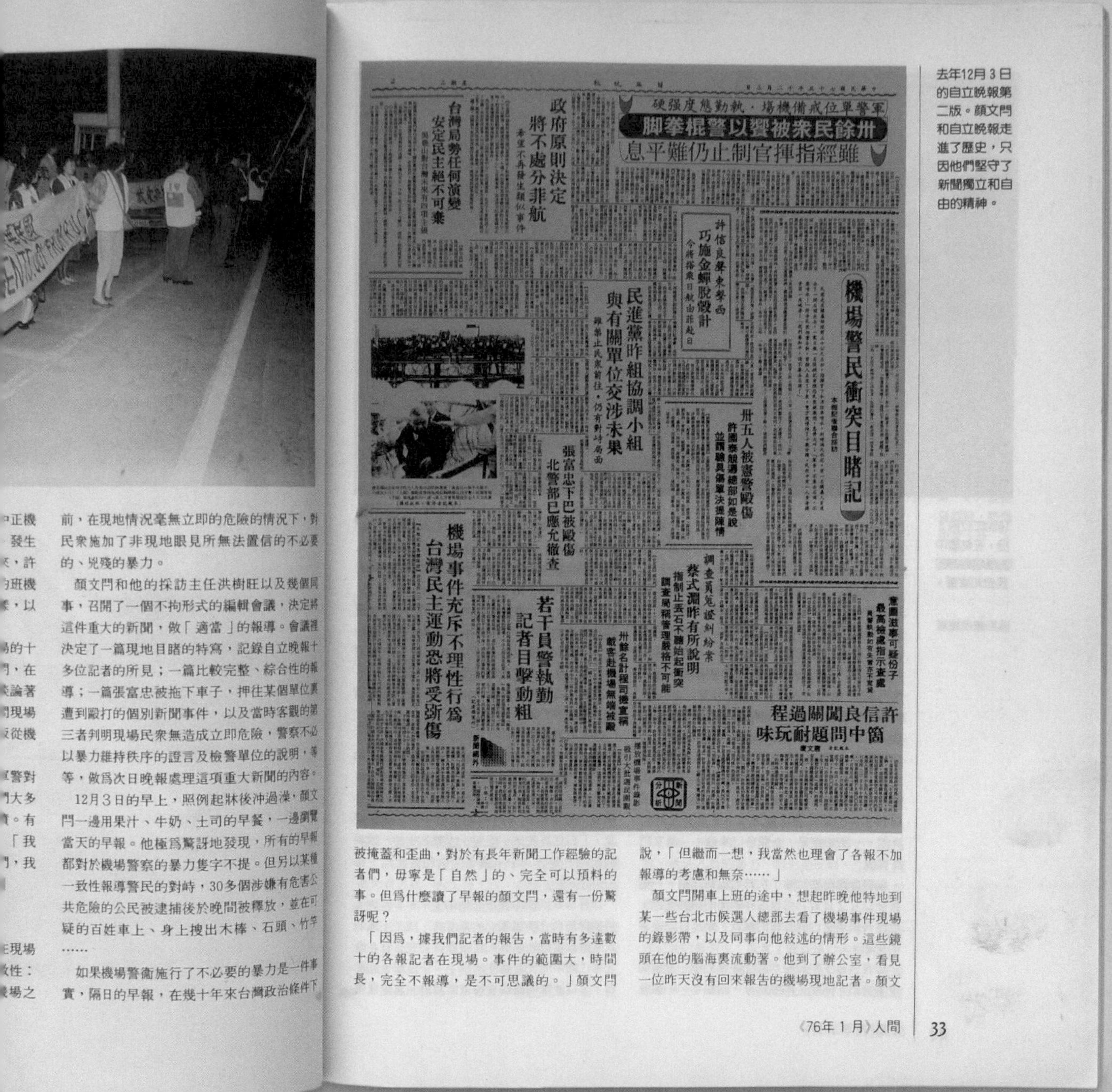

去年12月3日的自立晚報第二版。顏文門和自立晚報走進了歷史，只因他們堅守了新聞獨立和自由的精神。

機場警民衝突目睹記

卅餘民衆被警以警棍拳脚

雖經指揮官制止仍難平息

政府原則決定將不處分非航

民進黨昨組協調小組與有關單位交涉未果

張富忠下巴被毆傷 北警部已應允徹查

機場事件充斥不理性行爲 台灣民主運動恐將受斲傷

若干員警執勤記者目擊動粗

許信良闖關過程 箇中問題耐玩味

前，在現地情況毫無立即的危險的情況下，對民衆施加了非現地眼見所無法置信的不必要的、兇殘的暴力。

顏文門和他的採訪主任洪樹旺以及幾個同事，召開了一個不拘形式的編輯會議，決定將這件重大的新聞，做「適當」的報導。會議裡決定了一篇現地目睹的特寫，記錄自立晚報十多位記者的所見；一篇比較完整、綜合性的報導；一篇張富忠被拖下車子，押往某個單位裏遭到毆打的個別新聞事件，以及當時客觀的第三者判明現場民衆無造成立即危險，警察不必以暴力維持秩序的證言及檢警單位的說明，等等，做爲次日晚報處理這項重大新聞的內容。

12月3日的早上，照例起牀後沖過澡，顏文門一邊用果汁、牛奶、土司的早餐，一邊瀏覽當天的早報。他極爲驚訝地發現，所有的早報都對於機場警察的暴力隻字不提。但另以某種一致性報導警民的對峙，30多個涉嫌有危害公共危險的公民被逮捕後於晚間被釋放，並在可疑的百姓車上、身上搜出木棒、石頭、竹竿……

如果機場警衛施行了不必要的暴力是一件事實，隔日的早報，在幾十年來台灣政治條件下被掩蓋和歪曲，對於有長年新聞工作經驗的記者們，毋寧是「自然」的、完全可以預料的事。但爲什麼讀了早報的顏文門，還有一份驚訝呢？

「因爲，據我們記者的報告，當時有多達數十的各報記者在現場。事件的範圍大，時間長，完全不報導，是不可思議的。」顏文門說，「但繼而一想，我當然也理會了各報不加報導的考慮和無奈……」

顏文門開車上班的途中，想起昨晚他特地到某一些台北市候選人總部去看了機場事件現場的錄影帶，以及同事向他敍述的情形。這些鏡頭在他的腦海裏流動著。他到了辦公室，看見一位昨天沒有回來報告的機場現地記者。顏文

《76年1月》人間　33

事實上，據顏文門說，十二月三日的新聞處理，他保留了三十%。「警察施暴力的照片，也決定不用。全部的稿子送來，我仔細過濾感情、色彩過濃的詞句，和對暴力恐怖細節的描寫。」顏文門說，「在台灣新聞界幹久了，人人都學會了『自抑』的新聞處理法。」十二月四日的新聞，大夥決定「點到為止」的處理態度。

● 十二月三日，自立晚報以二版全版刊登桃園機場事件，包括：現地目睹特寫、張富忠被拖下車毆打事件、檢警單位說明、綜合報導。

● 本專題照片為顏文門工作側拍，文字部分除機場事件始末，另著重其成長背景及新聞理念。

去年12月3日下午4點30分，右翼的愛國團體到自立晚報社門前示威。《他們基本上很守秩序。他們有意見，當然可以表示出來…》顏文閂說。

由於（去年）12月30日黨外
場「迎接」宣稱要闖關回台的
劇烈的警民對抗，12月2日，
信艮已經從菲律賓搭乘菲律賓
飛抵中正機場，自立晚報和我
加强的採訪人陣，早早派到機

當天下午5點過後，自立晚
幾個記者，紛紛回到報社。
他的辦公室裏聽見回社的記者
機場所見。他把一個記者叫進
的詳情，接著，他一個又一個
場回來的記者的敍述。

每一個記者，都向顏文閂描
無辜民衆所施的不可置信的暴
還充滿著從機場現地帶回來的
些同事，聲音高亢、顫慄，」
極力要他們抑制激動的心緒。
要聽到的是事實，這整個眞實

●石破天驚

顏文閂聽到的故事，除了每
的所在不同，整個故事都有著
機場拒馬旁的憲警人員，在

32　人間（76年1月）

〈人間媒體〉之1

當人民要掌握他們的媒體…

3年前，現年31歲的
花蓮青年王智章，開始以ENG記錄
激動的台灣生活……

去年12月的大選中，王智章的
現場錄影報告，
在全省民進黨候選人的總部播放，
有效地顛覆了
台灣大眾媒體對選情新聞的獨佔。

這是一個撼動了
台灣電視新聞龐大帝國的，
花蓮青年生活與工作觀……

1986年12月的一個午夜，台北市一條清冷的慢車道上，出現了兩個清道夫勞動者的影子，孤單地在街頭上遊走，用長長的鐵夾撿起地上的煙蒂和垃圾，丟進拎在手上的桶子裡。他們總是低著頭走路，直到那座燈火通明的巨幅看板吸引住了他們的眼光。

偌大的競選總部早已經掩門閉戶，只有從高聳的鷹架上臨時搭起來的一個候選人的肖像，兩眼仍然看來炯炯有神。他戴著黑框眼鏡，站在麥克風前，似乎在喋喋不休的對著這兩個清道夫說話。聚光燈前，雨水飄忽地打在兩行斗大的宋體字上：「美好的明天，不是夢想……」。

在這凌晨的孤愴而又靡然的街頭，1986年的台灣選舉已經悄悄地落幕了。現在，這兩個清道夫，彷彿是這齣選舉戲劇中，突兀地闖上舞台的、微小的角色了。

我挨上他們的身邊，借火點煙，這才從他們的口中，獲知隔著幾條街，剛才有3名過路青年，揮起了木棍，憤怒地把某一個民進黨候選人的宣傳車搗毀，然後匆匆地逃離了現場。

媒體的戰爭

我趕到現場去，赫然看見王智章早已在那兒工作。這已經不是第一次我在事件的現場遇見了王智章。

攝影■蔡明德　撰文■官鴻志

46　人間〈76年1月〉

那一天，我看見他站在雨中，肩膀上扛著一部ENG，對準那輛被搗毀了玻璃的宣傳車，緩緩地轉著鏡頭。當推到趕抵現場執行任務的警察身上時，他收回了觀景窗後面的眼睛，向我打了招呼。

打從3年前，王智章向朋友借了兩萬元，又從一個友人的一筆年終獎金中，湊足了5萬元餘元，買回來他的第一部國際牌電子攝影機。雖然價錢便宜，王智章的心打那時開始，可熱呼呼地燒騰起來了。也是打從那時候開始，我在許多回南來北往的採訪旅途中，在反公害運動、校園民主和民主街頭行動的現場裡，總是遠遠地看見他扛著那部ENG，忘我地工作。

每回看見他，我總是殷殷地寄望著，台灣終於也會出現一群像中南美洲覺醒的記錄工作者一樣，四處下鄉去尋找記錄的題材、用攝影機做記錄報告的工作隊伍。

在競選總部守夜的糊鳳仔，是個卡車司機。他怒沖沖的告訴王智章：「╳！三條人影望北邊逃去。我來不及穿褲子，從床上跳起來，抓了一根木棍就往外衝！」

「人家都高票當選了，何必搗車子出氣！」站在旁邊執行任務的警員也低聲這樣說。王智章把這些鏡頭和對話全都拍攝下來了。他不肯錯過任何一個鏡頭，前前後後，他

王智章，31歲，花蓮人。打從他擁有屬於自己的ENG（電子錄像機）開始，在多次反公害住民運動、校園民主和黨外街頭行動的現場裡，總是看見他在忘我地工作。

〈76年1月〉人間　47

〈人間媒體〉2

媒體的反叛

1986年的台灣大選中最大的輸家，
不是執政黨，也不是民進黨，
而是長期倨傲、說謊、
不求長進的報社和電視台。
在自立晚報和私人的ENG
從非官方立場披露了機場事件之後，
獨佔台灣言論40年的報社和電視台公信力，
開始龜裂、崩壞……
而苦悶的、抑壓的新聞從業人員和傳播學者
開始了嚴肅的反省和批判

王杏慶
民間學者

反叛的小衆媒體代表了台灣人民追尋資訊、表達、言論等方面自由的意願與行動

從「社會動力學」的觀點而言，「大衆媒體」乃是既有體系的建制性媒體，而「小衆媒體」則是非建制或反建制的媒體。「小衆媒體」的出現，代表了許多層面的意義：

①從支配關係論，這表示「大衆媒體」所代表及呈現的「支配意識型態」的鬆動。通常，這顯示出一種新生事務已到了胎動時期。它的動力可能是由於社會結構改變而產生的民間力量；也可能是大衆被喚醒了的新的意識；也可能是年輕一代的「代間力量」。

②無論「小衆媒體」的社會動力爲何，它的出現就顯示社會原來的溝通管道和社會文法，已不再能承載新的社會內容了。一個新的溝通管道與社會文法行將出現，從而始可創造一個新的正義結構。

我們假設，任何社會在特定的時空裡，它的社會脈絡與結構，都是根據自然法的正當原則而發展出來。非體制或反體制事務的出現，均代表新的「社會意義」。那麼，台灣近年來的「小衆媒體」紛紛出現，它的具體社會意義是甚麼呢？個人認爲：

一、它代表了台灣人民追尋資訊、表達、言論等方面自由的意願與行動。這乃是近半年來台灣人民普遍追求一個新正義結構之一部份。以政治社會學角度來解釋，這乃是「人民—民主的戰鬥」(Popular-Democratic Struggle)的一個戰場。

二、以往，台灣只有由上而下，聯合壟斷的「大衆媒體」。它期望在著這種壟斷以達到「意識支配」、「社會內容支配」的地步。「大衆媒體」成了支配式國家機器的一個「輔助支配機構」。然而，這種支配型態由於缺乏了未來的正義性，它在自我運作的規律下，遂愈來愈和社會疏離。「黨—國家」與「大衆媒體」，「民間社會」與「小衆媒體」，這兩個對立體制開始出現。前者是個在萎縮中的結合體，而後者則正欣欣向榮。

「小衆媒體」由於有著這樣的社會意義，在現階段，它代表了「二元體系」時間的來到。台灣的「小衆媒體」由於有著獨特的社會力

民間掌握的現場ENG錄影，和自立晚報持平的報導，使台灣大衆媒體過去獨佔的結構下的可信性，開始龜裂和崩壞。去年12月5日，黨外民衆赴台視抗議不公正的報導。（攝影■蔡明德）

整理■杜繼平／王菲林　發言■王杏慶／李金銓／金惟純／胡晴羽／陳國祥／楊憲宏／蕭孟能

56 人間〈76年1月〉　〈76年1月〉人間 57

一九八六年的台灣大選中最大的輸家，不是執政黨，也不是民進黨，而是長期倨傲、說謊、不求長進的報社和電視台。在自立晚報和私人的ENG從非官方立場披露了機場事件之後，獨佔台灣言論四十年的報社和電視台公信力，開始龜裂、崩壞……

在中正機場的對峙中，憲警噴出著色的水柱，沖散群聚的民眾（攝影：綠色錄影小組）

他，19歲的曹族少年，能詩、能歌的湯英伸，終於在5月15日清晨被執行槍決了。他受盡欺騙、苦痛、侮辱的生命史，使我們的社會無法不分擔一份最深的哀傷。

〈76年6月〉人間　19

湯英伸回家了……

● 封面、專題的照片，包含兩處的標題，都有考量。封面是小妹帶湯英伸到天主堂望彌撒，「湯英伸回家了」，訴諸溫情；專題裡則有比較多情緒。

期數——二十
時間——一九八七年六月
篇幅——二十七頁（p18-p44）
內容——一九八七年五月十五日清晨，十九歲鄒（曹）族少年湯英伸執行槍決，遺體於十六日火化，骨灰當天下午運回特富野。

一直以來，社會大眾對湯英伸案的關注並不全然基於法律上的公正性，更著重於社會結構對弱勢族群的不公，擴延到對死刑議題的進一步思考。《人間》曾做過三次關於湯英伸的報導，第九期（一九八六年七月）以「不孝兒英伸」、「隱藏的陷阱」、「冰凍的春天」三篇，報導事件始末、試圖探究背後結構性因素，並發動實際救援行動，引發社會討論。第二十四期（一九八七年十月）「以後，請到家裡來奉茶……」是死刑執行後，兩方家屬的追蹤報導。

第二十期則是逐日記錄從五月十一日，《人間》編輯群獲知死刑定讞後，實際的救援行動，包括企圖連署爭取延緩執行、特赦，湯英伸家人態度，以及各界聲援人士對此案發表的短文。報導最後是一則廣告，再次呼籲對此案反省，並發起對湯、彭兩家的捐款。

此篇報導完全展現《人間》的本質，參與和介入。

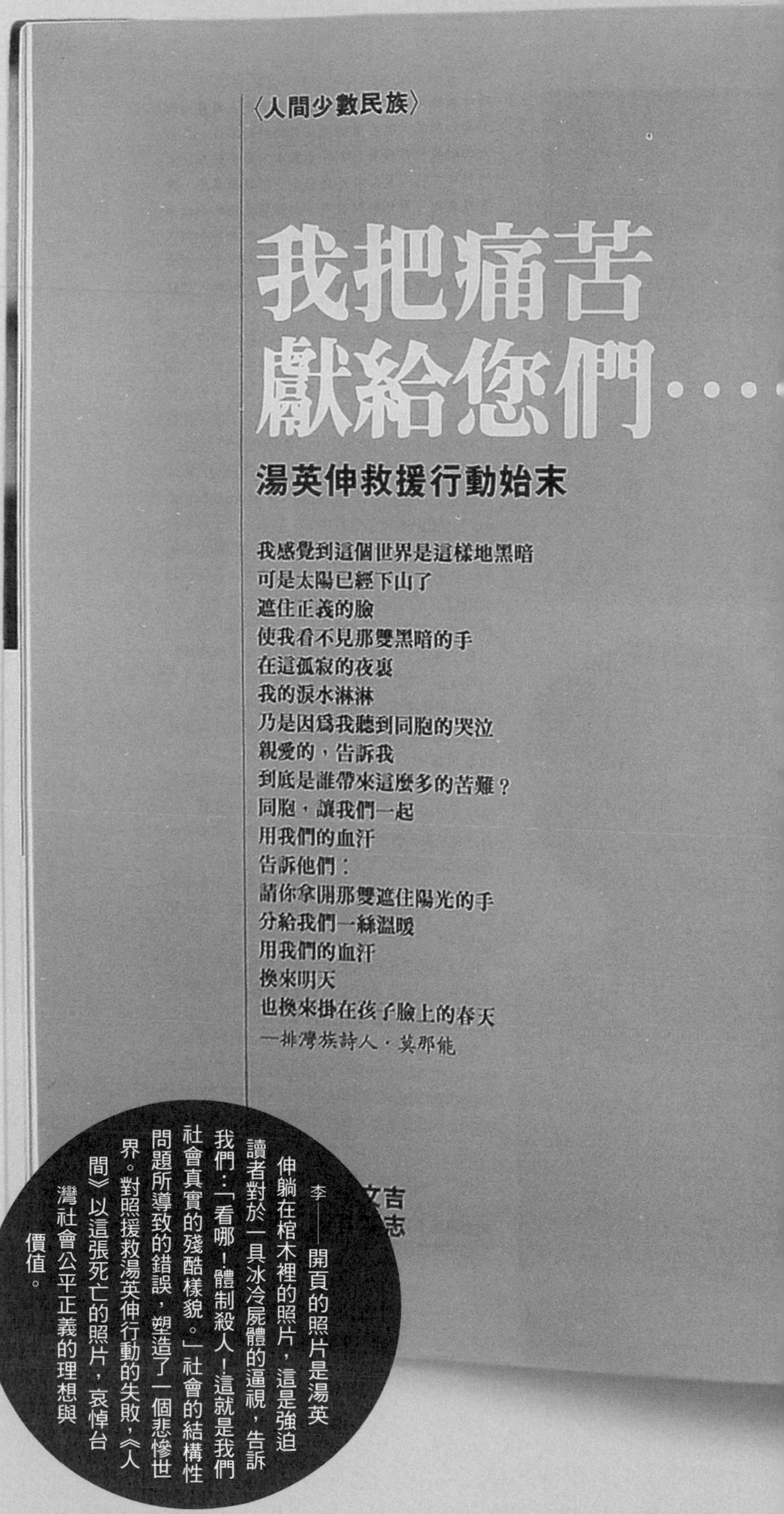
〈人間少數民族〉
我把痛苦獻給您們……
湯英伸救援行動始末
我感覺到這個世界是這樣地黑暗
可是太陽已經下山了
遮住正義的臉
使我看不見那雙黑暗的手
在這孤寂的夜裏
我的淚水淋淋
乃是因爲我聽到同胞的哭泣
親愛的，告訴我
到底是誰帶來這麼多的苦難？
同胞，讓我們一起
用我們的血汗
告訴他們：
請你拿開那雙遮住陽光的手
分給我們一絲溫暖
用我們的血汗
換來明天
也換來掛在孩子臉上的春天
—排灣族詩人・莫那能

李——開頁的照片是湯英伸躺在棺木裡的照片，這是強迫讀者對於一具冰冷屍體的逼視，告訴我們：「看哪！體制殺人！這就是我們社會真實的殘酷樣貌。」社會的結構性問題所導致的錯誤，塑造了一個悲慘世界。對照援救湯英伸行動的失敗，《人間》以這張死亡的照片，哀悼台灣社會公平正義的理想與價值。

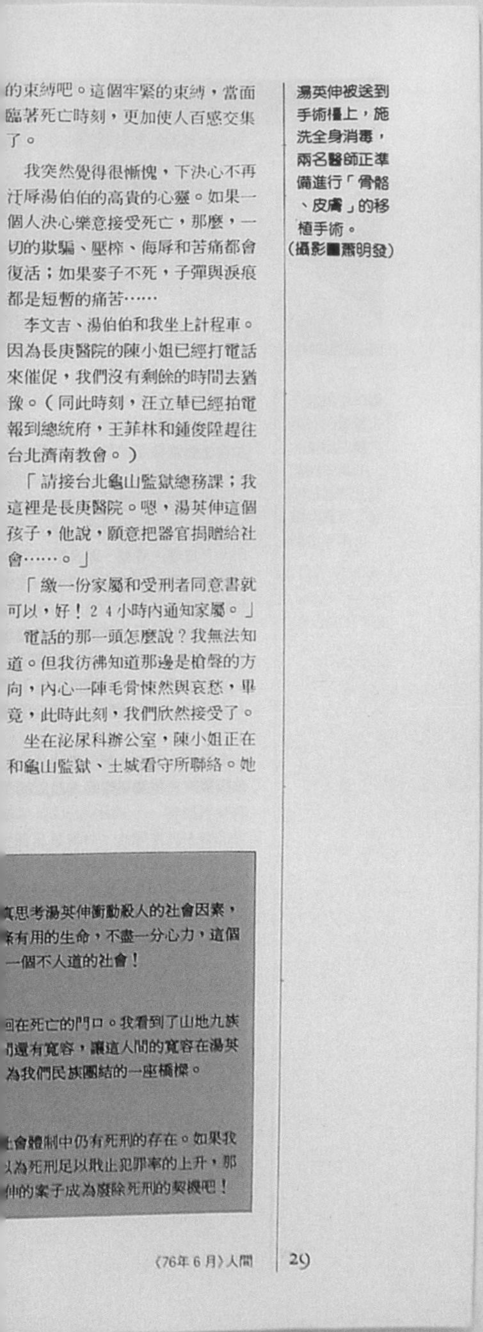

的束縛吧。這個牢緊的束縛，當面臨著死亡時刻，更加使人百感交集了。

我突然覺得很慚愧，下決心不再汙辱湯伯伯的高貴的心靈。如果一個人決心樂意接受死亡，那麼，一切的欺騙、壓榨、侮辱和苦痛都會復活；如果麥子不死，子彈與淚痕都是短暫的痛苦……

李文吉、湯伯伯和我坐上計程車。因為長庚醫院的陳小姐已經打電話來催促，我們沒有剩餘的時間去猶豫。（同此時刻，汪立華已經拍電報到總統府，王菲林和鍾俊陞趕往台北濟南教會。）

「請接台北龜山監獄總務課；我這裡是長庚醫院。嗯，湯英伸這個孩子，他說，願意把器官捐贈給社會……。」

「繳一份家屬和受刑者同意書就可以，好！24小時內通知家屬。」

電話的那一頭怎麼說？我無法知道。但我彷彿知道那邊是槍聲的方向，內心一陣毛骨悚然與哀愁，畢竟，此時此刻，我們欣然接受了。

坐在泌尿科辦公室，陳小姐正在和龜山監獄、土城看守所聯絡。她

湯英伸被送到手術檯上，施洗全身消毒，兩名醫師正準備進行「骨骼、皮膚」的移植手術。（攝影■蔡明發）

真思考湯英伸衝動殺人的社會因素，條有用的生命，不盡一分心力，這個一個不人道的社會！

迴在死亡的門口。我看到了山地九族們還有寬容，讓這人間的寬容在湯英為我們民族團結的一座橋樑。

社會體制中仍有死刑的存在。如果我以為死刑足以戢止犯罪率的上升，那伸的案子成為廢除死刑的契機吧！

〈76年6月〉人間 29

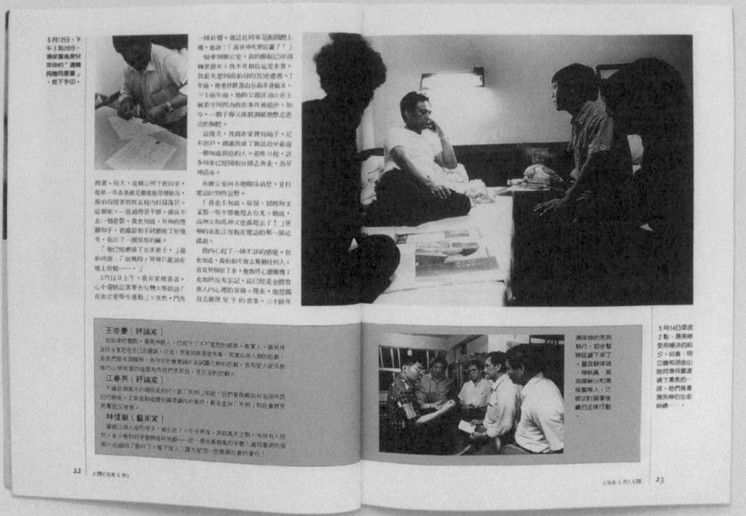

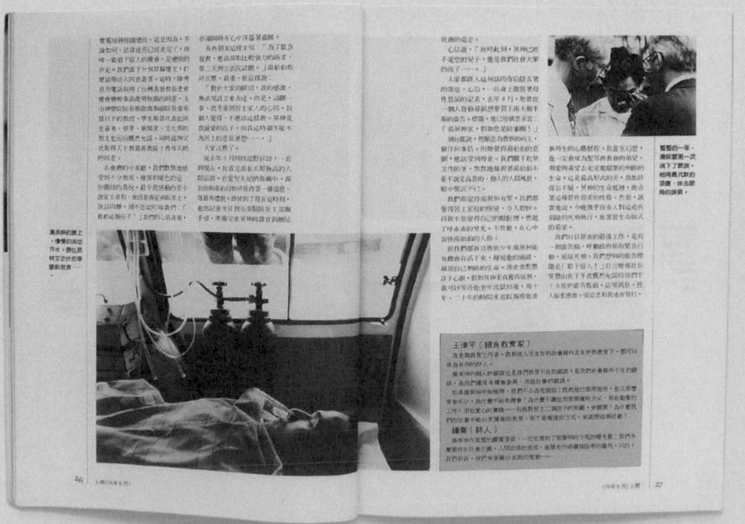

●與照片相比，這篇的文字比較急切、有情緒，因為是跟著時間在講救援的過程，以及編輯部彼此或是與家屬之間的對話。

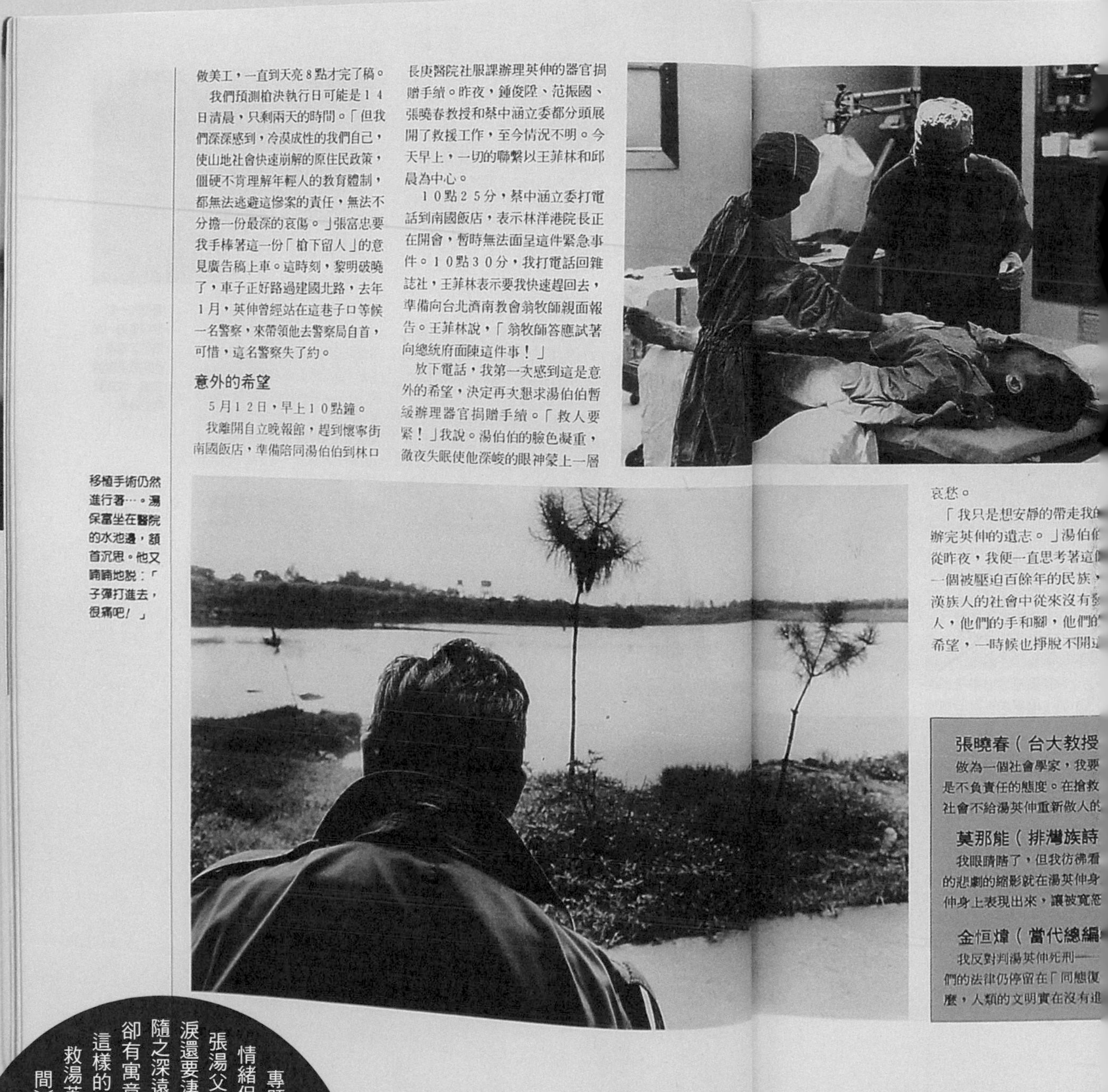

做美工，一直到天亮8點才完了稿。

我們預測槍決執行日可能是14日清晨，只剩兩天的時間。「但我們深深感到，冷漠成性的我們自己，使山地社會快速崩解的原住民政策，僵硬不肯理解年輕人的教育體制，都無法逃避這慘案的責任，無法不分擔一份最深的哀傷。」張富忠要我手棒著這一份「槍下留人」的意見廣告稿上車。這時刻，黎明破曉了，車子正好路過建國北路，去年1月，英伸曾經站在這巷子口等候一名警察，來帶領他去警察局自首，可惜，這名警察失了約。

意外的希望

5月12日，早上10點鐘。

我離開自立晚報館，趕到懷寧街南國飯店，準備陪同湯伯伯到林口長庚醫院社服課辦理英伸的器官捐贈手續。昨夜，鍾俊陞、范振國、張曉春教授和蔡中涵立委都分頭展開了救援工作，至今情況不明。今天早上，一切的聯繫以王菲林和邱晨為中心。

10點25分，蔡中涵立委打電話到南國飯店，表示林洋港院長正在開會，暫時無法面呈這件緊急事件。10點30分，我打電話回雜誌社，王菲林表示要我快速趕回去，準備向台北濟南教會翁牧師親面報告。王菲林說，「翁牧師答應試著向總統府面陳這件事！」

放下電話，我第一次感到這是意外的希望，決定再次懇求湯伯伯暫緩辦理器官捐贈手續。「救人要緊！」我說。湯伯伯的臉色凝重，徹夜失眠使他深峻的眼神蒙上一層哀愁。

「我只是想安靜的帶走我的
辦完英伸的遺志。」湯伯伯
從昨夜，我便一直思考著這
一個被壓迫百餘年的民族，
漢族人的社會中從來沒有
人，他們的手和腳，他們的
希望，一時候也掙脫不開

移植手術仍然進行著…。湯保富坐在醫院的水池邊，頷首沉思。他又喃喃地說：「子彈打進去，很痛吧！」

張曉春（台大教授
做為一個社會學家，我要
是不負責任的態度。在搶救
社會不給湯英伸重新做人的

莫那能（排灣族詩
我眼睛瞎了，但我彷彿看
的悲劇的縮影就在湯英伸身
伸身上表現出來，讓被寬恕

金恒煒（當代總編
我反對判湯英伸死刑——
們的法律仍停留在「同態復
麼，人類的文明實在沒有進

李——在這個哀傷的專題裡，照片的運用蘊含感懷情緒但並不煽情處理，比如選用一張湯父背影的照片，比拍攝正面的眼淚還要淒淒，讀者對於事件的思考也得以隨之深遠。專題裡挑選的照片沉靜、留白卻有寓意，好的編輯與影像力道來自於這樣的「收」而非灑狗血地「放」。援救湯英伸的結果雖然挫敗，但《人間》開啟了一個正視社會結構問題的視野。

他又說，英伸似乎已經看到了被獄方挖空的一則新聞。坐牢的死囚最駭怕看的，就是「挖天窗」。「英伸的臉色有些悸動」，湯伯伯回憶地說：「他抽泣，猜測死刑槍決的日子果真來臨了。」

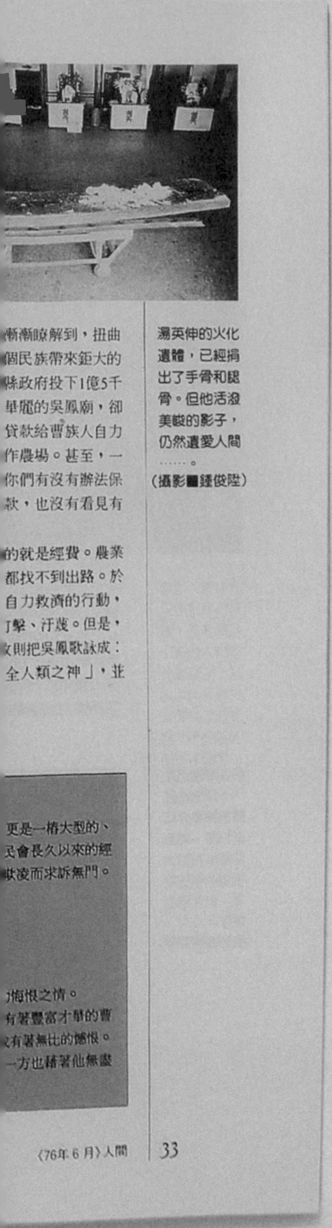
漸漸瞭解到，扭曲
個民族帶來鉅大的
縣政府投下1億5千
華麗的吳鳳廟，卻
貸款給曹族人自力
作農場。甚至，一
你們有沒有辦法保
款，也沒有看見有

的就是經費。農業
都找不到出路。於
自力救濟的行動，
打擊、汙蔑。但是，
則把吳鳳歌詠成：
全人類之神」，並

更是一樁大型的、
民會長久以來的經
欺凌而求訴無門。

悔恨之情。
有著豐富才華的曹
有著無比的憾恨。
一方也藉著他無盡

湯英伸的火化遺體，已經揭出了手骨和腿骨。但他活潑美峻的影子，仍然遺愛人間……。
（攝影■鍾俊陞）

〈76年6月〉人間　33

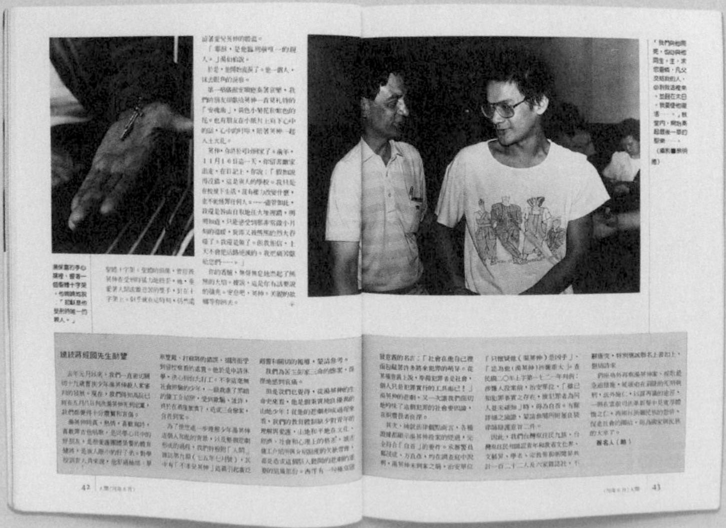

時間是清晨五點半，突然，第一聲槍聲劃破了冷涼的空氣。悶悶的槍聲，一直傳到對面的遠山，相隔第三十八秒，傳來第二聲槍響……（四點半，湯伯母在睡夢中驚醒過來！）（五點，湯伯接到一通無聲的電話。）

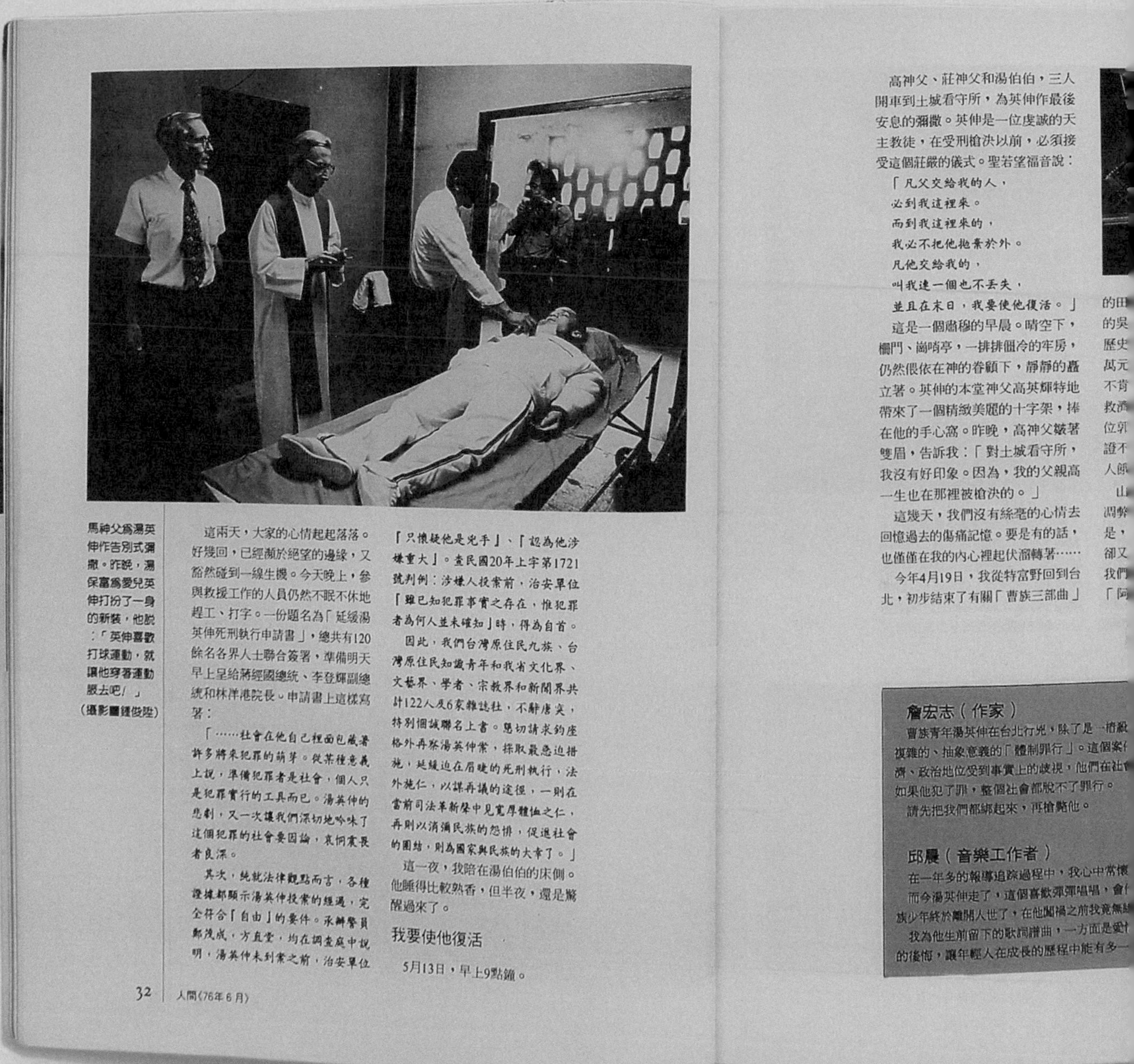

馬神父爲湯英伸作告別式彌撒。昨晚，湯保富爲愛兒英伸打扮了一身的新裝，他說：「英伸喜歡打球運動，就讓他穿著運動服去吧！」（攝影■鍾俊陞）

這兩天，大家的心情起起落落。好幾回，已經瀕於絕望的邊緣，又豁然碰到一線生機。今天晚上，參與救援工作的人員仍然不眠不休地趕工、打字。一份題名為「延緩湯英伸死刑執行申請書」，總共有120餘名各界人士聯合簽署，準備明天早上呈給蔣經國總統、李登輝副總統和林洋港院長。申請書上這樣寫著：

「……社會在他自己裡面包藏著許多將來犯罪的萌芽。從某種意義上說，準備犯罪者是社會，個人只是犯罪實行的工具而已。湯英伸的悲劇，又一次讓我們深切地吟味了這個犯罪的社會要因論，哀憫震長者良深。

其次，純就法律觀點而言，各種證據都顯示湯英伸投案的經過，完全符合「自由」的要件。承辦警員鄒茂成，方直堂，均在調查庭中說明，湯英伸未到案之前，治安單位「只懷疑他是兇手」、「認為他涉嫌重大」。查民國20年上字第1721號判例：涉嫌人投案前，治安單位「雖已知犯罪事實之存在，惟犯罪者為何人並未確知」時，得為自首。

因此，我們台灣原住民九族、台灣原住民知識青年和我省文化界、文藝界、學者、宗教界和新聞界共計122人及6家雜誌社，不辭唐突，特別個誠聯名上書。懇切請求鈞座格外再察湯英伸案，採取最急迫措施，延緩迫在眉睫的死刑執行，法外施仁，以謀再議的途徑，一則在當前司法革新聲中見寬厚體恤之仁，再則以消彌民族的怨悱，促進社會的團結，則為國家與民族的大幸了。」

這一夜，我陪在湯伯伯的床側。他睡得比較熟香，但半夜，還是驚醒過來了。

我要使他復活

5月13日，早上9點鐘。

高神父、莊神父和湯伯伯，三人開車到土城看守所，為英伸作最後安息的彌撒。英伸是一位虔誠的天主教徒，在受刑槍決以前，必須接受這個莊嚴的儀式。聖若望福音說：

「凡父交給我的人，
必到我這裡來。
而到我這裡來的，
我必不把他拋棄於外。
凡他交給我的，
叫我連一個也不丟失，
並且在末日，我要使他復活。」

這是一個肅穆的早晨。晴空下，柵門、崗哨亭，一排排個冷的牢房，仍然偎依在神的眷顧下，靜靜的矗立著。英伸的本堂神父高英輝特地帶來了一個精緻美麗的十字架，捧在他的手心窩。昨晚，高神父皺著雙眉，告訴我：「對土城看守所，我沒有好印象。因為，我的父親高一生也在那裡被槍決的。」

這幾天，我們沒有絲毫的心情去回憶過去的傷痛記憶。要是有的話，也僅僅在我的內心裡起伏溜轉著……

今年4月19日，我從特富野回到台北，初步結束了有關「曹族三部曲」

32　人間(76年6月)

詹宏志（作家）

曹族青年湯英伸在台北行兇，除了是一樁殺
複雜的、抽象意義的「體制罪行」。這個案
濟、政治地位受到事實上的歧視，他們在社
如果他犯了罪，整個社會都脫不了罪行。

請先把我們都綁起來，再槍斃他。

邱晨（音樂工作者）

在一年多的報導追踪過程中，我心中常懷
而今湯英伸走了，這個喜歡彈彈唱唱，會
族少年終於離開人世了，在他闖禍之前我竟無
我為他生前留下的歌詞譜曲，一方面是愛
的後悔，讓年輕人在成長的歷程中能有多一

「耶穌，是他臨刑前唯一的親人。」湯伯伯說。於是，他開始流淚了。他一個人，抹去眼角的淚痕。

● 湯英伸的遺體，是整個專題中最強烈的照片。從一開始在棺木中的照片、槍決後準備進行器官捐贈手術、告別式前的準備，火化後的骨灰。

● 除了湯英伸事件，也帶出鄒（曹）族（原住民）與漢人社會結構性的問題。文中也提及高一生的槍決、吳鳳神話對鄒（曹）族人的影響，以及原住民青年下山工作等問題。

讓歷史指引未來！

未來！
卻踪
與血汗
的無數民衆；
所感恩
，深受激勵，進一步創造和改變歷史的人們。
攝影：楊秋源

李——這期明確地指涉《天下雜誌》同年三月回顧台灣發展的特輯，基本上是截然不同史觀的較勁。如果把《天下雜誌》跟《人間》的照片一一比對，便可以看出不同刊物關切的問題面向，例如《人間》沒有以位高權重的主政者與光鮮亮麗的資本家作為歷史軸心，完全捨棄那種菁英式的政經建設歷史大論述，而去看社會現象與底層人民。從開場的照片便可以看到，回望台灣發展，就是一個負重的勞動形象，有著紮紮實實踏在土地上的足跡。

期數——三十七
時間——一九八八年十一月
篇幅——專刊
內容——一九八八年一月蔣經國逝世，三月，《天下雜誌》製作「走過從前，回到未來」特輯，以執政者及宣揚經濟發展角度，介紹台灣四十年來社會經濟發展歷程。

同年十一月，《人間》雜誌推出此專題，標題「讓歷史指引未來」，副標題「溯走台灣民眾四十年來艱辛偉大的腳踪」。

在「發行人的話」裡，陳映真直言此時推出此專題，的確是要在《天下雜誌》那一份由執政黨、社會優勢角色述說的歷史之外，呈現另一種從民眾角度出發、敘述的台灣社會經濟史。這也是《人間》一貫的角度和立場。

此專題涵蓋時間從將一九四五年到一九八○年代，分五個段落：

「一九四五～一九四九：狂喜與幻滅」
「一九五○年代：在冷戰中受孕的胎兒」
「一九六○年代：依賴與發展」
「一九七○年代：挑戰、反省、反應」
「一九八○年代：再編組和轉變的時代」

每階段分別以三到四篇專文，以及大量歷史照片，呈現該時期重點事件，以及當時社會中每一個「人」的處境及樣貌。

同一段時間的歷史，兩本雜誌提出截然不同的敘述和詮釋。

讓歷史指引
溯走台灣民衆40年來艱辛偉大
獻給1950年代初葉，那一段爲人湮滅、遺忘的歷史；
獻給40年來爲台灣社會的發展付出了生命和青春，獻上
也獻給決心探究歷史的眞實，豐富歷史更爲深廣的向度，

李——這個專題也選用了許多台灣前輩攝影家的照片，比如張才、林權助、鄭桑溪等人拍攝的市井小民。早年攝影主流仍是玩光弄影的沙龍影藝，受到一九三〇年代日本「新興寫真」的風潮影響，不少台灣攝影人開始記錄社會現實，部分困苦與破敗的社會影像因而留存下來。彼時這樣的寫實攝影，因為會成為社會發展不良、生活水平不佳的證據，並不為執政者所樂見，因此相對遭到打壓；或只鼓勵展現社會「光明面」和不牴觸政府與掌權者的攝影。時至今日亦然，直視與揭露社會問題的紀錄影像仍是被壓抑的。這些攝影家以鏡頭留下的早年台灣身影，更顯彌足珍貴。

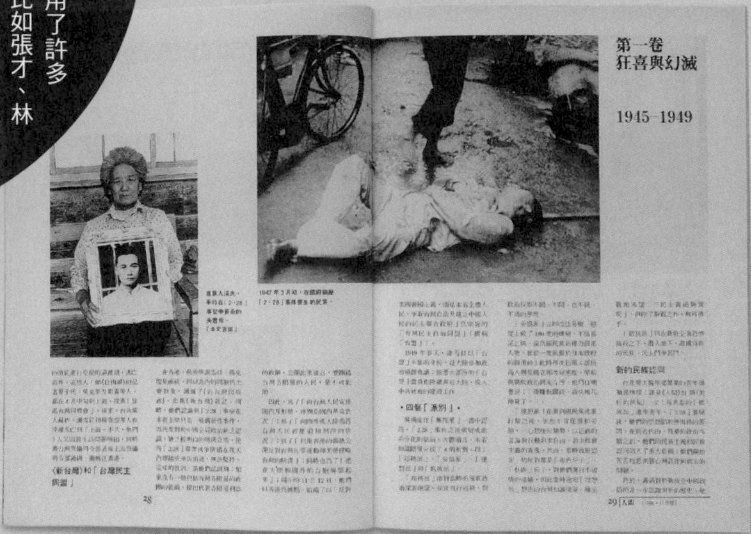

從民眾的立場去看待戰後台灣社會的歷史，追溯並回憶，唯經濟發展論所付出的土地、資源、生活的代價。

第三卷
依賴與發展
1960年代

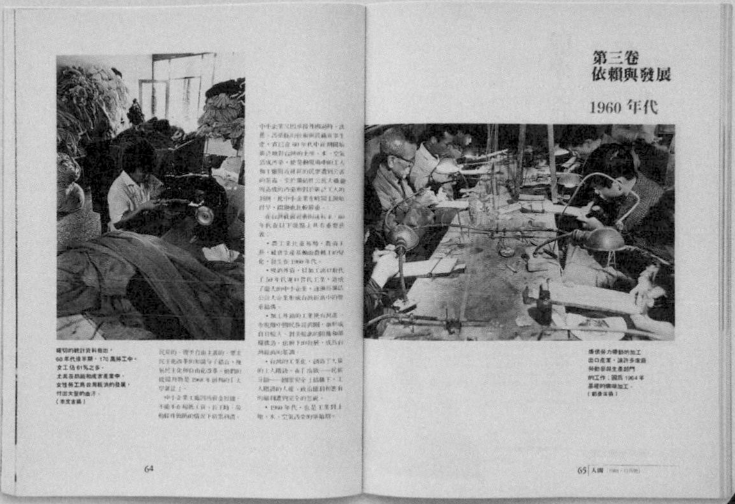
第三卷
依賴與發展
1960 年代

《發行人的話》
凡不曾知道台灣40年來的歷史…
是由這樣的民眾所創造的人
…都應該訂閱
人間
雜誌
訂閱請填書後P.171頁訂閱回函卡，直接投郵！

確切的統計資料指出，六〇年代後半期，一七〇萬勞工中，女工佔六一%之多。尤其在紡織和成衣產業中，女性勞工為台灣經濟的發展付出大量血汗。

很多人說，四十年來台灣社會的發展史，全是總統、院長、部長、將軍、博士、專家和大老闆所創造的。但是《人間》雜誌卻說，台灣社會四十年來的進步和成長的歷史，是由無數像這張照片上的，勤勉、樸素、勇敢的民眾。以他們的體力、智慧、血汗、備嚐艱辛，付出重大的犧牲所創造的。

李——從「發行人的話」旁邊放的這張《人間》訂閱廣告中，可以看到《人間》站在左派知識分子立場所關注的群眾、自然環境，以及對於階級意識的強調。專題裡展現的許多農民、工人等庶民影像，是勤奮而受壓迫的，這些《人間》認為「沒有臉的（faceless）」、無言而無名的人群，才是探看台灣過去與未來發展歷程時，需要著眼的對象。

延續六〇年代的發展，七〇年代有更多的農村勞動力湧向陌生、寂寞和無條理的城市，孤獨地出賣原始勞動力為生。

● 此卷開始，照片大多為《人間》攝影李文吉、鍾俊陞、顏新珠等拍攝。

大量人口向城市湧集，也在城市邊緣和底層集聚了城市貧民（Lumpen Proletariat）。

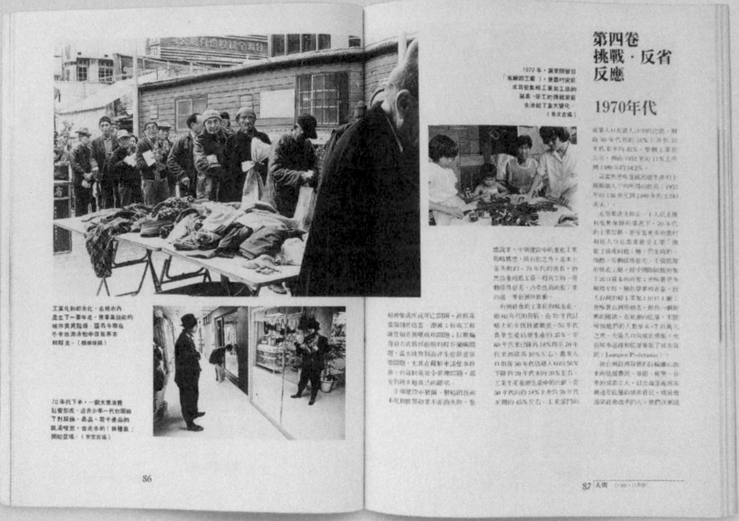

七〇年的釣運，第一次打破了五十年以來兩霸冷戰的價值和思想，提出反帝、愛國、認同的口號……

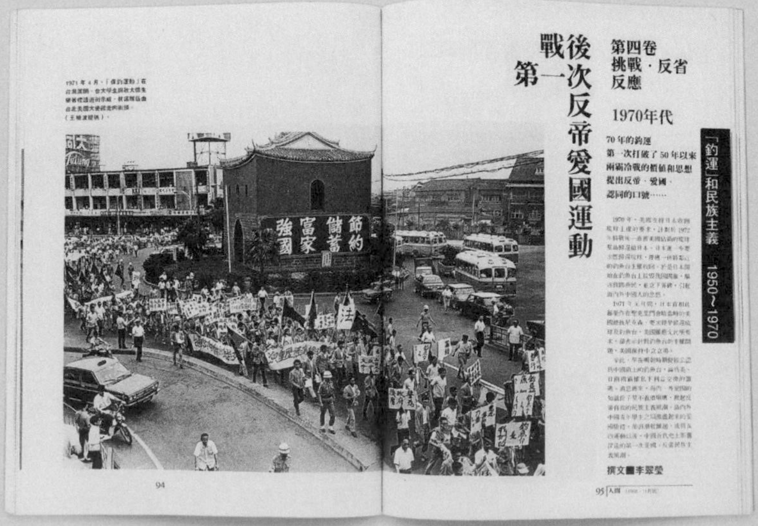

依賴美國資本快速飛躍的台灣經濟，面對美國的農業傾壓政策，今年五月二〇日，農民大舉在台北展開抗議行動。

李——在談論原住民解放運動的一章中，也特別選用了張才拍攝的原住民肖像。這批原住民肖像直視鏡頭，顯得威武又有靈氣，有別於早年人類學式的觀看視角。這些肖像照片讓讀者在觀看影中人的同時，會感覺到畫面中的人也正在看著自己，彰顯了影像中被攝者的尊嚴與存在。

●此段落的版型設計稍有不同，左上角固定會放一張張才拍的原住民照片。

反觀反公害民眾呢？他們只是地方上的一般受害居民，有些地區連民意代表都未曾出來為他們出力。這些社會運動的經濟基礎，常常是薄弱不堪，而在組織上，也必須逐步凝結。有時以廟宇為群眾動員的基礎，有時則是以受污染的社區為主，他們既缺乏基金經費，又缺乏基礎知識（但多的是經驗基礎），最後在各種申訴管道皆宣告無效之後，他們唯有「以小擊大」，進行圍堵了。這次高雄林園工業區，民眾佔領工廠事件，就是最好的例子。

人道主義的啟蒙

《人間》雜誌的震撼與啟蒙……

何榮幸
天下雜誌總主筆

《人間》雜誌存在的短短四年（一九八五至一九八九），正是我就讀台大社會系的所有時間。象牙塔內年輕心靈對於社會真實的想望，就此種下我和《人間》雜誌的不解之緣。

當年台大社會系分為社會學組與社會工作組，我考上社會工作組後，對於課堂上傳授的個案服務興趣缺缺，但又渴望了解普羅大眾的真實處境。《人間》雜誌的出現，無疑為陷入迷惘的我打開了一扇窗口，讓我得以從校園向外窺見社會的多元面貌。

我永遠記得與《人間》雜誌素面相見時的震撼。一張張黑白、斗大的攝影照片，映照出一個個沒有姓名、為生活奮鬥的底層人民身影。高中時代長期編校刊、懷抱作家夢的我，看著自己文藝青年式的無病呻吟，在一頁頁雜誌之間被徹底撕裂。

創辦《人間》雜誌的知名作家、社會主義信仰者陳映真，如此述說這本雜誌希望呈現的臉孔：「資本主義生產是強者的經濟，上雜誌上電視台都是青春美貌。可是在我們雜誌裡的，都是這些在資本主義社會被忽視的（沒有臉的人），是我們具體日常生活現場裡面的一張張真實的臉孔。」

有一回，陳映真來台大演講，會場迴盪濃濃的關懷弱勢與人道主義情懷。我靜靜聽完後，激動不能自已，馬上衝去想要報名偏鄉服務隊，讓自己真正貼近這片土地，結果卻因報名額滿而徒呼負負。

隨著《人間》雜誌一期期出版，久而久之，我終於明白，這些社會底層的無名臉孔背後，存在各種充滿壓迫與剝奪的社會結構。很多不幸故事的背後，潛藏著不公平、不正義的結構性問題。這些不幸故事並非偶發個案，而是社會結構性問題下的必然產物，最後則由整個社會來承受代價。

《人間》雜誌帶來的社會啟蒙，以及當時社會學界的顯學——新馬克思主義、法蘭克福學派、批判理論等思潮的知識撞擊，加上八〇年代後期台大學運氛圍的感染，在這些相互交織的多重影響下，我的知識興趣逐漸轉向探討結構問題的社會學理論與社會變遷，我的作家夢也一點一滴向更具現實感的記者夢挪移。

於是，我在大一升大二時申請轉組，從社會工作組轉到社會學組，從此成為社會工作界的逃兵，走向觀察社會結構變化的新聞工作者之路。

在這個轉向的過程中，《人間》雜誌第十五期（一九八七年一月）的封面故事，對我形成另一次震撼。

這篇封面故事，是由陳映真親自出馬，獨家專訪前一年十二月三日報導「機場事件」（許信良闖關回台）真相的《自立晚報》總編輯顏文門。封面照片中的顏文門，銳利眼神若有所思，看著遙遠的前方，肩膀上似乎背負了萬斤壓力，卻說什麼都不肯妥協屈服。

在此之前，有志於記者夢的年輕人，大概都會對美國「水門案」琅琅上口，並視揭發該案的《華盛頓郵報》兩位記者伍華德、伯恩斯坦為英雄典範。反觀戒嚴體制下的台灣，卻難以想像會有主流媒體新聞工作者躍上雜誌封面，成為新聞界對抗威權的重要象徵。

根據陳映真的專訪，顏文門在十二月二日傍晚陸續聽取《自晚》記者帶回的採訪見聞，結果發現，所有故事都有高度的一致性：憲警人員在沒有立即危險的情況下，對前往中正機場迎接許信良的民進黨支持群眾，施加不必要而無法置信的兇殘暴力。但是，顏文門在隔天早上卻赫然發現，所有早報都對警察暴力隻字不提，而是另以某種一致性報導暴民對峙，並強調三十多位民眾涉嫌危害公共危險，並在可疑百姓車上、身上搜出木棒、石頭、竹竿……。關鍵時刻，顏文門決定依照《自晚》記者的採訪見聞報導真相，並承擔一切可能的後果。

陳映真揮舞具有強烈情感的筆觸，清楚詮釋顏文門此舉的意義：「《自立晚報》衝破新聞封鎖與審檢，全版刊出中正機場警察暴力的消息，使長年來的新聞控制失效，使大報喪盡報信和報格，決定性地扳回了流失中的民進黨票源，提高了民眾對真實資訊的渴望……」、「十二月三日《自立晚報》第二版的選舉新聞，就這樣進入了在台灣的中國新聞史上。」

剛升大二沒多久的我，就這樣受到陳映真、顏文閂聯手衝擊，心中洋溢激昂熱情，對於記者志業充滿敬意。我們這一代有志於新聞工作的年輕人，終於可以在「機場事件」汲取本土養分與新聞典範，再也不必遙指萬里之外的「水門案」。

到了《人間》雜誌第二十期探討死刑犯問題的封面故事「湯英伸回家了」，更加撼動我們這一代年輕學子認識台灣社會的方式。《人間》雜誌為我們注入了人道主義與理想情懷，我們之中某些希望改變社會的心靈，從此帶著受到《人間》雜誌影響的基因，進入社會接受現實的嚴酷考驗。

人生充滿巧合與諷刺。退伍之後，我竟然因緣際會進入顏文閂擔任社長的《自由時報》工作，與這位《人間》雜誌封面人物並肩作戰。然而，日子繼續轉動十餘年後，轉任《台灣日報》社長的顏文閂，竟然長期積欠員工薪資，我和台灣新聞記者協會的幹部遂前往勞委會，要求對顏文閂限制出境以防落跑。昔日新聞英雄淪為記者公敵，令人不勝唏噓。

至於領導統盟而與台灣主流民意漸行漸遠的陳映真，我對他的敬意絲毫沒有改變。陳映真與《人間》雜誌高舉報導文學、報導攝影旗幟，堅持與弱勢者站在一起，是我成長過程中非常重要的啟蒙身影。我的記者生涯中若干貼近土地、關懷弱勢的報導與評論，某種程度上即是多年後向陳映真與人間雜誌的致敬。

我相信，持續貼近這片土地、為弱勢者發聲，才是懷念《人間》雜誌的最好方式。

看見不一樣的「人間」

解嚴後的燥熱年代，高中生的我，身處髮禁、聯考、三民主義的桎梏下，急切地探尋教科書中缺席的知識與歷史，遲疑地摸索校園高牆外的沸騰社會。我用壓歲錢訂了《人間》雜誌，素樸的黑白攝影，深刻的報導文字，領我看見不一樣的人間，燃起我對社會學的想望。

至今我閉上眼睛仍能看見，湯英伸妹妹抱著骨灰罈的哀傷眼神，也彷彿能聽見，當初年少心靈因惶惑、衝擊而悸動不已。謝謝《人間》的前輩們，為殘酷人間留下美好印記。

藍佩嘉
台大社會系教授

獨立媒體工作者的勇氣

自一九八〇年開始記錄台灣環境，鏡頭對準的焦點是山川水色美景，總希望以審美修為，盡情再現眼前的感動。一九八七年，悶熱的初夏，從朋友手中接過《人間》雜誌，看到每一篇報導的文字與圖像，其關注的議題與詮釋、批判的觀點，內心深受撞擊。因此，陸續參加了報導編輯課程與演講活動，還跟隨記者跑了幾天的田野。

自此，我的眼光再也無法對不公不義的事件、逐漸崩壞的環境視而不見。《人間》雜誌啟發了我觀看台灣的視野，雜誌記者的人文底蘊與報導者的堅持，鼓舞了我成為獨立媒體工作者的勇氣。時過境遷，近三十年來，《人間》雜誌依然在我心中迴盪……

柯金源
紀錄片工作者

影響

研究報告・安德烈・塔科夫斯基・八〇
利克・伊莎貝拉艾珍妮・日本暴力電
爾戴路易斯・電影特效專題・史蒂芬
・歌舞片・華德狄斯耐・彼得格林納
潮之後・大衛林曲・雪兒・電影圈影
三・B級電影・觀影環境白皮書・茱莉
如有雷同，純屬蓄意——「真人真事
後現代的MTV迷思・幕後紅伶——茱
大衛・克羅能柏格・默片・克恩兄弟・
影・德瑞克・賈曼・阿諾史瓦辛格・大
本黃金時代的電影巨匠・吉姆賈木許
森田芳光・中國導演「後五代」的變局
史地位及其美學意義・一位叫做電影
灣電影業的船長日誌・傑克尼柯遜・電影解剖學・1993年
暑期熱片鬧熱滾滾・周星馳・約翰卡薩維蒂・電影雜誌聯合
丁霍夫曼・電影學府巡禮・梅爾吉勃遜・電影社會學・向小
・電影大烏龍・伍迪艾倫・偷窺電影・魯伯特艾瑞特・火車
影・昆汀塔倫提諾・女性與另類影像作品・尚雨格安格拉
化匯流・畢蘭卡斯特・十名好萊塢女星的銀幕初演・肯尼
曼・基努李維・電影100年・艾曼紐琵雅&十四位法國新
浪潮・蕭芳芳・保羅范赫文・西奧安哲羅普洛斯・電影&電
納多狄卡普里歐・總統電影・茱麗葉畢諾許・史汶尼克維
佛斯特・歡迎光臨玻璃屋・強尼戴普・原汁原味的影人告
・邁克柯萊頓・侯麥・誰殺了安迪沃荷！？・薇諾娜瑞德・
・日本・偶像・劇・液態的天空・血染的風采・電影點唱機

悲情城市·暴君、天皇、大師：黑澤明其人其電影·卡通動
年代賣座電影回顧·布萊恩狄帕瑪·真實的紀錄·史丹利·
影與日本黑社會·史恩康納萊檔案·台灣電影工業探討·
史匹柏·喬治盧卡斯·禁片·勞勃狄尼洛·紀錄台灣·阿莫
威·梅莉史翠普·電影新世紀·奇士勞斯基·馬龍白蘭度·
響人物榜——台、港、好萊塢連線報導·教父第三集·伊丹
亞羅勃茲·楊德昌的《牯嶺街少年殺人事件》·傑哈德巴狄
電影」大曝光·史派克李·電影創世紀·票選影史十大動畫
蒂福斯特、黛咪摩兒·西部片·為法國明星把脈·色情電影
戰爭電影·阮玲玉·為我們的演員找舞台·呂克貝松·喜劇
陸電影·馬丁史柯西斯·《少年吔，安啦！》·強納生德米
·好萊塢新貴·影像的探險家——貝內·電影中的暴力影像
·超級大玩家——羅勃阿特曼·第二性與電影·謝晉電影的
的朋友·誰謀殺了台灣電影？·我很憤怒，我是亞倫派克
A片白皮書·凱瑟琳丹妮芙·影史十大經典·邁克道格拉斯
國·文·溫德斯·冒險電影·大島渚·再闖冒險新樂園·達
津安二郎致敬·樂潮滾滾—— TOP10電影原聲帶票選·
電影·第五代導演再出發·尼基塔米亥科夫·休葛蘭·午
德·比爾奧古斯特·哈里遜福特·費里尼·兩岸三地電影
斯布萊納·十三名好萊塢男星的銀幕初演·勞勃瑞福·保
女星·蓋瑞歐德曼·澳洲新浪潮·精緻藝術鐵三角·澳洲後
腦科技·王家衛·明星的故鄉·路易馬盧·明星片酬100大
斯特·尼可拉斯凱吉·再探卡通動畫·勃納多貝托路奇·
白·克里斯多夫華肯·丹尼鮑爾·拉斯馮提爾·十五個銀河
搞什麼電影·看見色情·九七英雄傳·恐龍不設防·妖魅出

影響

影像文化的保存者

採訪／撰文——王昀燕

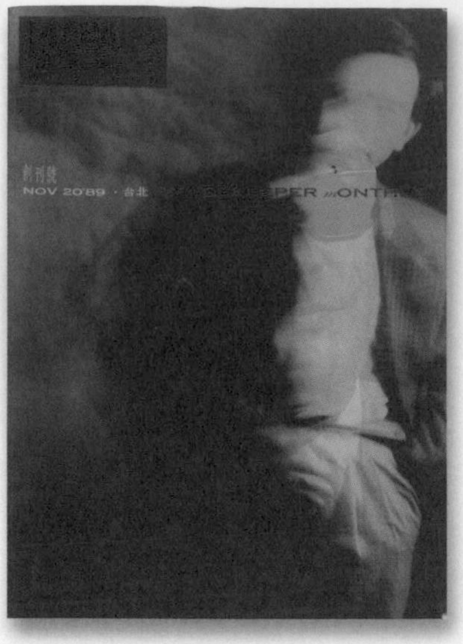

影響
1989.11 – 1998.1｜共92期

「當時，太陽系幾乎是全東南亞片藏量最大的機構，購片成本起碼是其他MTV的五倍以上！」曾擔任太陽系MTV企畫部主任、同時也是《影響》第一任總編輯林靖凱說。

然而，據一九八八年猶在輔大大眾傳播系就讀便應徵進入企畫部門的黃哲斌觀察，儘管片藏如此豐富，仍有一半顧客選擇看熱門院線片。怪不得曾擔任《影響》編輯顧問的易智言說，「太陽系引進很多片，需要一本像《影響》這樣的雜誌，有系統地介紹這些片子，要不這些資訊在台灣基本上是非常封閉的。」

「其實沒有太陽系，不會有《影響》。」黃哲斌說得篤定。於一九九七年四月接任《影響》總編輯的王瑋也稱：「一九八九年出現的《影響》，是MTV時代的象徵！」

打造「多功能視聽圖書館」

一九八〇年代，如同私人包廂電影院的MTV在台灣迅速竄起，那年頭片源取得不易，MTV自然成了影迷朝聖之地，其中尤以收藏數萬部影碟的「太陽系」最令人趨之若鶩。

太陽系總經理吳文中大學主修會計，嗜愛電影。一九八六年，嗅聞到這股商機的他，有意藉長期投資設備和人才，以達企業化經營之效。太陽系占地數百坪，優雅敞亮，有別早期MTV的逼仄壅塞。在片源方面，則不受限於大眾口味的院線片，會特別派專人定期赴美、日搜購，故片量繁多，片型多元，藝術電影尤其受到文藝青年的青睞；再者，當年其他MTV業者仍以錄影帶為主力，太陽系片藏卻是LD（鐳射影碟）為主、錄影帶為輔，播映品質更勝一籌。

太陽系除營業部、管理部、工程部外，亦另闢企畫部，負責選片、發展影片分類編碼、規畫店內小型影展，以及出版電影會訊。據黃哲斌形容，吳文中有蒐集電影的狂熱，從日本時代劇、好萊塢經典老片，到院線片、歐洲藝術片、各國動畫，他下手毫不吝嗇，每月買進數十箱碟片，許多電影並非熱門強片，甚至乏人問津，足見他對電影之癡迷。

「吳文中真的很喜歡看電影，那時已經進入LD時代，他一定要同時搜集日版和美版，因為有一些鏡頭會不一樣。若有他喜歡的導演，如史丹利．庫柏力克（Stanley Kubrick），他一定想盡辦法搜羅他的所有作品。」黃哲斌說，其中，部分電影台灣影碟代理商並未進口，吳文中就指定代購，但此類影片沒有字匣，於是他便自行找人翻譯字幕、自製字匣。這種做法雖然瘋狂，不過後來他開始把一些歐洲片或經典老片的字匣轉賣給其他MTV業者，反而意外開發了一筆財源。

林靖凱畢業於國立藝專（現在的國立台灣藝術大學）廣播電視科，自小愛看電影，太陽系是他退伍後的第一份工作。他進太陽系時，企畫部剛成立，專司選片工作。「我們本身必須對電影非常了解，才能引進特別的片子，否則不就跟一般MTV一樣？進片是由企畫部裡的資訊小組負責，當時我們訂了很多國外的刊物，像《Variety》、《Screen》、《電影旬報》，必須掌握第一手資訊，再據此判斷太陽系缺少什麼，隨之引進。」林靖凱說。

企畫人員的工作，除了負責整理每週新片資訊，亦須策畫類型片單、導演及演員專題，並製作成POP海報，貼在店面及樓梯間，以供客人排隊時打發空檔，或作為選片指南。「當時都是手寫POP，我習慣寫在空白影印紙上，再交給美編製稿。有一陣子，路易．馬盧《童年再見》（Louis Malle, *Auf Wiedersehen, Kinder*, 1987）當紅，我做了路易．馬盧的人物專題，美編竟然寫成『路易驢』。當時，類似笑話不勝枚舉。」黃哲斌認為，當時的企畫概念實已具雜誌雛形。

太陽系也發行《太陽會訊》，乃針對會

第一代《影響》雜誌

其實，一九七〇年代有另一本《影響》雜誌，這本《影響》走專業、學術、嚴肅路線，引介西方電影及電影理論不遺餘力，不僅影響台灣電影學術界，亦啟蒙了不少知識青年，為一九七〇年代深具代表性之電影研究刊物。該雜誌1971年創刊，共計發行24期，於1979年停刊，歷任主編包括卓伯棠、但漢章、李道明、張毅、黃建業等人。

由吳文中創刊發行的《影響》，雖沿用一九七〇年代《影響》雜誌之名，但與其並無關聯。發言人戴蘊如即表示：「新的《影響》與過去的那本並無關聯，我們曾到新聞局查證，它的登記時效已過。之所以選擇這兩個字，主要還是基於字面的意義——期望對台灣的電影市場有一點點的『影響』；此外，與雜誌的英文名IMAGE KEEPER（影像保存者）也比較符合。」在新一代《影響》創刊號中亦明言，早期《影響》成員無一為該刊核心人物，不過自第三期起，第一代《影響》主編李道明、黃建業即受邀為編輯顧問。而據第一代《影響》創辦人之一的段鍾沂口述，新《影響》團隊曾致電詢問可否使用《影響》這個名詞，他很興奮地回應可以使用，因為《影響》是屬於公眾的。

員的半月刊，某種程度上，亦可視為《影響》的前身。會訊中除引介電影，更重要的功能在於提供好康，促進會員光顧的意願。黃哲斌說，「吳文中對辦媒體很有興趣，會訊也有一點試水溫的意味。」滿懷抱負的吳文中，有意打造一座「多功能視聽圖書館」，電影雜誌的出版，其實正是補足了提供或保存電影相關資訊及史料的部分。

那時候，每逢週末及寒暑假，太陽系人潮絡繹不絕，數十包廂幾無空房，單店單月稅前盈餘可高達三百萬。本就有意創辦電影雜誌的吳文中，因財務上無後顧之憂，遂囑咐黃哲斌著手規畫雜誌出版事宜，興致高昂的他言明，只要每月虧損不超過一百萬，他願意認賠。《影響》自一九八九年二月開始籌畫，懷胎十月，終於在一九八九年十一月二十日發行創刊號。

「戰戰兢兢」的創刊號

「吳文中要我規畫時，非常明確地提出他希望能像《電影旬報》、《Sight & Sound》，也要像《Premiere》，他希望綜合這幾本雜誌特色，不要像當時在美國頗受歡迎的《Entertainment Weekly》那麼淺，還要加入一點《Variety》的精神味道在裡面。」不過，當時台灣已有老字號的《世界電影》，又有由電影圖書館（二〇一四年七月升格為「國家電影中心」）發行的《電影欣賞》，是否有必要再創一本《影響》？一般普遍認為，前者多介紹院線片、泛好萊塢風格，內容粗淺，後者則相對學術性強、內容艱深，是以吳文中希望將《影響》定調在兩者之間，吸引普羅大眾與知識青年的目光。那時MOOK（雜誌書）這個概念剛引入台灣，討論時，黃哲斌便建議吳文中以MOOK概念操作，「它是一份雜誌，可是深度要接近一本書。所以一開始就希望走深度的、資訊性的，又具流行感的雜誌，目標讀者主要是從大專生至三十五歲左右，愛看電影的年輕人。」

事實上，《影響》從企畫發想到正式創刊，歷經許多波折，此事本該由企畫部主導，然因人力不足，故出版時程一直延宕。當《影響》創刊成為勢在必行之事，吳文中遂直接任命林靖凱為總編輯，未再對外招募。林靖凱當時是企畫部主任，與吳文中行事作風向來合拍；同時林靖凱也認為，負責主導這份雜誌的一定要是企畫部的人，才會清楚方向，「因為它是一份面對讀者的刊物，但同時又須對太陽系有所幫助。」

從接任總編輯到《影響》創刊號出刊，林靖凱足足三個月沒回家，累了，就把四張辦公椅拼成一排，睡在上頭。其實，打從他一進太陽系，因工作量大，每天平均就只睡四、五個小時，創刊前又特別忙，每天只能睡上兩、三個鐘頭。

一九八九年十一月，《影響》創刊。創刊號一發行，即創下九千多本的銷量，一舉打入當年台灣最大連鎖書店金石堂專業雜誌的排行榜。

殊不知，表面上風光，背地裡卻有一段不為人知的慘痛教訓。林靖凱清楚記得，創刊號推出前，內容已然底定，並送去打樣。未料，打樣送回後，吳文中不滿內容，一怒之下將整本打樣撕掉。當時彩色打樣單是一頁就要兩千多塊，這一撕，不僅眾人心血付之一炬，財務損失亦是不少。然，吳文中堅持，除張玉青、林維鍇企畫撰文之〈暴君、天皇、大師：黑澤明其人其電影〉，以及由林靖凱一人統籌執筆的「恐怖電影」專題外，其餘全須重寫。

創刊號的發刊詞以斗大的「戰戰兢兢」為標，寫道：「好累！終於交差了。菊八開、二六〇頁的編輯工作，其艱鉅有如全副武裝一路衝刺、馬不停蹄地跑完一萬公尺，這一路跑下來，雖歪歪斜斜，不怎麼中看，慶幸的是，我們是一群年輕、不怕磨難、勇氣十足的初生之犢。」

是的，創刊號總算交差了，然而，《影響》接下來要面臨的，還有一連串的考驗。

IMAGE KEEPER

太陽系MTV素以「影像文化的保存者」自詡，其理想在於推廣視聽文化，進而提升全民文化素養。那麼，《影響》如何看待自身定位？

林靖凱指出，太陽系一直在從事影像保存的工作，在引進片源方面，儘可能不限類型，全面而多元，「以往我們在太陽系負責的企畫工作，除了不斷蒐集更多的片源外，還希望民眾能夠在這裡培養欣賞電影的態度或興趣。然而，像MTV這樣的營業場所其實不太可能有組織地進行這項工作，一份刊物或許可以扮演此一角色，兩者相輔相成。」除得以更有系統地保存影像資料外，他也不諱言，背後當然有商業利益的考量，「我不認為《影響》在當初有賠多少錢，因為它同時也是太陽系的宣傳刊物。」

一如其英文名稱——IMAGE KEEPER，與太陽系共生共存的《影響》同樣肩負影像文化保存者的使命。

在第一期〈後話〉中，執行主編陳久會寫道：「一九九〇年代的《影響》，勢必要跟時局做更緊密的結合，而《影響》究竟帶給

《影響》的美術風格

《影響》美術風格辨識度相當高，當時一度造成轟動，打造者為藝術指導趙金仁。畢業於文化大學印刷系的趙金仁乃由林靖凱面試進入《影響》團隊，林靖凱說，主要在於他有技術底子，「他知道如何在當時既有的技術下做新嘗試，可以更駕輕就熟地進行一些實驗。」由趙金仁奠定的《影響》封面風格，做法主要是採雙重曝光，再利用分色製版做出特殊的視覺效果。以創刊號為例，封面即是《影響》內部一位編輯與黑澤明的疊影。如今有了電腦，此舉完全不是難事，然而以前得用傳統的方法重複曝光好幾次，且效果難以精準預料，故須嘗試多次。

此外，像「影響」標準字故意將「影」拆開，「響」置入其中，藉此吸引注意，也是趙金仁的點子。黃哲斌說，「無論是標準字或封面調性，其實都是強調不要讓人一眼洞穿，跟讀者保持一定距離。封面非常簡單，完全不提內容，一開始也造成懸疑感，引發讀者相當的好奇。」不過後來有人反應，希望封面可呈現內容概要，於是他擔任總編輯時，就為雜誌加上直立式書腰，在不破壞原有設計風格的前提之下，傳遞內容資訊。

除前衛的封面設計，雜誌內頁大量彩圖亦廣受歡迎。劇照的主要來源是LD，有翻拍封面、封底照片，也有用LD內頁附贈的精美劇照。編輯部另外有一台專門截圖的機器，播映影片時，只要一按機器上的按鈕，即可輸出照片，文編們再拿給美編做稿。

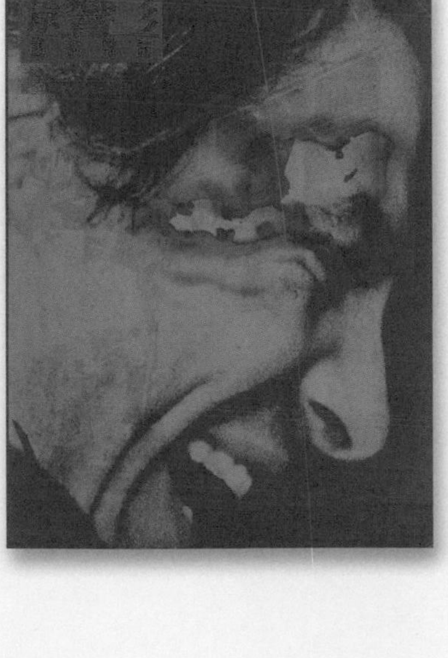

愛好電影的人們多少影響，應是我們該深思和致力的方向罷。」到了第三期的編輯箚記，又再度重申《影響》立場與精神：「《影響》是一本旗幟鮮明、風格強烈的雜誌，雖為雜誌，卻以著書的精神從事廣泛搜集彙整資料性的電影文化遺產，將之系統性地圖像化、表格化，寧做工具書而不做假學問，但並未如此便忽略文字的詮釋功能。」足見創刊以來，《影響》始終戰戰兢兢地在摸索、探測雜誌的定位，並一再證明自身的能耐。

《影響》向以承載龐大的資訊量而聞名，除每期十多萬字的文字量外，以大量圖表，清楚明瞭地呈現資訊，亦是其顯著特色。創刊號即以二十四頁的篇幅呈現「世界電影史」；第二期「八〇年代賣座電影回顧」更變本加厲，全長四十頁的表格，連打字小姐都直說受不了；第五期的「台灣電影工業探討」專題，則以四大張多面折頁圖表整理出一九五六年到一九八九年的台灣電影大事紀，並羅列一八九五年至一九五五年間的台灣電影政策以及製作、發行的沿革，不僅在彙整上耗費相當心力，印製成本亦大幅提高。

事實上，大量圖表乃是吳文中個人的偏好。過去，知名影評人所撰述之文章基本上是以文字為主的思考，而吳文中注重表格，一來，呈現方式一目瞭然；再者，這樣能較有系統、有組織地介紹太陽系的片藏，創造太陽系收益的最大化。曾任《影響》主編長達兩年的林智祥便直言：「太陽系片量太大，如何簡潔扼要地整理、呈現？就需要表格。」他笑言，有一位編輯名叫李宜樹，非常擅於做表格，往往令人歎為觀止，遂有「表格樹」之稱。

黃哲斌說，「那時幾乎每期都會接到類似的讀者迴響，就是反應資訊量太大。其實這某種程度是跟雜誌的閱讀習慣有關。

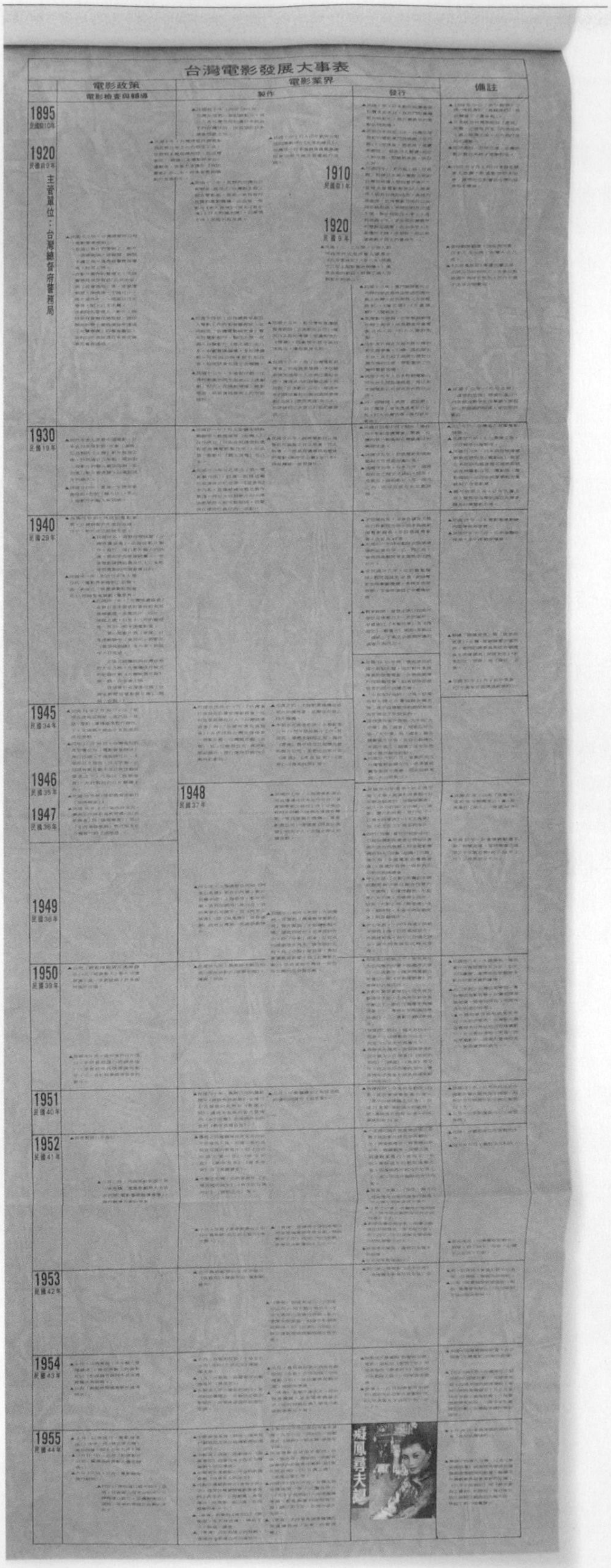

那時主流的雜誌不會像我們印那麼厚，《影響》基本上都有兩百多頁，用較重磅數的紙，以及超級多資訊圖表。現在很流行infographics（資訊圖表）的概念，《影響》一開始就已經很有意識地要把資訊圖表化的概念放到雜誌裡面。」

根據林靖凱與吳文中的互動經驗，他認為，吳文中理想中的電影雜誌無非是資料豐富、整理得詳細易懂，內容有趣，而且必須看得出是花精神產出的報導。譬如，創刊號以相當篇幅闡釋黑澤明電影的場面調度，這就是需花一定時間心力方可完成的專題，且開發了不同的觀看視點。至於視覺設計風格上，他基本上採取的是比較開放的立場，交由藝術指導負責規畫，比較不會介入。

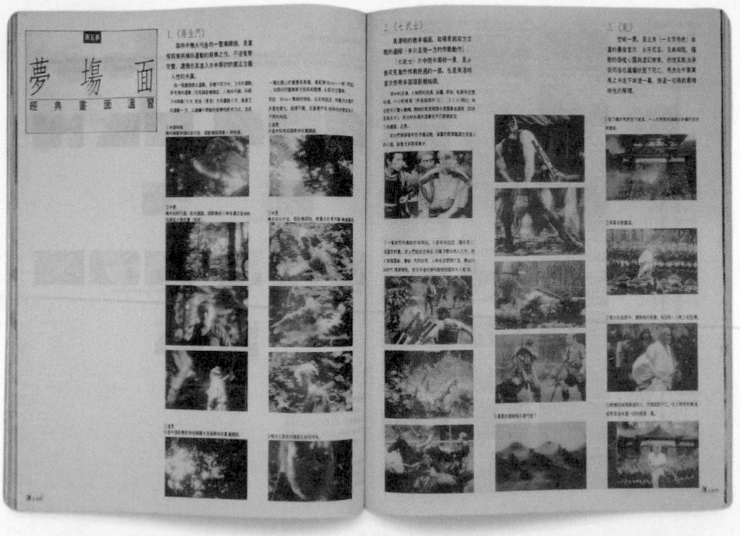

編制及專題規模龐大，史無前例

早期，《影響》編輯部始終維持龐大規模的編制，其中尤以第七期為最，光參與編務就三十五位，若加上資訊、業務部門人員，總計五十六位，其陣容之壯盛雄武，幾乎「可組成三支職棒球隊」，非當代雜誌的編輯團隊規模可堪比擬。

一開始，《影響》新進人員多由林靖凱負責面試，他幾乎不用曾待過電影雜誌界的人，因為他不希望這些人重複既有的框架，所以全部用新人。「應徵時，我有做一些簡易的測試，包含他對電影的了解及喜好程度。喜歡電影是一定的，這當然還有另一原因：如果你愈狂熱，我就愈能夠壓榨你。以前辦雜誌有多苦啊。」

編輯團隊到職後，林靖凱會為他們上一週的基本課程，將整個電影產業上游到下游畫出一個圖表，提醒編輯群，每期的內容都必須檢驗有無過於偏重某一方向。他認為，從企畫、劇本、產製到觀影環境、觀眾，每一區塊皆可做出題目，全面性要夠，不偏廢，才不致跟坊間的電影刊物一樣；有興趣的人，也因為透過這樣的介紹而更深入地了解電影產業。

選題時，除評估時效性、影片類型外，林靖凱本身比較注重的是企畫是否有趣，「但終究還是甩不開一些商業上的要求，比方說選題，或是要有系列地羅列影片資料。」以創刊號中多達四十九頁的「恐怖電影」專題為例，實際上那就是吳文中指定他做的。「其實我非常討厭看恐怖片，我從小看恐怖片就完全不會害怕，但為了做這專題，必須把太陽系所有的恐怖片全部快轉看過，才能取材、截圖。」但企畫此一專題最初就是商業上的考量，因為恐怖片是商業類型中的大宗，而太陽系收藏許多恐怖片。

在黃哲斌眼中，林靖凱是個頗具個性、想法獨特新奇的人。由林靖凱負責的「恐怖電影」專題，雖是因商業考量，但內容企畫與表格製作還是全然迥異於其他篇章。林靖凱直率地說，「我只是想挑戰一般人的閱讀習慣。我一直覺得，如果認真思考，應該就能做出還滿受歡迎的東西，不然就給我做出一個很爭議的！像我那一篇『恐怖電影』的回函，沒有中間調，要嘛就說很爛，要嘛就

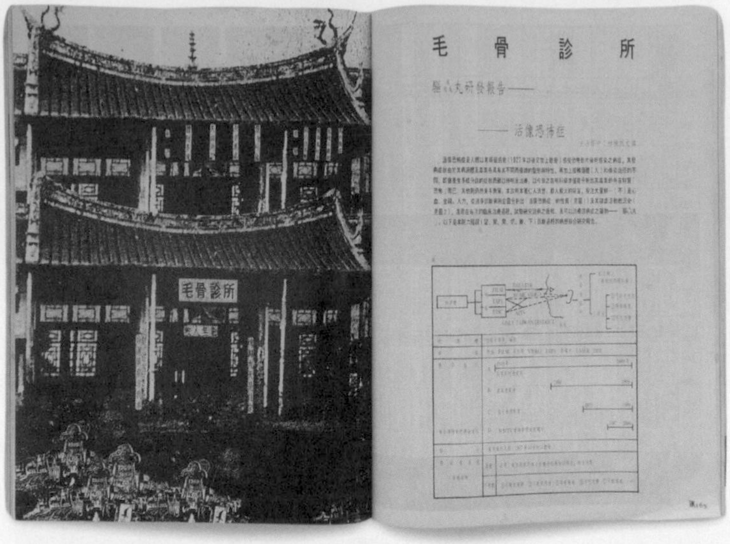

說很好。」

東海外文系畢業的林智祥，自《影響》創刊之初即加入編輯部，他原打算出國念電影，後來在報上看到《影響》徵人，便前去應徵。他說，創刊初期，《影響》仍處於摸索階段，直至陳國富擔任社務總監，方向才真正確立下來。陳國富接下社務總監後，便要他擔任主編，而林智祥唯一條件是：「可以，但我一定要做專題！不要只負責行政工作。」他當初應徵這份工作，就是想從事電影研究。

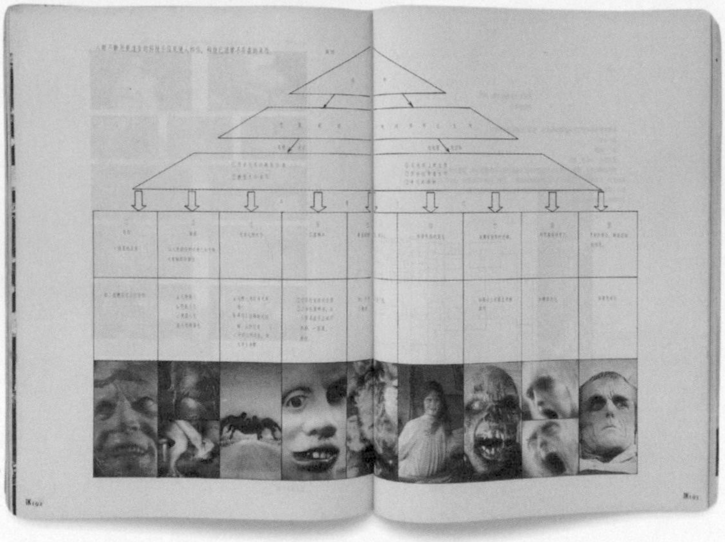

《影響》專題企畫以規模宏大而馳名，社長吳文中不計盈虧，鼓勵大家放手去做，能做多大就做多大。曾經，《影響》為了企畫國片《少年吔，安啦！》專題，把一個編輯放出去跟片，跟了一個多月，如今聽來，實在覺得不可思議。

林智祥說，「每一次做專題，最常跑的就是太陽系，得去挑片子回來看，同時也會去電影圖書館找文字資料，真的是要花一個月的時間好好研究。」在《影響》工作，既有薪水可領，又能實質地做電影研究，原先出國念書的憧憬自然淡去。

他提到曾經參與過的默片專題，首先，必須去太陽系搜刮影碟，若客人要租片，不好意思，編輯部享有優先權。林智祥笑稱，「其實大家根本是為了看片，看得很爽！各種難得看到的片子都有，太驚人了！」不僅如此，編輯部還有專屬看片室，據他描述，「大多時候編輯部根本是空的，所有人都擠在看片室。」看片雖歡快，但工作亦有辛勞之處，每個月必須擠出如此龐大的稿量，一天工作時數經常長達十幾個鐘頭，半夜還有人留守辦公室。不過也因為相處時間長，向心力自然好，彷彿學校社團一般，彼此感情融洽。

考量到編譯需求，編輯成員不少是英文、日文背景，電影科班出身的不多，且幾乎都是剛畢業、退伍的社會新鮮人。這些人的共通點是對電影很狂熱，藉此工作，恰可滿足自身的求知欲，林智祥坦言，「其實我們做專題都是在做我們不會的東西。並不是把自己會的東西寫出來，而是利用做專題的機會，從事研究，充實自己。」所幸，擔任總編輯的陳國富乃影評人出身，學識豐富，

輪到要做專題的小組就會去找他討論，故整體內容得以維持在一定水準。

連後來接任總編輯的黃哲斌都不由欣羨：「前期的編輯有多幸福？他可以一整個月，甚至兩個月，只做一個專題，視該專題規模而定。每天看片，查資料，寫稿。現在的雜誌根本不太可能有這樣的空間給記者或編輯！」《影響》採訪部分不多，大多是資料整理，所以在黃哲斌看來，《影響》也帶有某種同人誌的味道，一群電影癡，窩在一間辦公室，瘋狂地看電影、討論電影、寫電影。

「色情電影」熱賣，緊急再刷

《影響》第四十期，曾製作「關於《影響》的二三事」，據該篇統計，自創刊號至第三十九期，《影響》總字數超過七百萬字，亦即平均每期高達十七萬五千字。由於《影響》提供的資訊量極為龐大，易智言說，當時他們都開玩笑：「到底誰有本事真的把一整期《影響》看完？」

在內容規畫上，每一期的重點「企畫專輯」致力探討影史各類片型、引介盛行的電影潮流或具趣味性的專題，乃《影響》最具看頭的單元，篇幅經常多達數十頁。第一期「卡通動畫研究報告」便卯足了勁，製作了八十二頁的專輯；於第六、七期分兩期連載

的「電影特效專題」更驚人，共計一〇四頁。

《影響》曾製作恐怖電影、動畫片、紀錄片、日本暴力電影、B級電影、西部片、色情電影、默片、喜劇電影等類型片專題。其他尚有戰爭電影、冒險電影、偷窺電影、火車電影、午夜電影、禁片、影史十大經典、八〇年代賣座電影回顧、法國新浪潮、中國導演「後五代」的變局、電影特效、觀影環境白皮書、各大影展（如坎城、柏林、金馬）等，內容豐富多元。

除專題外，人物亦屬重頭戲，主要涵蓋導演與演員，不過其中仍以男性居多，據聞還曾遭女性讀者抗議。導演方面，曾先後企畫黑澤明、史丹利・庫柏力克、阿莫多瓦（Pedro Almodóvar Caballero）、奇士勞斯基（Krzysztof Kie lowski）、大衛・林區（David Lynch）、柯恩兄弟（Coen Brothers）、盧・貝松（Luc Besson）、馬丁・史柯西斯（Martin Scorsese）、小津安二郎、吉姆・賈木許（Jim Jarmusch）、約翰・卡薩維蒂（John Nicholas Cassavetes）、文・溫德斯（Ernst Wilhelm）、北野武、大島渚、伍迪・艾倫（Woody Allen）、昆汀・塔倫提諾（Quentin Tarantino）、費里尼（Federico Fellini）、安哲羅普洛斯（Theo Angelopoulos）、貝托魯奇（Bernardo Bertolucci）、拉斯・馮・提爾（Lars von Trier）、侯麥（Éric Rohmer）、王家衛、李

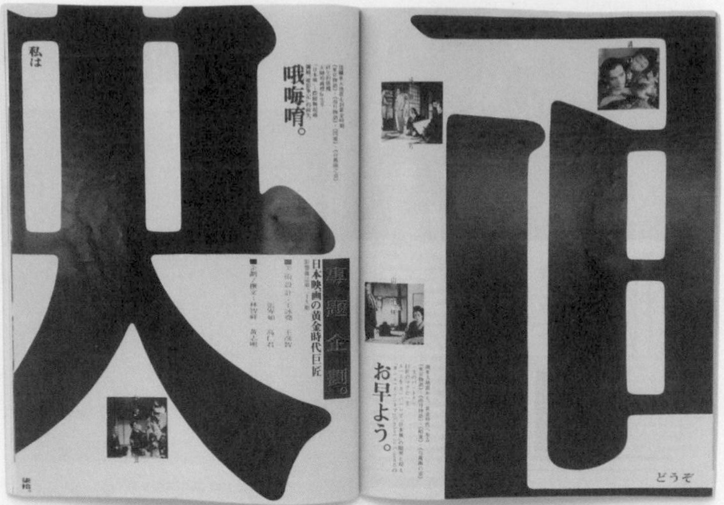

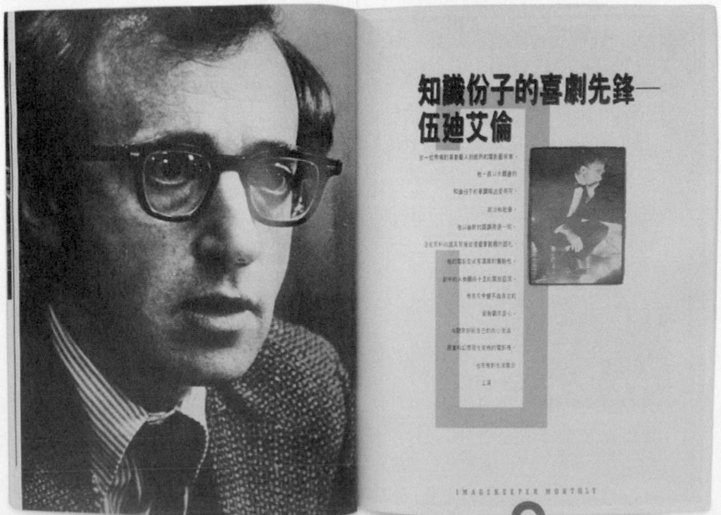

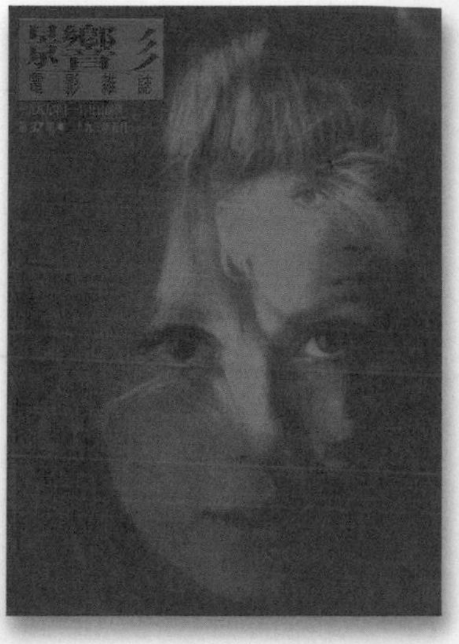

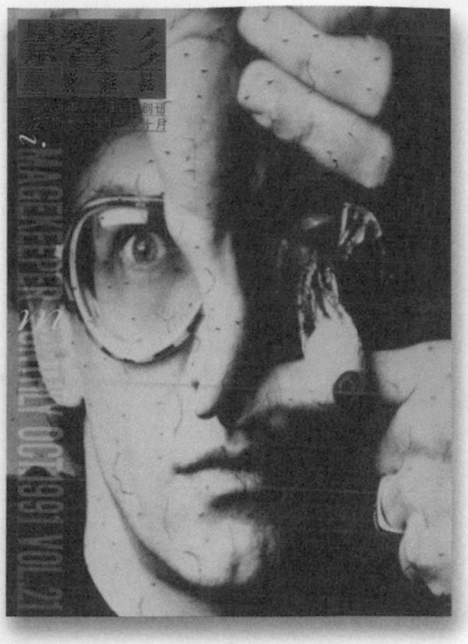

翰祥等專題。演員部分，則有梅莉．史翠普（Mary Louise Streep）、馬龍．白蘭度（Marlon Brando）、達斯汀．霍夫曼（Dustin Hoffman）、茱麗葉．畢諾許（Juliette Binoche）、阮玲玉、周星馳、鞏俐等。

曾任總編輯的黃哲斌表示：「我們有一不成文的默契，每一期有大專題和主題人物，如果本期大專題比較生硬艱深，主題人物可能就會挑比較容易親近的，如好萊塢影星；反之，若該期專題是喜劇片、恐怖片，人物就會挑冷門一點的。」就銷售量來看，仍是好萊塢受歡迎的人物，如女星梅莉．史翠普、導演柯波拉，或科幻片、恐怖片等主題類型較受讀者青睞，議題性主題通常較不受歡迎。

《影響》曾先後做過三期「色情電影」專題，包括「色情電影」(21)、「一九九三年A片白皮書」(37)、「看見色情」(84)。提及熱賣的「色情電影」專號，主編林智祥憶起一件舊事，他當兵時，一回，幾個同梯去MTV看A片，回來就幹譙，看了部超難看的A片，他一聽情節，原來是大島渚的《感官世界》。「我們做的性愛專題明明就是屬於這種，其實內容在講很嚴肅的東西，沒想到賣成這樣！大家就覺得很荒謬！」他笑言，「我們真的是在研究這個主題，內容很硬，可是，賣翻了！出刊沒幾天就加印，那是我印象中唯一一次要加印的。」

黃哲斌也說：「賣得最好的就是A片專題，賣到斷貨，緊急加印。電影雜誌要再刷很不容易！」他進一步分析，A片專題變成創刊以來的一個特色，某種程度上也是「地下文化的地上化」。當時在台灣要接觸到A片有一定障礙和門檻，遑論大量觀看A片，況且那時台灣幾乎沒有人研究A片，偏偏《影響》可以接觸到很多這類資訊，並加以整理，就變得很獨家。「《影響》一貫透過美國電影雜誌《Premiere》等碟片目錄購入片源，其中就有一類是色情電影。坦白說，我們內部有幾位同仁都喜歡看，尤其是副總編輯林維鍇，他是真的非常具有研究精神，脈絡化地，以一種如研究法國電影的精神在搜集這方面的資料。」黃哲斌笑言。

關懷本土電影，持續推出國片專題

對國片的持續關注，是《影響》創刊的宗旨之一，歷年來，曾就侯孝賢、楊德昌、蔡揚名、蔡明亮、陳國富等導演進行專訪報導，亦曾專文報導《悲情城市》、《牯嶺街少年殺人事件》、《推手》、《少年吔，安啦！》、《青少年哪吒》、《無言的山丘》等國片。

《影響》創刊號即是以《悲情城市》作

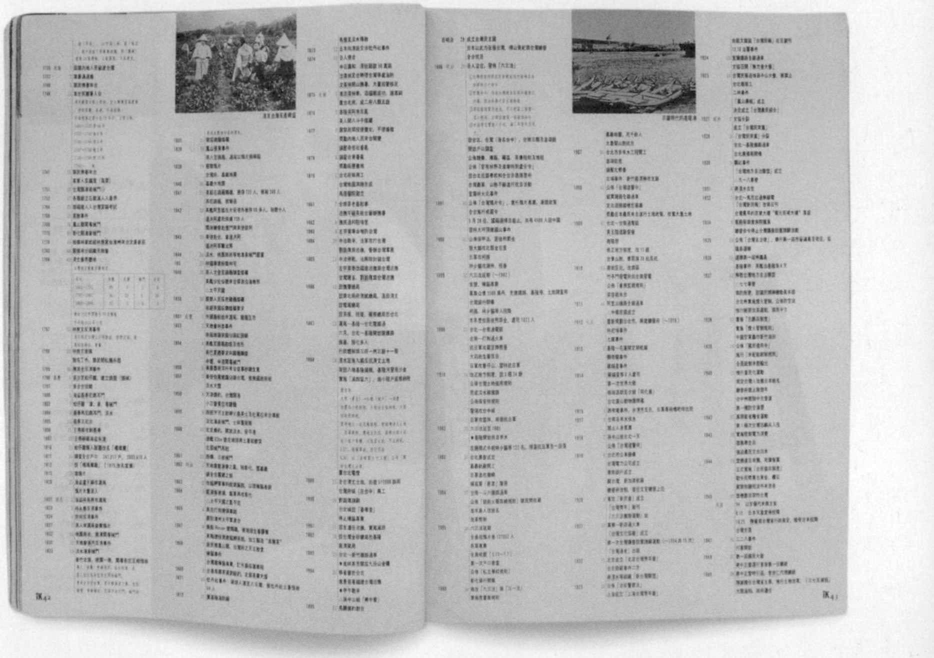

為特別企畫。其時適逢勇奪威尼斯影展金獅獎的《悲情城市》於一九八九年十月在台上映，締造億萬票房，無論就時效性或話題性而言，以此為專題皆合情合理。在這長達四十頁的專題中，除專訪侯孝賢、朱天文，以及針對影片進行評述分析外，亦參酌各方史料，追溯台灣政治運動，自早年的「武裝抗日運動」迄「二二八事件」，並彙整出一份一六八三年至一九四九年的台灣近代史大事年表，企圖另闢蹊徑，打造有別於一般電影雜誌的視野。

第五期則大規模製作「台灣電影工業探討」專題，「編輯箚記」有言：「台灣電影工業的檢討已經不能再是一個口號，必須由有關當局製定方針與方法，階段性的落實執行。《影響》本著對本土電影的關懷與使命，在年初即開始為本專題構思，籌措數月，今始得與讀者見面。」此外，後續亦有「紀錄

翻開一本影響

1, 2 影響藝文日誌、影壇采風｜皆為資訊性質單元。除這兩者，尚有「院線情報」、「每月嘗新」、「影碟最新快報」「影帶最新快報」、音樂、舞蹈、戲劇、電影活動。

3 人物描述｜或名「影響人物」。「人物」和「專題」是每期分量最重兩個單元。本期人物為傑哈德巴狄厄。

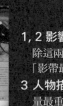

《影響》組織變革

《影響》創刊時，林靖凱出任第一任總編輯，他在第5期做完後，便因人事問題而主動請辭，之後總編輯一職大多由吳文中兼任；第9期起，陳國富受聘為社務總監，第22期後擔任總編輯直至第33期離職，前後任期長達兩年，不僅為《影響》奠定基礎，更創下極佳聲譽與銷售成績，堪稱《影響》的巔峰時期，每月印量高達兩萬本。

《影響》早期虧損粗估約在每個月五十萬至百萬元之間，幸有太陽系獲利挹注才得以維持。然而，1991年底，美方301法案施壓，MTV產業全面潰散，態度強硬的吳文中雖力求抗爭到底，仍不敵政府的壓力，黯然結束太陽系。

失去太陽系這隻金雞母，雜誌前途未卜，一度傳出收刊，總編輯陳國富與編輯團隊幾乎全數離職，編輯部僅莊朝欽、林維錯留下。之後吳文中將雜誌社賣給環華百科出版社，並囑託黃哲斌接任總編輯，重整編輯部。故1992年10月發行第33期之後，一度休刊三個月，及至1993年2月才又復刊。被找回去的黃哲斌戲稱，「講好聽一點就是『救援投手』，講難聽一點就叫『敗戰處理投手』，因為他已經把《影響》賣掉了。」

黃哲斌接任總編輯約一年（34-47期），雖勉力維持雜誌品質及發行量，但與前代相較仍有落差，每月赤字仍有近二十萬元，故黃哲斌也於做完第47期後再次離開《影響》。1995年9月《影響》再度易手，第三任老闆亦為熱愛電影者，後又創辦《LOOK電影雜誌》。不過最終《影響》仍不敵營運壓力，於1998年1月發行休刊號，全面退出市場，前後共計發行九十一期。

台灣」（9）、「為我們的演員找舞台」（24）等國片專題。黃哲斌接手後，又先後策畫了「誰謀殺了台灣電影」（35）、「台灣電影業的船長日誌」（36）。乃至第九十一期的休刊號，亦不遺餘力地企畫「邁入下個世紀之前的台灣電影」，並鄭重聲明：「對於最愛也是最痛的國片做一個總結與前瞻是必然的舉動」。

黃哲斌說，當時創辦《影響》本就有此意圖，由於《世界電影》對於國片著墨不多，《電影欣賞》雖會介紹國片，但畢竟屬於小眾，且仍是以引介國外電影理論與思潮為主，「所以我們認為還存在著一個市場，不敢說盼以此振興國片，但坊間確實缺乏好好介紹國片的雜誌。」

剛復刊時，編輯內部的確也在討論要做什麼比較不一樣的題目。因復刊之後，編制較先前縮小很多，編輯部只剩大約十人，無法花太多人力策畫規模巨大的題目，遂決定轉而做一些符合現實情況的中型專題。再者，剛好當時台灣電影歷經以侯孝賢、楊德昌為首的台灣新電影浪潮，由輝煌轉入蕭條，作品青黃不接，票房一片慘澹，遂希望回歸現實層面，接連企畫了「誰謀殺了台灣電影」、「台灣電影業的船長日誌」這兩個專題。其中，「誰謀殺了台灣電影」專題，還特意用一種懸疑的包裝、詼諧的筆調，切入這個一般人比較不會那麼關心的公共議題。

「既是電影雜誌，以前我們用很大的規模在探討好萊塢或歐洲電影，可是在那個時間點，站在媒體的立場，關心台灣電影發生什麼事情是非常重要的。我們也希望透過分析和研究，給有心人，如相關科系的學生、關心電影的朋友，有一參考的方向。」黃哲斌說。

黃哲斌也提及歷任最久、貫穿各期的主編莊朝欽。他畢業於世新電影科，當初進入《影響》，最大夢想是日後可以自己拍片，正因他很關心台灣電影，也有很多朋友在業界工作，所以特別關注台灣電影的發展。

不過，易智言也指出，從批判好萊塢賣座電影，到檢討台灣電影產業，某種程度上，反應出《影響》編輯群對於台灣本土意識的焦慮。「然而，《影響》一方面有著對台灣電影何去何從的焦慮，另一方面，大量資訊卻是來自國外，缺乏自己的觀點，這是其弔詭之處。」

4 話題｜事件報導，本期話題為「大家談『三、四〇年代經典國片特展』」。

5 世界觀｜介紹全球電影趨勢。

6 影評實驗室｜不限新片，每期三到五篇影評。

7 UFO怪碟專欄｜MTV新片介紹。

8 專題企劃｜本期主題為「楊德昌的《牯嶺街少年殺人事件》」。

一個美好的嘗試

對林智祥而言，《影響》就是一本理想中的電影雜誌，既有深入豐富的專題，也提供了龐大的資訊量。

《影響》創辦人吳文中日後又開創了兩個風靡一時的連鎖事業，一是「漫畫王」，一是「戰略高手」網咖，均曾引領風騷。談及吳文中，林智祥滿是欽佩之情，「很佩服他，他的眼光夠準，夠狠，看準之後就要把氣勢做出來，幾次下來，都證明他成功了。他這樣一個生意人，竟有此機緣跨足影視文化產業，創辦《影響》。若非生意人，沒辦法弄出像《影響》這樣的雜誌。這麼不計成本，一個雜誌人要怎麼做？如果要靠雜誌營生，就得計較成本，一旦考量到成本，就不可能把雜誌辦成這樣。」

由陳國富統領期間，乃《影響》巔峰時期，黃哲斌接任總編輯的那一年，亦力圖維持一定品質，在專題企畫和人物上，都還是儘量維持原本的走向，只是礙於人力，專題無法像之前一樣厚重，同時也嘗試加入一些一般人能夠接受的元素，如增加院線片介紹和影評的比例。《影響》不僅贏得口碑，銷量亦不差，然而，為何最終仍不可免地走向下坡、淡出市場？

《影響》創刊號至第六期每本一百五十元，第七期起調整為每本一百八十元，以當時的物價水準而言並不便宜。到了第三任總編輯黃哲斌手上，印量由原先的兩萬本縮減至一萬五千本，實銷量有一萬二、一萬三千本，其中訂戶占實銷的三成，每月訂戶的費用勉強可支付印刷成本，發行收入則希望盡量能負擔人事管銷。不過，當然還是會有缺口。

「照理說，一個廣告稍微好一點的雜誌就有機會了，因為《影響》賣得不錯，問題是廣告一直沒有起色，大概只有十萬、二十萬的廣告收入。當時《影響》被電影公司集體封殺，這是可以想像的，因為如果有十部片，六部好言，兩部持平，另兩部評為爛片，電影公司當然就不高興。那時沒有網站可參考評價，《影響》確實具有一定影響力。」當初環華百科出版社之所以願意接手，主要也是老闆很喜歡看電影，也很欣賞《影響》，不過人家做的是小本生意，便跟黃哲斌直說，希望能夠收支打平，虧損至少得壓在二十萬以下。黃哲斌只好力求達到此一目標，在人事、印製費用支出上儘量調整。

「顯而易見的，這雜誌本就是個『賠錢貨』。起初，印量約兩萬本，實銷可達八成，算是賣得不錯，但每期還是賠約一百萬。不過吳文中喜歡，自認辦了一份很屌的雜誌。後來即便在成本上收斂一點，每期虧損仍至少有五十萬。很殘酷的是，《影響》雖一直受到一定喜愛，但非常現實的問題在於，它沒法養活自己。」黃哲斌說。

所以可以說《影響》因太陽系而生，某種程度上，也隨著太陽系而逐漸衰亡。

分析當時的時空脈絡，《影響》之所以能夠以如此樣貌與姿態面世，確實有其特殊條件。除了藉太陽系的收益支撐雜誌本身的虧損，《影響》的風行，也反映了那個時代對資訊的渴求。當時沒有網路，要獲得第一手電影資訊相對困難，無怪乎當年有人拎著睡袋徹夜排隊，只為了買金馬影展的票券。

自第二期起便擔任《影響》編輯顧問的易智言，一方面肯定該雜誌的貢獻，尤其是《影響》企圖跟世界電影接軌、同步的決心，此舉在那個資訊仍屬封閉的年代非常重要。但另一方面也提出其不足之處：「很多編輯都是外文系背景，如林智祥、黃志明，也有日文系出身，可見他們大量仰賴外國資訊，但又不甘於完全做二手傳播，所以會綜合整理，企圖建立自己的論述。然而，論述的基礎卻不夠穩固扎實，而且有時太急於提出一家之言，文章反而變得不易閱讀。我認為，情願淺顯易懂，不用怕別人覺得你的電影論述很淺，但一定要讓大家讀得下去。」

受邀擔任編輯顧問之初，易智言甫自美國加州大學洛杉磯分校取得電影碩士學位

電影中透露的民國五〇年代訊息
《牯嶺街》的編劇事物與邊緣狀態
從疑惑到期待
片場心情
電影的創作一直在發生
行銷《牯嶺街》
殺人事件切片
窈窕淑女
縮影赫本
不褪色的倩影
佑得的音樂領域
FILM

回台，他自認當時還年輕，比較幫得上忙的地方大抵是，外文能力好、知曉多一些新資訊，故可適時推介一些值得做的專題。「可是最大的問題是，我們所有人的能力統統不足。我剛從美國回來，在美國吸收的東西不過就比台灣早個一年，至於這些小朋友們，再怎麼拚命閱讀也趕不上。其實就是本身的視野、高度、能力皆有其侷限，才會資訊很多，整理起來卻沒有辦法系統化；因為即便是二手傳播，判斷哪些資訊重要、哪些不重要，仍得具備一定視野和高度，我覺得我們能力都還不到那個狀態。」

易智言認為《影響》提供的資訊夠了，但觀點卻一直沒有建立起來，「搞不太清楚《影響》自己本身的個性是什麼、或對電影的看法是什麼，它到底是左派或右派？這很重要，因為一旦資訊太多，卻缺乏觀點時，會非常混亂，甚至會自己攻擊自己。」

黃哲斌接任總編輯後，新闢「iK私塾」專欄，易智言曾受邀撰寫電影編劇概論。他說，一方面是缺稿，此外，內部也會自我反省，認為光是鼓噪、攻擊，不滿現狀、不甘於二手資訊傳播，好像不是一個深耕的方式，大家就試圖做一些比較扎根的東西。「譬如，罵好萊塢賣座電影，指稱其為『文化殖民』，但真正了解好萊塢的人沒有幾個。我們就開始試著寫一些比較理論的東西，試圖找根本，如果要罵好萊塢，就要有更多理論基礎，更扎實一點地去跟好萊塢對抗。」可惜，受限於彼時能有系統整理電影理論基礎的人並不多，所以此專欄為期不長。

iK MY PRIVATE 私塾 SCHOOL

電影教室——三談「三幕劇」

148

iK MY PRIVATE 私塾 SCHOOL

149

如今回頭檢視《影響》，黃哲斌坦言：「《影響》是在特定時空背景下，一個很美好的嘗試。我自己認為，它從來沒有成功過，雖說在市場上、口碑上、編輯風格上的確留下了一些很好的實驗，在台灣近代雜誌史上，有值得被回顧、討論、研究的價值，但之所以說它從未成功過，是因為它未曾找到一個可以獨立營運的模式。一如網路時代的《明日報》，同樣是一份出現於特定時空的刊物，吸引了很多目光，也贏得一些正面評價，可是並不持久。」

那麼，在當代的台灣，一本深度優質的紙本電影雜誌是否可能存在？黃哲斌和易智言皆不抱持樂觀看法。黃哲斌說，「很多資訊性的東西，現在取代性或易得性太高了，光一個IMDb就把它打死了！」易智言也表示，「《影響》有時代的影響力，可是這東西很難重複。如今不是資訊不足，而是資訊氾濫成災。」

而今，全面進入網路時代，若真要辦電影雜誌，無論是網路或紙本，除了必須更精準思考營運模式，如何做到「不僅僅是資訊提供」，創造出更具獨特且深度觀點的內容，在未來勢必更顯重要。■

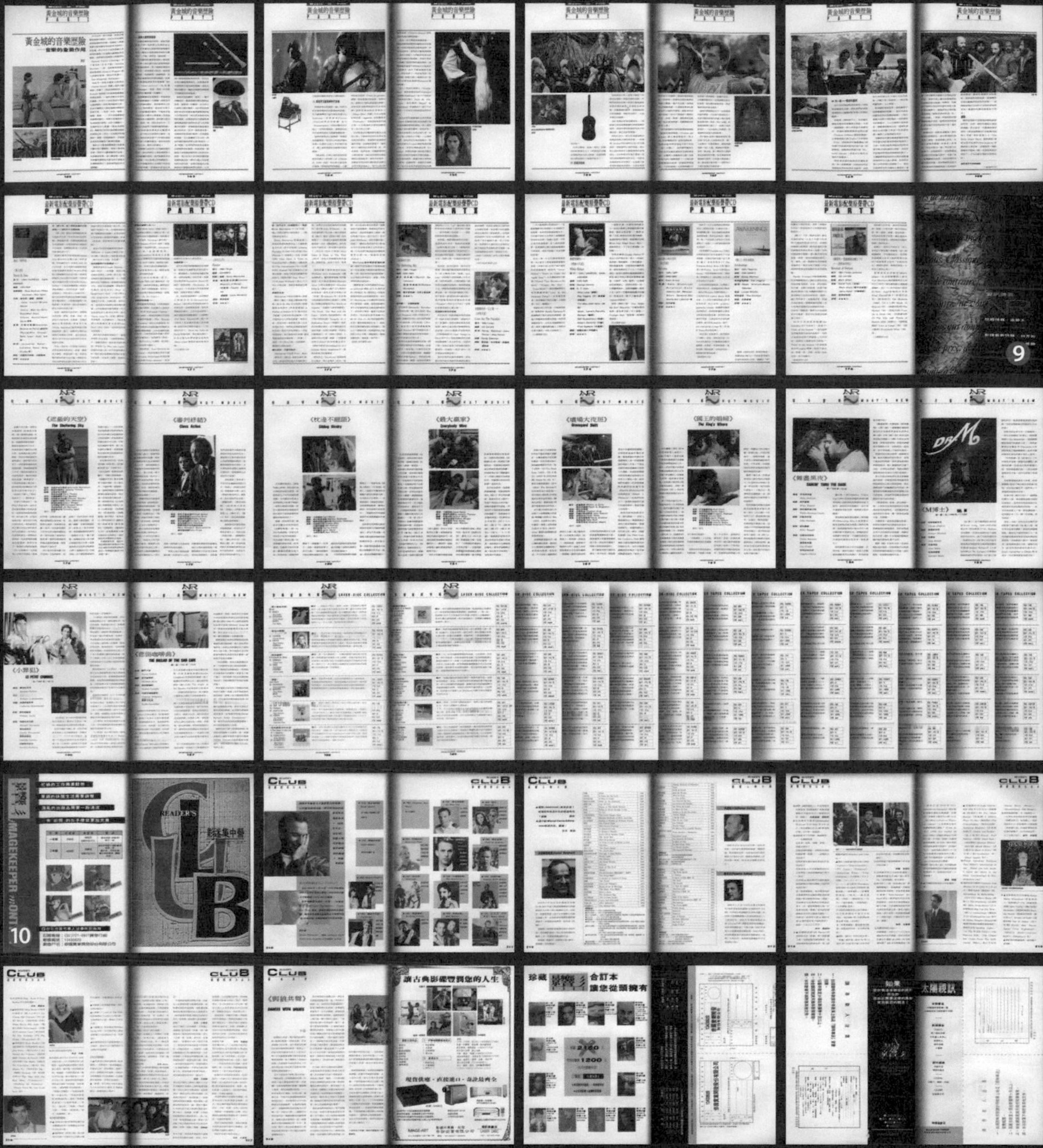

9 資訊傳真、院線情報、每月嘗新、影碟最新快報、影帶最新快報

10 影迷集中營｜分為「迴響人物小傳」和「迴響問答Q&A」，解答讀者關於電影或明星的大小問題。

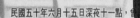

支解電影

李幼鸚鵡鵪鶉×行人編輯部

李——《影響》談一部電影會從各種角度切入。一般電影雜誌可能就是一個影評專欄，可是《影響》有點像支解一部電影，這個地方是肺、這個地方是心臟、這個地方是電影的眼睛什麼的。這個好處就在於你不只是整體的、遠距離的去看這部電影，而是做到支解、細部分析。

事件》
文／王詩婷
影／王耿瑜
李世明
許品詩
李明遠
呂建宏
計／林聖哲
民國五十年六月十五日深夜十一點，曾
台北市牯嶺街五巷十號後門發生了一樁凶殺
茅武，因女友移情別戀，在放學夜歸時與其談判未遂，頓萌殺念，揮刀朝其刺殺
七刀，女孩當場斃命。
據警方調查結果，凶嫌茅武係於民國四十九年三月廿八日在審計部轉「○東」
上學的公車上，結識同年級的死者劉敏，雙方墜入愛河，並於同年年底在三張犁
「三星國校」有過親密關係，後因學校發現反對，便將男方退學以阻止其交往；
未料仍釀成悲劇。
因為這件情殺血案的男女主角，都是未成年的少男少女，男主角且為不良少年
組織份子，在當時保守的社會，轟動一時，引起軒然大波，新聞媒體以「不良少
年情殺命案」爭傳一時，出現關於學校、家庭教育、社會風氣等論述來探討此事。
是年，楊德昌正值十四歲，就讀建中夜間部初二…………

楊德昌的《牯嶺街少年殺人事件》

期數——十六

時間——一九九一年五月

篇幅——四十頁（p100–p139）

內容——《牯嶺街少年殺人事件》於一九九〇年八月開拍，一九九一年四月十二日殺青，該年七月底上映。此片以民國五十年一樁真實案件為背景發展而成，因此專題中加入相當多歷史背景資料整理。此外，由於尚在影片拍攝期間，也同時規畫劇組人員專訪、工作過程紀錄，並論及行銷面，具體而微呈現一部電影各個環節。

專題由十二篇文章構成：「《牯嶺街》籌拍歷程」、「當新聞變成了歷史——劇中情節／史實對照」、「劇中角色／幫派結構」、「電影中透露的民國五〇年代訊息」四篇以資料整理方式，呈現電影及歷史案件之間關連；「幕後群像——《牯嶺街》工作人員側寫」、「片場心情——工作人員拍片手記」（楊順清撰稿）分別以人物、日誌兩種角度，呈現一部電影拍攝環節；由編劇鴻鴻執筆的「《牯嶺街》的編劇事物與邊緣狀態」，以及針對張惠恭及詹宏志的兩篇專訪：「從疑慮到期待——攝影師張惠恭談《牯嶺街》拍片心得」、「行銷《牯嶺街》——詹宏志談《牯嶺街》的行銷與發行」，則深入討論該片三個主要環節。此外，也針對導演楊德昌進行專訪及年表整理：「電影的創作一直在發生——楊德昌談《牯嶺街》的拍片經驗」、「楊德昌電影紀事」。專題最後以分鏡及劇照——「殺人事件切片」呈現電影片段。

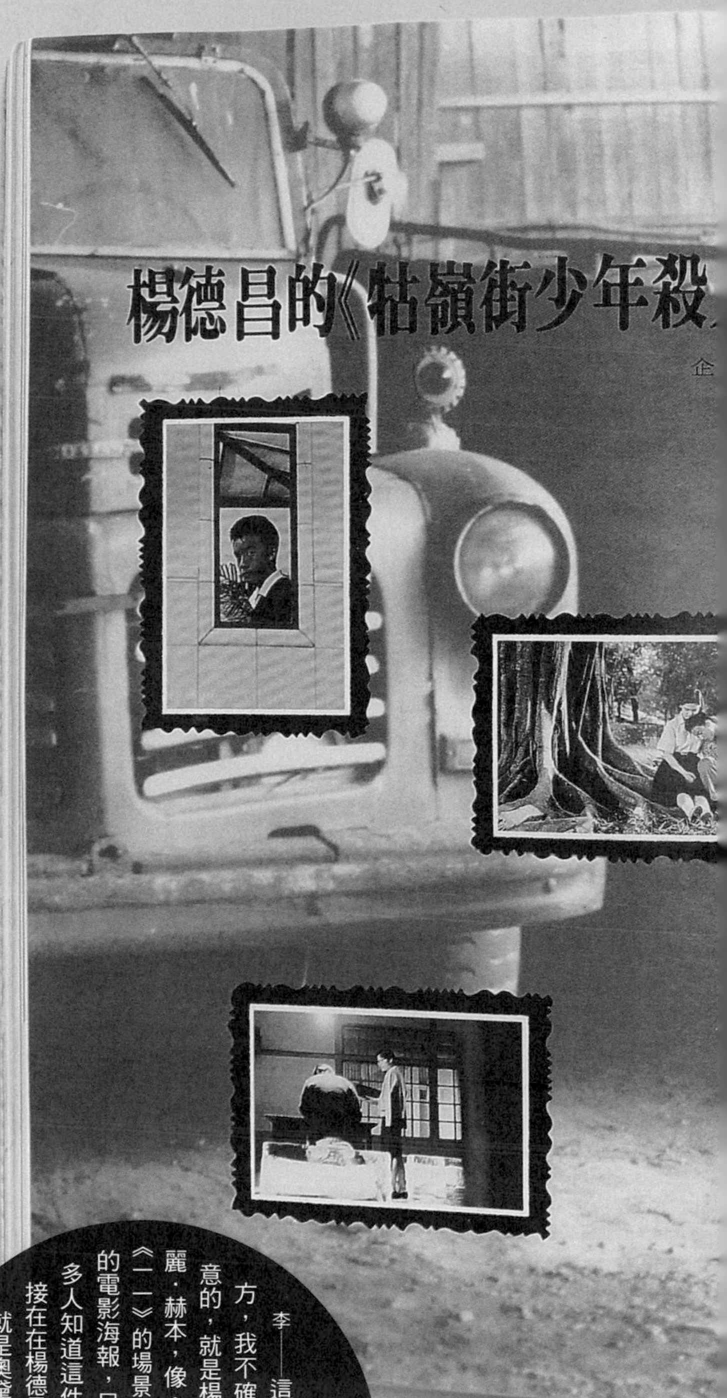

李——這一期有個好玩的地方，我不確定《影響》是不是刻意的，就是楊德昌其實非常喜歡奧黛麗・赫本，像《牯嶺街》、《獨立時代》、《一一》的場景裡都有出現奧黛麗・赫本的電影海報，只是那時候應該還沒那麼多人知道這件事。這一期的《影響》接在楊德昌《牯嶺街》後面的，就是奧黛麗・赫本的專題。

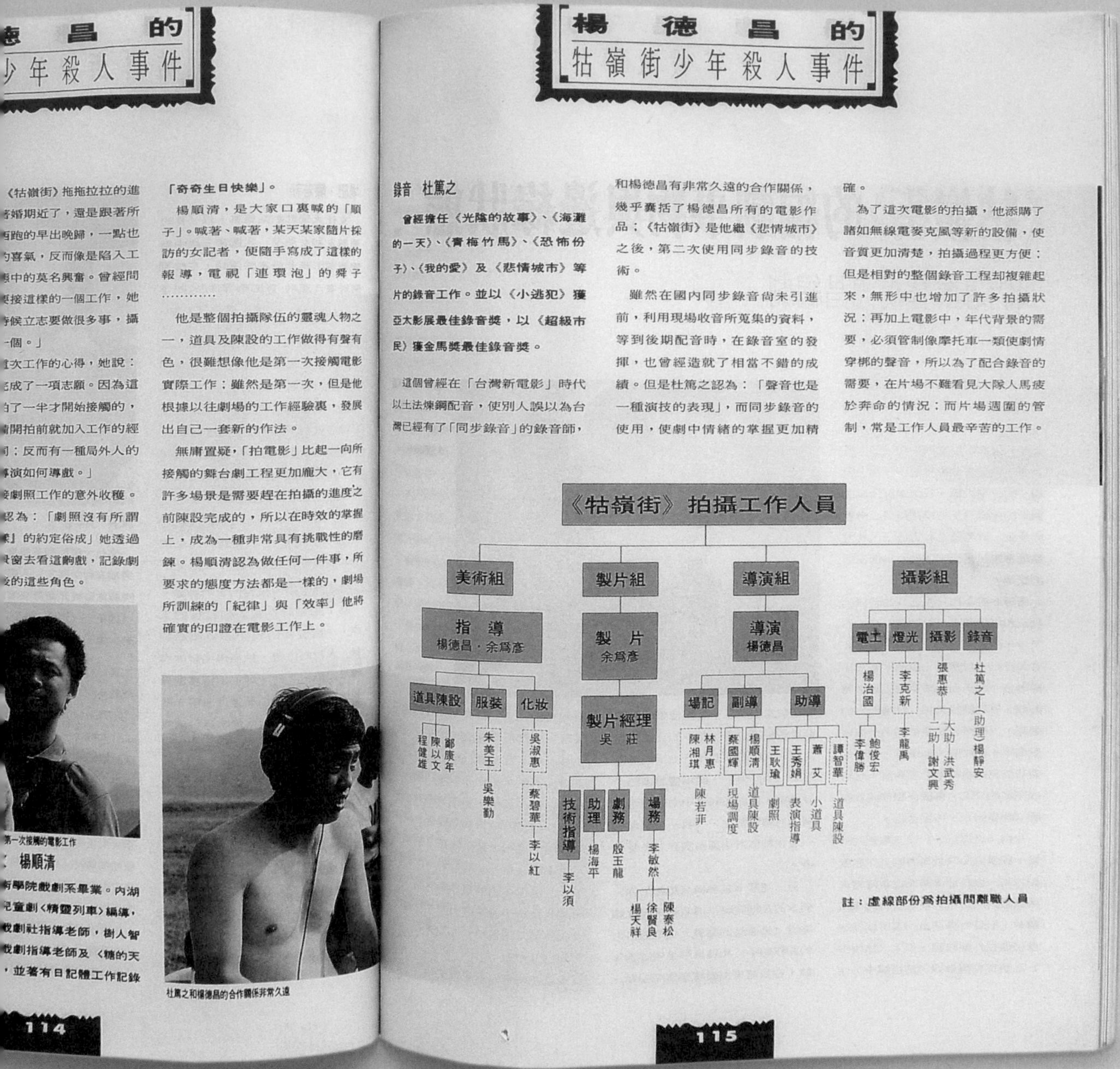
楊德昌的
牯嶺街少年殺人事件

…《牯嶺街》拖拖拉拉的進…婚期近了，還是跟著所…跑的早出晚歸，一點也…喜氣，反而像是陷入工…中的莫名興奮。曾經問…接這樣的一個工作，她…候立志要做很多事，攝…個。」

…次工作的心得，她說：…成了一項志願。因為這…了一半才開始接觸的，…開拍前就加入工作的經…；反而有一種局外人的…演如何導戲。」

…劇照工作的意外收穫。…認為：「劇照沒有所謂…」的約定俗成」她透過…窗去看這齣戲，記錄劇…的這些角色。

…第一次接觸的電影工作

…楊順清

…術學院戲劇系畢業。內湖…兒童劇〈精靈列車〉編導，…戲劇社指導老師，樹人智…戲劇指導老師及〈糖的天…，並著有日記體工作記錄

「奇奇生日快樂」。

楊順清，是大家口裏喊的「順子」。喊著、喊著，某天某家隨片採訪的女記者，便隨手寫成了這樣的報導，電視「連環泡」的舜子…………

他是整個拍攝隊伍的靈魂人物之一，道具及陳設的工作做得有聲有色，很難想像他是第一次接觸電影實際工作；雖然是第一次，但是他根據以往劇場的工作經驗裏，發展出自己一套新的作法。

無庸置疑，「拍電影」比起一向所接觸的舞台劇工程更加龐大，它有許多場景是需要趕在拍攝的進度之前陳設完成的，所以在時效的掌握上，成為一種非常具有挑戰性的磨鍊。楊順清認為做任何一件事，所要求的態度方法都是一樣的，劇場所訓練的「紀律」與「效率」他將確實的印證在電影工作上。

杜篤之和楊德昌的合作關係非常久遠

114

錄音　杜篤之

曾經擔任《光陰的故事》、《海灘的一天》、《青梅竹馬》、《恐怖份子》、《我的愛》及《悲情城市》等片的錄音工作。並以《小逃犯》獲亞太影展最佳錄音獎，以《超級市民》獲金馬獎最佳錄音獎。

這個曾經在「台灣新電影」時代以土法煉鋼配音，使別人誤以為台灣已經有了「同步錄音」的錄音師，和楊德昌有非常久遠的合作關係，幾乎囊括了楊德昌所有的電影作品；《牯嶺街》是他繼《悲情城市》之後，第二次使用同步錄音的技術。

雖然在國內同步錄音尚未引進前，利用現場收音所蒐集的資料，等到後期配音時，在錄音室的發揮，也曾經造就了相當不錯的成績。但是杜篤之認為：「聲音也是一種演技的表現」，而同步錄音的使用，使劇中情緒的掌握更加精確。

為了這次電影的拍攝，他添購了諸如無線電麥克風等新的設備，使音質更加清楚，拍攝過程更方便；但是相對的整個錄音工程卻複雜起來，無形中也增加了許多拍攝狀況；再加上電影中，年代背景的需要，必須管制像摩托車一類使劇情穿梆的聲音，所以為了配合錄音的需要，在片場不難看見大隊人馬疲於奔命的情況；而片場週圍的管制，常是工作人員最辛苦的工作。

《牯嶺街》拍攝工作人員

- 美術組
  - 指導　楊德昌．余為彥
    - 道具陳設：鄒康年、陳以文、程健雄
    - 服裝：朱美玉 — 吳樂勤
    - 化妝：吳淑惠 — 蔡碧華 — 李以紅
- 製片組
  - 製片　余為彥
    - 製片經理　吳莊
      - 技術指導：李以須
      - 助理：楊海平
      - 劇務：殷玉龍
      - 場務：李敏然 — 陳泰松、徐賢良、楊天祥
- 導演組
  - 導演　楊德昌
    - 場記：林月惠、陳湘琪 — 陳若菲
    - 副導：蔡國輝 — 現場調度；楊順清 — 道具陳設
    - 助導：王耿瑜 — 劇照；王秀娟 — 表演指導；蕭艾 — 小道具；譚智華 — 道具陳設
- 攝影組
  - 電工：楊治國 — 鮑俊宏、李偉勝
  - 燈光：李克新 — 李龍禹
  - 攝影：張惠恭 — 大助 — 洪武秀；二助 — 謝文興
  - 錄音：杜篤之 —（助理）楊靜安

註：虛線部份為拍攝間離職人員

115

● 詳細的幕後工作人員表，以及工作人員側寫。《牯嶺街》的工作人員許多都是受到台灣新電影啟發的新生代，側寫採訪內容包括他們參與過的電影，以及對電影產業的目標及想法。

楊德昌的
牯嶺街少年殺人事件

片場心情

工作人員拍片手記

122　123

●《牯嶺街》是楊順清從劇場轉往電影的第一部作品，此拍片手記除記錄每日拍片細節，也記下初涉電影工作心情。

楊德昌的
牯嶺街少年殺人事件

行銷《牯嶺街》

詹宏志談《牯嶺街》的行銷與發行

134　135

●在台灣電影投資環境不佳情況下，該如何行銷和發行？專題中拉出行銷面向，試圖討論台灣電影問題與解法。

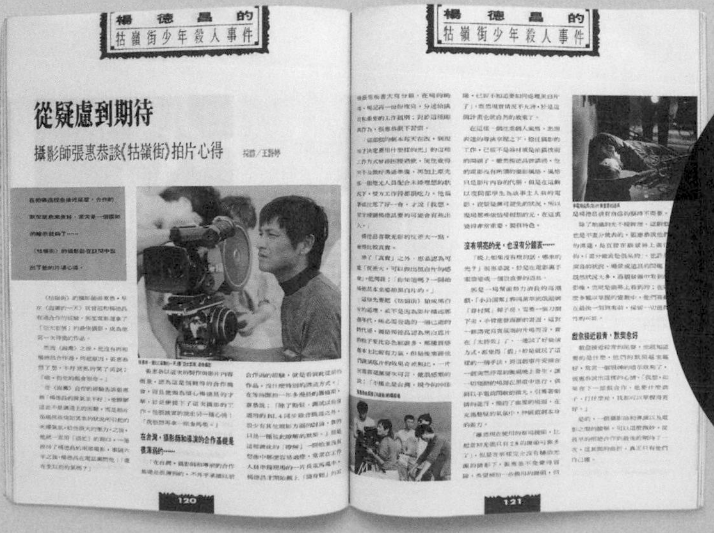
楊德昌的
牯嶺街少年殺人事件

從疑慮到期待

攝影師張惠恭談《牯嶺街》拍片心得

120　121

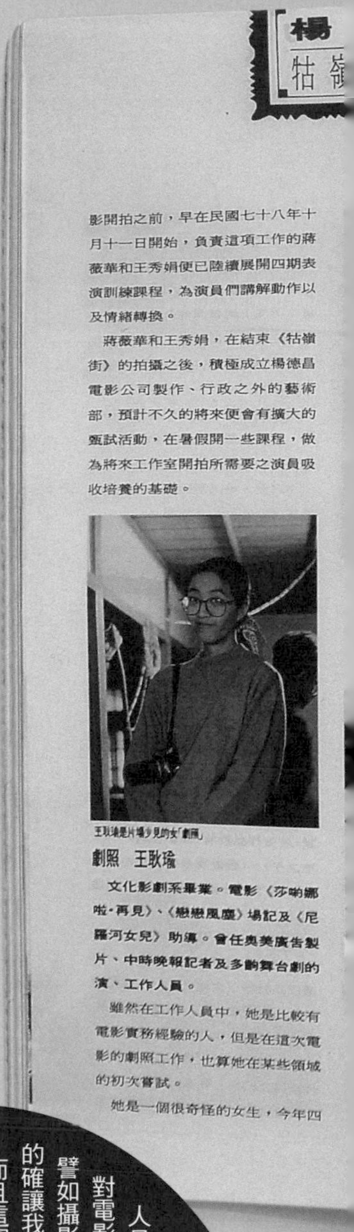
影開拍之前，早在民國七十八年十月十一日開始，負責這項工作的蔣薇華和王秀娟便已陸續展開四期表演訓練課程，為演員們講解動作以及情緒轉換。

蔣薇華和王秀娟，在結束《牯嶺街》的拍攝之後，積極成立楊德昌電影公司製作、行政之外的藝術部，預計不久的將來便會有擴大的甄試活動，在暑假開一些課程，做為將來工作室開拓所需要之演員吸收培養的基礎。

王耿瑜是片場少見的女「劇照」

劇照　王耿瑜

文化影劇系畢業。電影《莎喲娜啦·再見》、《戀戀風塵》場記及《尼羅河女兒》助導。曾任奧美廣告製片、中時晚報記者及多齣舞台劇的演、工作人員。

雖然在工作人員中，她是比較有電影實務經驗的人，但是在這次電影的劇照工作，也算她在某些領域的初次嘗試。

她是一個很奇怪的女生，今年四

李——《影響》對幕後工作人員做的專訪，我覺得不只是加深對電影工業的了解，而且是由不同環節，譬如攝影指導、剪接師的眼光去看這部電影，的確讓我們看到更多的東西。而且這個在電影史上會變成很珍貴的電影史料，因為這個訪問當下不做，以後再問可能就問不到了。譬如說張惠恭，現在問可以問到針對這部片很多重要的細節，可是等到他和很多跟不同導演合作之後，再去訪問他，就算談得再詳細，每一部也只是三言兩語帶過，不太可能用這麼多的篇幅去談一部電影。

●《牯嶺街》以真實案件為基礎，片中故事背景亦多方考究，此處整理出五〇年代重要事件，按月列出。上方黑體字為真實事件，下方明體字則為電影中情節或故事背景。

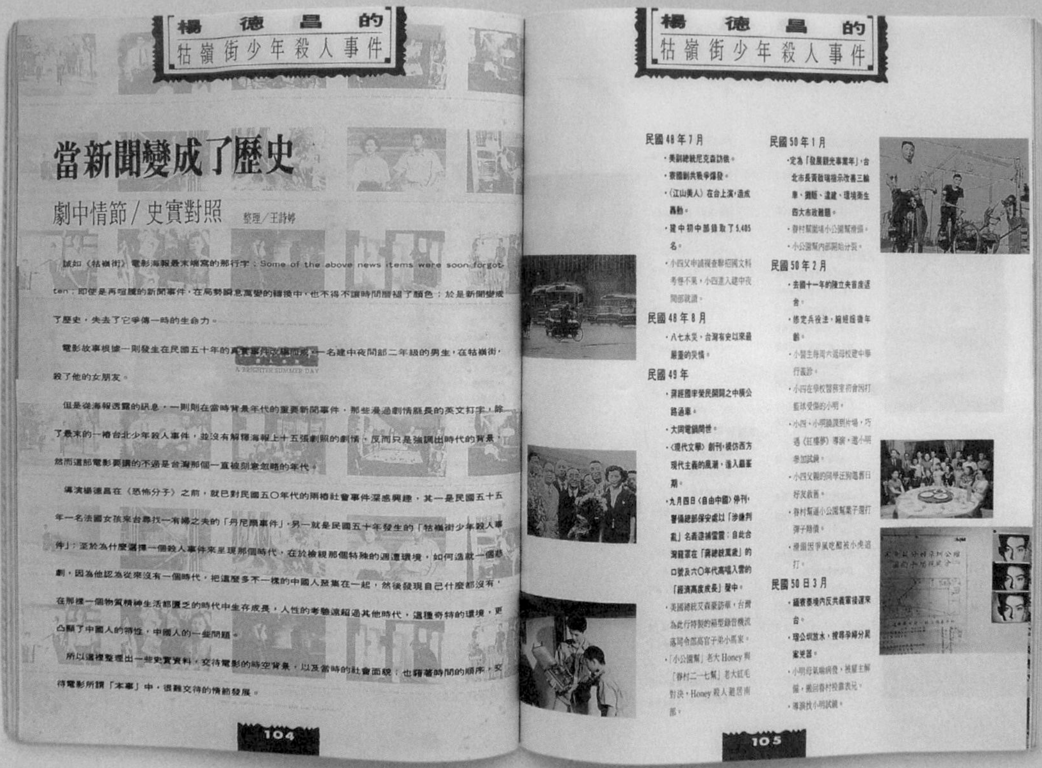

楊德昌的
牯嶺街少年殺人事件

當新聞變成了歷史

劇中情節／史實對照

整理／王詩婷

誠如《牯嶺街》電影海報最末端寫的那行字：Some of the above news items were soon forgotten，即使是再喧騰的新聞事件，在局勢瞬息萬變的轉換中，也不得不讓時間磨褪了顏色；於是新聞變成了歷史，失去了它爭傳一時的生命力。

電影故事根據一則發生在民國五十年的真實事件改編而成，一名建中夜間部二年級的男生，在牯嶺街，殺了他的女朋友。

但是從海報透露的訊息，一則則在當時背景年代的重要新聞事件，那些漫過劇情篇長的英文打字，除了最末的一樁台北少年殺人事件，並沒有解釋海報上十五張劇照的劇情，反而只是強調出時代的背景，然而這部電影要講的不過是台灣那個一直被刻意忽略的年代。

導演楊德昌在《恐怖分子》之前，就已對民國五〇年代的兩樁社會事件深感興趣，其一是民國五十五年一名法國女孩來台尋找一有婦之夫的「丹尼爾事件」，另一就是民國五十年發生的「牯嶺街少年殺人事件」；至於為什麼選擇一個殺人事件來呈現那個時代，在於檢視那個特殊的週遭環境，如何造就一個悲劇，因為他認為從來沒有一個時代，把這麼多不一樣的中國人聚集在一起，然後發現自己什麼都沒有，在那樣一個物質精神生活都匱乏的時代中生存成長，人性的考驗遠超過其他時代，這種奇特的環境，更凸顯了中國人的特性，中國人的一些問題。

所以這裡整理出一些史實資料，交待電影的時空背景，以及當時的社會面貌；也藉著時間的順序，交待電影所謂「本事」中，很難交待的情節發展。

104

楊德昌的
牯嶺街少年殺人事件

民國48年7月
- 美副總統尼克森訪俄。
- 寮國剿共戰爭爆發。
- 《江山美人》在台上演，造成轟動。
- 建中初中部錄取了5,405名。
- 小四父申請複查聯招國文科考卷不果，小四進入建中夜間部就讀。

民國48年8月
- 八七水災，台灣有史以來最嚴重的災情。

民國49年
- 蔣經國率榮民開闢之中橫公路通車。
- 大同電鍋問世。
- 《現代文學》創刊，模仿西方現代主義的風潮，進入最高峰期。
- 九月四日《自由中國》停刊，警備總部保安處以「涉嫌判亂」名義逮捕雷震；自此台灣籠罩在「蔣總統萬歲」的口號及六〇年代高唱入雲的「經濟高度成長」聲中。
- 美國總統艾森豪訪華，台灣為此行特製的箱型錄音機流落司令部高官子弟小馬家。
- 「小公園幫」老大Honey與「眷村二一七幫」老大紅毛對決，Honey殺人避居南部。

民國50年1月
- 定為「發展觀光事業年」，台北市長黃啟瑞指示改善三輪車、攤販、違建、環境衛生四大市政難題。
- 眷村幫圍堵小公園幫滑頭。
- 小公園幫內部開始分裂。

民國50年2月
- 去國十一年的陳立夫首度返台。
- 修定兵役法，縮短徵役年齡。
- 小醫生每周六返母校建中舉行義診。
- 小四在學校醫務室初會因打籃球受傷的小明。
- 小四、小明蹺課到片場，巧遇《紅樓夢》導演，邀小明參加試鏡。
- 小四父親的同學汪狗遇舊日好友救濟。
- 眷村幫逼小公園幫繳子彈打彈子賠償。
- 滑頭因爭風吃醋被小虎追打。

民國50日3月
- 緬甸泰境內反共義軍接運來台。
- 瑠公圳放水，搜尋爭歸分屍案兇器。
- 小明母氣喘病發，被屋主解僱，搬回眷村投靠表兄。
- 導演找小明試鏡。

105

楊德昌的
牯嶺街少年殺人事件

劇中角色／幫派結構

●小四（張震）
本名與片中名同，飾建中夜間部初二學生，因頂撞師長被校方退學，後又因女友小明移情別戀而將其殺死。

●飛機（柯宇綸）
為小四的同學、死黨。

●小貓王（王啟讚／飾）
為小四的同學、死黨；醉心西洋音樂，常與小公園合唱團往來。

●滑頭（陳俊宇／飾）
小四班上留級生，先入「小公園幫」，後因藉「演唱會」牟利之事，聯合「眷村」對抗「小公園」。

●小明（楊靜怡）
本為「小公園幫」老大Honey女友，跟滑頭、小虎均有來往，後跟小四相戀，又移情小馬。

●小馬（譚智剛／飾）
高官子弟，轉入建中夜間部後，與小四結為好友，後因小明事，二人反目。

●小翠（唐曉翠／飾）
原為滑頭女友，又與小馬談戀愛，最後與小四交往，但時間極為短暫。

小四

小明

小翠　小馬

飛機

小貓王

幫派
- 眷村217幫（中下士軍眷子弟）── 山東（楊順清）
  - 女友 小神經（倪淑君）
  - 打手 卡五（王維民）
  - 成員 光頭（王也民）
  - 成員 嘴子（劉佐亮）
  - 成員 顆星（傅仰華）
- 小公園幫（公教人員子弟）── Honey（林鴻銘）
  - 前任女友 小明（楊靜怡）
  - 弟 蟀子（王宗正）── 合唱團主唱
    - 鼓手 張逸群
    - 吉他手 曹子文
    - 貝斯手 劉名振
    - 鋼琴手 袁凌
  - 成員 滑頭（陳俊宇）
- 萬華賭場（台客流氓）── 師爺（李清富）
  - 馬車（陳以文）
  - 嗎啡（鄭源成）
  - 兩光（劉權富）
  - 文旦（林仁杰）
- 其他（三環、東門）

108

楊德昌的
牯嶺街少年殺人事件

電影中透露的民國五〇年代訊息

王詩婷

楊德昌的《牯嶺街少年殺人事件》要人們從那個遺忘的時代裏，重新記得什麼？

《牯嶺街少年殺人事件》，楊德昌的第五個作品，以民國五十年轟動社會的一樁殺人事件做為出發點，在當時特殊的時空背景下，記錄國民政府遷台後，所謂「外省第二代」的成長經驗，並且對歷史提出一番檢視反省。

民國三十八年，國民政府從大陸敗退台灣，並以此為反攻復國基地；撤守的軍隊及其眷屬，帶著濃厚的懷鄉與過客情結在這裡生聚教訓。隨著時代的嬗遞，那些被國宅逐漸取代的老式眷村雖已不復存在，但是眷村生活所孕育出的價值觀、及社會觀，仍然強悍而頑固地存活著。

透過場景的組合，《牯嶺街》拼貼出消失中老式眷村的印象，日式平房、公用廁所以及極窄的巷子；甚至讓我們回憶起早年典型眷村的居住聲息，那些窗口送出的收音機京戲聲伴隨各家的炒菜香，那些終日不休被談論著的國家大事或鄰里短長，那些伐著拖鞋穿條紋睡褲打十三張麻將的人，以及眷村爭強鬥狠的少年子弟……我們經由劇情的描述，也一點一滴的重透那個遺忘的時代，重新記憶起當時的一些狀態。

那是個青少年苦悶的年代

從一開始男主角小四和父親到聯招會為複查成績據理力爭不果，在胖叔雜貨店裏因沮喪的失神舉動，我們可以明白當時父母對子女的期望，以及處於那個時代青少年升學的壓力。兩段大學放榜名單的廣播OS，分別出現在片首字幕和片終小四入獄後，全家在聯考放榜聲中大掃除的一場戲；是全劇聯考壓力氣氛的描述，也是全台灣青少年命運的預警──即使你過得了這關，大學聯考還等著你。

在電影中，我們還可以看到劇情在聯考壓力著力的痕跡：小四父親責罵二姊在昏暗搖晃的公車上看書，有礙眼力，二姊答辯「明天還要考試」；胖叔因女兒連考好幾年都落榜，嫉妒小四的大姊考上好學校而對小四家人冷嘲熱諷；小四甚至小華、滑頭等混哥混妹常藉看書為名在圖書館出沒，甚至以此為放學晚歸或出門的藉口……這些襯托出在升學為前題的符咒底下，前途矛盾的學校生活毫無樂趣可言，況且還有不究事實真象，動輒施以權威欺壓的訓導主任，所以校外的生活，便成學校樊籠外另一個廣闊的天地。西門町電影院的約會、泡冰菓室、打彈子、熱門音樂演唱會，乃至於自組幫派及大規模的械鬥，在在都是青少年苦悶的象徵。

那是段西潮餘風正熾時光

民國四十年後，台灣和其他「自由世界」中第三世界地區一樣，在各地「美新處」的影響下，颳起了模仿西方的風潮。然而從（民國）四〇年到五〇年的台灣，並沒有消化之必須具備的物質基礎，所以這

109

楊德昌的
牯嶺街少年殺人事件
136
殺人事件切片
137

導演楊德昌在《恐怖分子》之前，就已對民國五〇年代的兩樁社會事件深感興趣，其一是民國五十五年一名法國女孩來台尋找一有婦之夫的「丹尼爾事件」，另一就是民國五十年發生的「牯嶺街少年殺人事件」；至於為什麼選擇一個殺人事件來呈現那個時代，在於檢視那個特殊的週遭環境，如何造就一個悲劇，因為他認為從來沒有一個時代，把那麼多不一樣的中國人聚集在一起，然後發現自己什麼都沒有，在那樣一個物質精神生活都匱乏的時代中生存成長，人性的考驗遠超過其他時代，這種奇特的環境，更凸顯了中國人的特性，中國人的一些問題。

入夜的牯嶺街，下課的學生、逛書攤的人群紛擾如昔；三十年前事件發生的現場，即將在電影裡重現。我們在這裡整理原事件發生時，當年新聞報導描述的摘要，和原劇本的構想，以及導演拍片現場的分鏡做一個對照，並且將劇照編輯成簡單的故事圖片，提供給讀者關於電影如何成形的切片印象。

使用，大家都燒香祈禱，希望沒
有刮傷情事。
然而因爲沒有維修人員全程在
維護，有部份場景，還是刮傷了
底片，幸好鏡頭不多，當樣片從
東京沖洗過來後，只得用補拍的
方式來解決這危機。
另一個情況是過冷過熱的氣候
。新疆爲內陸沙漠性氣候，菊花
台草原上正午時溫度有 16～20
度左右的熱度，然而臨近傍晚，
天山終年不化的冰雪所帶來的冷
鋒，使得氣溫驟降到零下，甚至
零下 10 度的情況，攝影機的轉
動，若是因爲搶鏡頭，曾出現一
次不聽使喚的情形。機器失靈，
是在冰天雪地中拍戲常見的事情
。所幸我們的運氣都很好，難關
——克服了。
外景隊的人員超過六、七十人
隊中，各型車輛十多部，包
重的發電車、大型的升降高
影車，移動時，還得注意燈
的維護。
一路曲折，從北京到西安
三天，西安到西寧又是三
到烏魯木齊五天，烏魯
要翻越天山三天，全
是如此的旅行化，在
這一來回過程，奔波
時間，幾乎就佔了一
拍攝一個多月時
在遼濶的大西部
要三個月的拍攝
部份車輛都跑
們甚至還報廢
人稠的地方
大型的旅
因爲交通
流中時，
通行無
，我們
的視野
影響
電影雜誌
一九八九年十一月廿日創刊
第359期●二〇二〇年三月刊
時空攔截專題鉅製
誰謀殺了台灣電影?

台灣電影

期數——五、九、二十四、三十五、三十六

時間——一九九〇年五月、十月，一九九二年一月，一九九三年四月、五月

篇幅——十五到五十五頁不等

內容——《影響》曾企畫五次以上台灣電影專題，從不同角度切入，試圖整理出台灣電影的問題及未來。第五期「台灣電影工業探討」（五十五頁，p58–p112）探討電影公司、戲院及政府三方關係及互動，並爬梳資料，整理出一八九五年到一九九〇年，台灣電影百年發展。第九期「紀錄台灣」（三十二頁，p89–p120）則是有感於其時台灣電影正處低迷，「紀錄片」或許是一條出路。

第二十四期「為我們的演員找舞台」（三十八頁，p40–p77）從演員角度切入，先以時下六位演員：庹宗華、鈕承澤、張震、葉全真、張世、吳倩蓮從影經驗帶出問題，接下來則以「學界會診」、「海峽對岸的觀察」、「他山之石」試圖找出解決方案。

第三十五期「誰謀殺了台灣電影？」（四十一頁，p65–p105）將背景設定在二〇二〇年，彼時台灣電影絕跡已久，專題藉由考古回溯方式，探討一九九三年台灣電影其實可能存在的振興契機。第三十六期「台灣電影業的船長日誌」（十五頁，p78–p92）鎖定八位製片界龍頭，從他們的發展方針，一窺台灣電影接下來走向。

對個人精神、情感摧殘的控訴，過去狂放的理想主義在他們的影片中又變成了對人性至善至美的追求。在他們的影片中，復原的不是文革時期歷史，而是個人的心靈史。

因此，滕導演在拍戲現場的情緒是高昂和戲劇化的。表演得好，他會用男高音大聲叫好，有不盡如意的，他會用手勢誇張的示範，其目的主要是為演員著想，要他們盡心演戲，設法忘了攝影機的存在。

比如，他讓演員做試戲前的準備，跟一般大陸導演不一樣的地方是，他不做小品，他是設計情境讓演員去表現臨場反應。因為隨時有狀況發生，只要演員有能力，導演更可以掌控品質。

量在開戲前就嘗試過這種
課程名稱就叫做：「擦肩
。張洪量和素有「西藏陽
的國寶達娃央宗飾演一
過的路人，達娃央宗可
的要張洪量去撿，然後
然不按原先劇本的安
情地對張洪量回眸
咬說張洪量偷了她
量愣在一旁，而攝
張洪量得立刻接
。如此的訓練就

以有很多種變
其中好玩的一

效果是蠻驚
就發現了這
MTV的經
，張洪量
，順暢
默契十

在青海高海
於氧氣稀薄，
得了缺氧症。症
以後就習慣了當
的，譬如跑步，在
一百公尺，也僅只
已，可是在高原上，
立刻就氣喘噓噓，上
氣。也因為空氣稀薄
人員都說晚上見到了鬼
半附身。

後來才發覺，因為睡眠
更多氧氣，結果睡眠不能
氣急障礙，好像大石頭壓在
，因此以為鬼來附身了。

當我們見到達娃央宗在青
草原上東跳西跳，氣色大好時
不禁羨慕西藏人的肺活量與天
異稟。

該片使用的攝影機是ARRIELEX 535

燒香祈禱，攝影順利

我們是同步錄音，由於用了ARRIELEX 535 的機器，這攝影機的優點是拍攝時馬達聲小，小到不干擾NAGRA錄音機，因此土法煉鋼式的棉被包機身方式根本不用，顯得自在得多。

然而，在菊花台草原（新疆）和車馬大店中，535 機器還是因為非人為因素出了點差錯。

由於這部 535 是全新的，只在《霸王別姬》時第一次用，《霸》片使用時，曾因齒輪過新，發生磨損刮傷底片的事情發生。因此《在那遙遠的地方》為第二次

間來計
出外景
及工作
我們計
了兩萬多
了兩輛小客
在台灣或
，從來沒有拍
行電影。有時
擁擠而塞車，
我常會想到新疆
阻勇往直前的樂
在台北找不到的
，《在那遙遠的地
我們中國人一個全
部式的視野經驗吧！

IMAGEKEEPER MONTHLY 64

●「誰謀殺了台灣電影？」是幾個主題中最活潑的一個企畫。專題首頁設計成一本二〇二〇年三月出刊、第三五九期《影響》，以未來探員跨時空調查、採訪的設計，探討一九九三年台灣電影問題。

李——在《影響》出現之前，電影論述大都是文字，一開始真的不太習慣一大堆表格。表格雖然一目瞭然，但會擔心沒有深度，還是覺得必須靠內文的起承轉合，才能談一些比較有深度的東西。可是老實說有些讀者是懶惰的，表格真的可以提綱挈領，可以很快的抓到重點，現在看起來也沒什麼不好，反而會覺得是挺有創意的做法。

誰謀殺了台灣電影？

●「出土文獻摘錄」為各類電影介紹，共分十二類：健康寫實電影、黃梅調電影、武打動作片、瓊瑤式情愛電影、政策電影、奇情電影、神怪片、社會寫實電影、丑角喜劇片、學生電影、成長電影、文學電影；內容包括社會背景、作品特色、代表影片、人物，和現象回應。

●專題設計由三位探員分別探討三個面相問題：製作電影，談設備與技術；管理電影，談政策與法令；行銷電影，談發行與院線。

●專題最後以探員自一九九三年發出的傳真做結尾，點出當時（目前）台灣電影改變的契機和一線曙光。

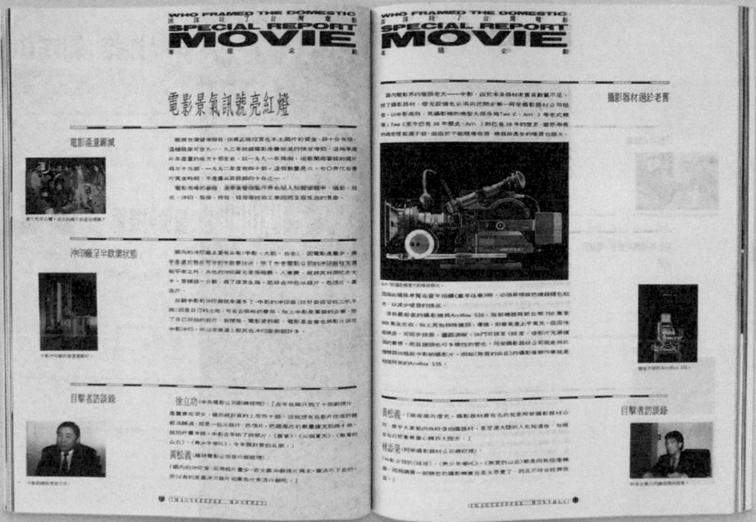

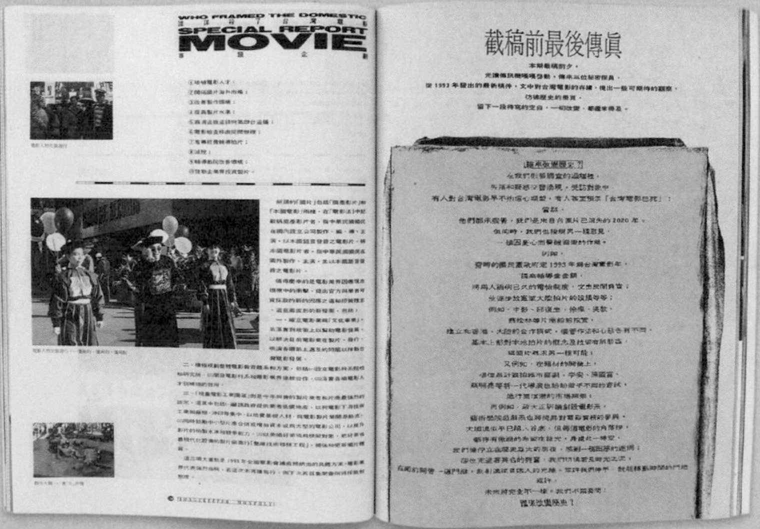

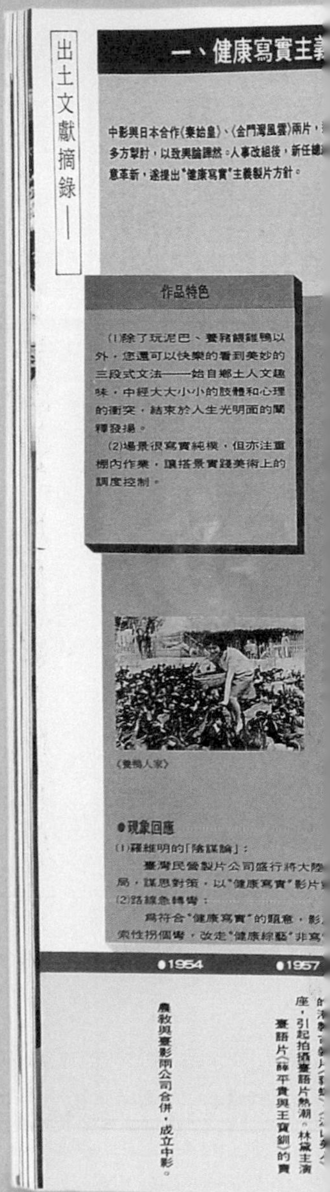

一種因憂心而警醒圖變的作為。例如，當時的國民黨政府定一九九三年為台灣電影年，提高輔導金金額，將為人詬病已久的電檢制度，交由民間負責；並逐步放寬至大陸拍片的設限等等……

為我們的演員找舞台

● 針對台灣演員的問題，首先請台灣學界角度針對訓練、表演環境加以檢討，並以大陸演員的訓練方式、美國明星的表演方法作為借鏡。

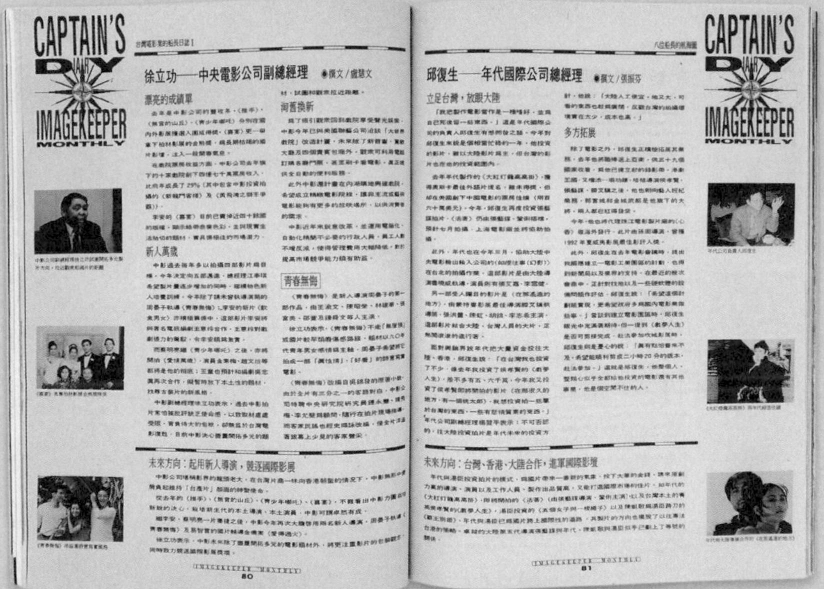

台灣電影業的船長日誌

● 本專題從八位製片角度出發：徐立功、邱復生、吳敦、黃松義、蔡松林、楊登魁、江文雄、呂木村，討論台灣電影發展。

誰決定我們將在戲院看見什麼樣的國片？這八位人士，每年掌握的拍片預算逾十億台幣，一九九三年預定開拍的影片約三十部……無論他們的著眼點、企圖心和落腳處為何，不可否認的，他們切實影響著當前的電影潮流與風貌。

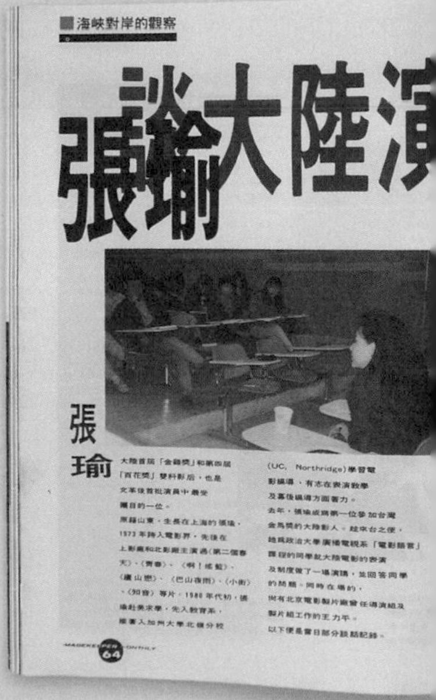

紀錄台灣

● 此篇專題楔引點明，要跳脫其時電影環境的問題，獨立製片及個人創作的表達形式、關注題材不同於一般電影，有可能是未來變革潛藏的動力。

● 列舉六個個案階段性取樣：《尋找台灣的生命力》、《見證大系》、《月亮的小孩》、《台灣獼猴》、《蛻變中的台灣》、《家庭電影》。

吳乙峰說：「我相信大家都不喜歡看假的東西、虛偽以及不誠懇」……如果劇情片要有好的發展，他認為紀錄片的真實以及貼近生活，應該是很好的刺激。

色情電影

期數——二十一、三十七、八十三、八十四

時間——一九九一年十月，一九九三年五月，一九九七年四月、五月

篇幅——九到六十二頁不等

內容——《影響》曾四次製作色情片專題。主題雖為色情片，但企畫方式並未特別奇巧嘩眾，依舊維持《影響》一直以來主題研究、大量資料的專題製作方式，但銷售奇佳，其中一期（21）甚至賣到斷貨加印。第二十一期「色情電影」（六十二頁，p38-p99）討論看A片的心理、各國文化差異、男女不同觀點，並實際走訪戲院、MTV、錄影帶店，分析台灣色情電影的消費環境。

第三十七期「一九九三年A片白皮書」（二十二頁，p90-p111）則鎖定消費層面，從美國產製現況及台灣消費文化切入，不足處以三個附錄補足：「性經典—文學與電影」、「性產業—地上與地下」、「性數字—性環境與性態度」。第八十三期「情色猖狂，淫穢當道」（九頁，p32-p40）時值《情色風暴一九九七》上映，分析包括此片在內幾部情色電影特色。第八十四期「看見色情」（二十九頁，p14-p42）從慾念角度切入，介紹電影中的慾念、A片發展史，同時將其時大量湧入的日本動漫，以及中國春宮畫都納入討論。

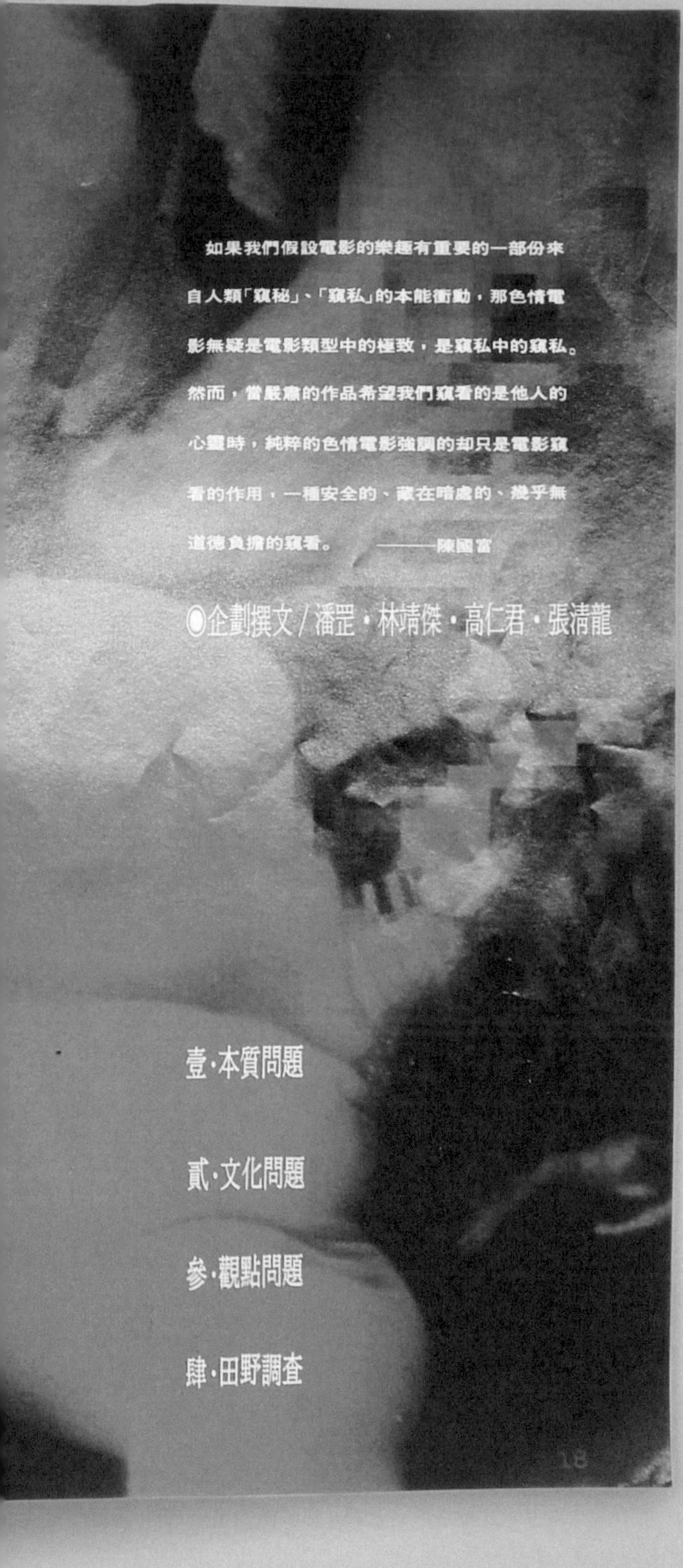

如果我們假設電影的樂趣有重要的一部份來自人類「窺秘」、「窺私」的本能衝動，那色情電影無疑是電影類型中的極致，是窺私中的窺私。然而，當嚴肅的作品希望我們窺看的是他人的心靈時，純粹的色情電影強調的卻只是電影窺看的作用，一種安全的、藏在暗處的、幾乎無道德負擔的窺看。——陳國富

◎企劃撰文／潘罡・林靖傑・高仁君・張清龍

壹・本質問題

貳・文化問題

參・觀點問題

肆・田野調查

食
色
情電影
性也
專題企劃

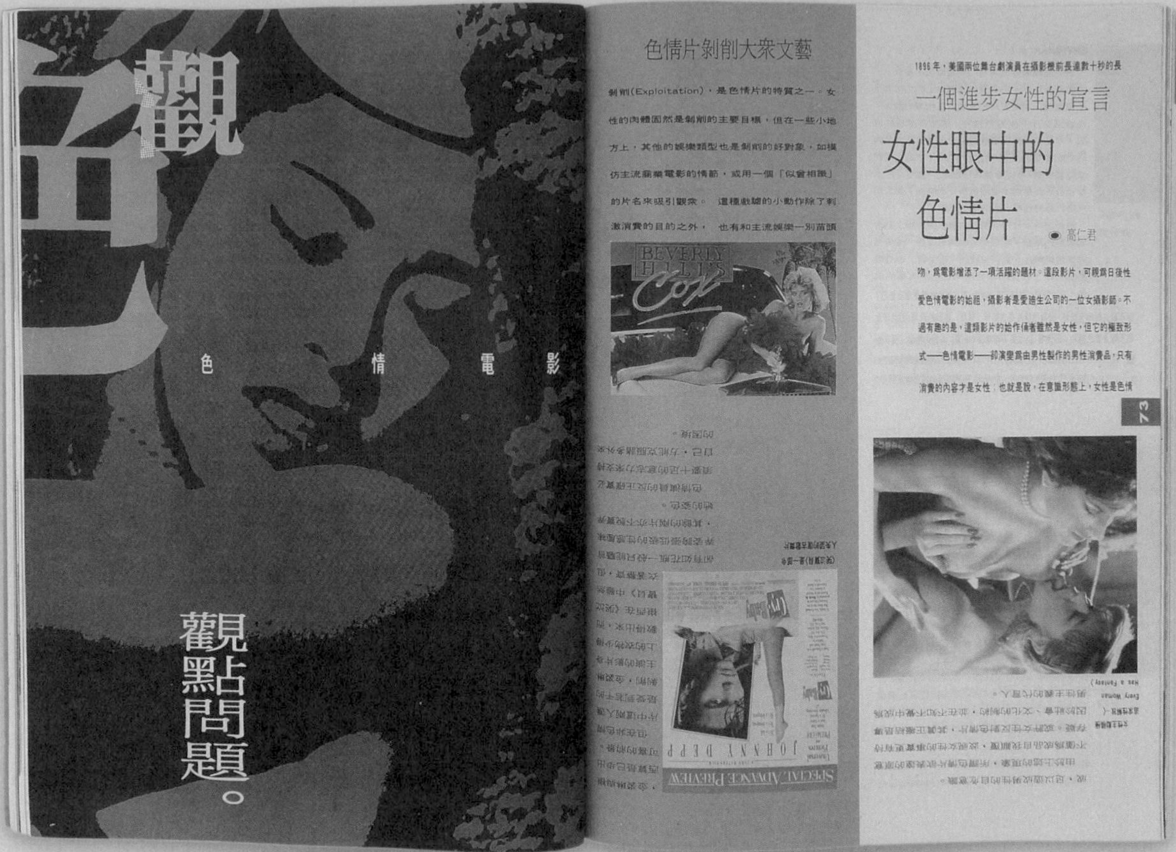
色情片剝削大衆文藝

剝削(Exploitation)，是色情片的特質之一。女性的肉體固然是剝削的主要目標，但在一些小地方上，其他的娛樂類型也是剝削的好對象，如模仿主流商業電影的情節，或用一個「似曾相識」的片名來吸引觀衆。這種戲謔的小動作除了刺激消費的目的之外，也有和主流娛樂一別苗頭

1896年，美國兩位舞台劇演員在攝影機前長達數十秒的長

一個進步女性的宣言

女性眼中的色情片

● 高仁君

吻，爲電影增添了一項活躍的題材。這段影片，可視爲日後性愛色情電影的始祖，攝影者是愛迪生公司的一位女攝影師。不過有趣的是，這類影片的始作俑者雖然是女性，但它的極致形式──色情電影──卻演變爲由男性製作的男性消費品，只有消費的內容才是女性；也就是說，在意識形態上，女性是色情

73

色情電影

●第二十一期「色情電影」以研究外表包裝A片議題，分類名稱設計為「本質問題」、「文化問題」、「觀點問題」、「田野調查」。

●觀點問題分就進步女性看「女性眼中的色情片」，及保守男性角度「色情片中的女星做了些什麼？」看色情片。版面設計為上下兩欄，分別閱讀，強調男女迥異的觀點。

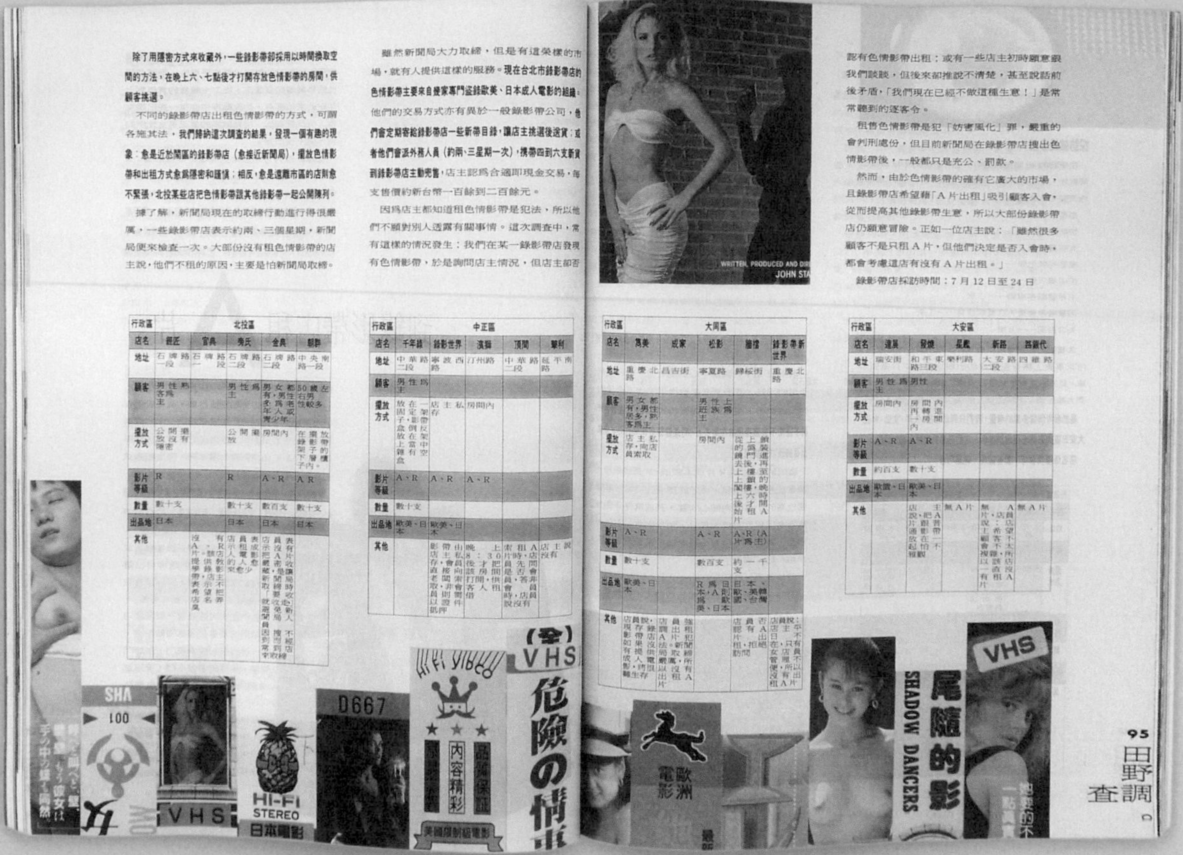

除了用隱密方式來收藏外，一些錄影帶卻採用以時間換取空間的方法，在晚上六、七點後才打開存放色情影帶的房間，供顧客挑選。

不同的錄影帶店出租色情影帶的方式，可謂各施其法，我們歸納這次調查的結果，發現一個有趣的現象：愈是近於鬧區的錄影帶店（愈接近新聞局），擺放色情影帶和出租方式愈爲隱密和謹慎；相反，愈是遠離市區的店則愈不緊張，北投某些店把色情影帶跟其他錄影帶一起公開陳列。

據了解，新聞局現在的取締行動進行得很嚴厲，一些錄影帶店表示約兩、三個星期，新聞局便來檢查一次。大部份沒有租色情影帶的店主說，他們不租的原因，主要是怕新聞局取締。

雖然新聞局大力取締，但是有這樣的市場，就有人提供這樣的服務。現在台北市錄影帶店的色情影帶主要來自幾家專門盜錄歐美、日本成人電影的組織：他們的交易方式亦有異於一般錄影帶公司，他們會定期寄給錄影帶店一些新帶目錄，讓店主挑選後送貨；或者他們會派外務人員（約兩、三星期一次），携帶四到六支新貨到錄影帶店主動兜售，店主認爲合適即現金交易，每支售價約新台幣一百餘到二百餘元。

因爲店主都知道租色情影帶是犯法，所以他們不願對別人透露有關事情。這次調查中，常有這樣的情況發生：我們在某一錄影帶店發現有色情影帶，於是詢問店主情況，但店主卻否認有色情影帶出租；或有一些店主初時願意跟我們談談，但後來卻推說不清楚，甚至說話前後矛盾，「我們現在已經不做這種生意！」是常常聽到的逐客令。

租售色情影帶是犯「妨害風化」罪，嚴重的會判刑處份，但目前新聞局在錄影帶店搜出色情影帶後，一般都只是充公、罰款。

然而，由於色情影帶的確有它廣大的市場，且錄影帶店希望藉「A片出租」吸引顧客入會，從而提高其他錄影帶生意，所以大部份錄影帶店仍願意冒險。正如一位店主說：「雖然很多顧客不是只租A片，但他們決定是否入會時，都會考慮這店有沒有A片出租。」

錄影帶店採訪時間：7月12日至24日

●田野調查包括A片導演採訪，並由編輯部實地走訪調查台灣色情片消費環境。租片部分即整理出各行政區錄影帶店A片的擺放方式、等級及數量，並以影片封片截圖作為配圖。

●此專題較少《影響》典型表格整理，不過仍以條列方式呈現經典片單。

一九九三年A片白皮書

● 刊頭即言明，此次專題為二十一期中關於成人片的產製及消費動態的追蹤報告，並延伸觀看A片的空間及心理狀態。

● 將消費心理分為：好奇（動物奇觀）、模仿（教戰守則）、競賽（體能競技）和宣洩（心理治療）四種，並以象限圖表示動機取向。

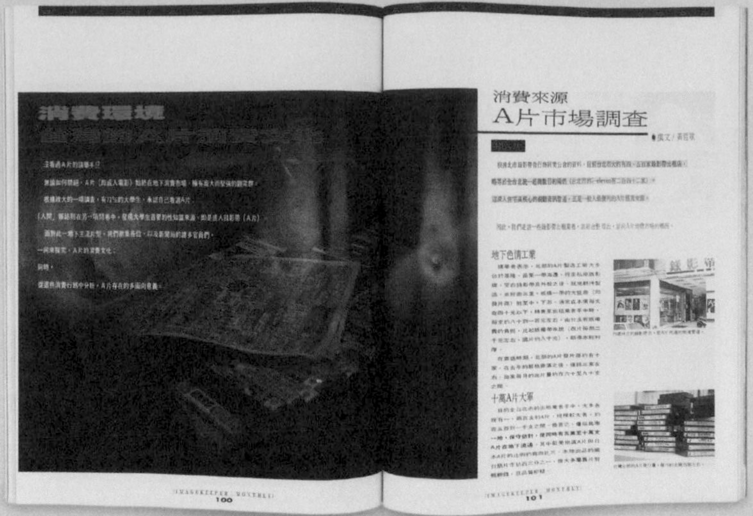
消費環境

消費來源
A片市場調查

地下色情工業

十萬A片大軍

100　101

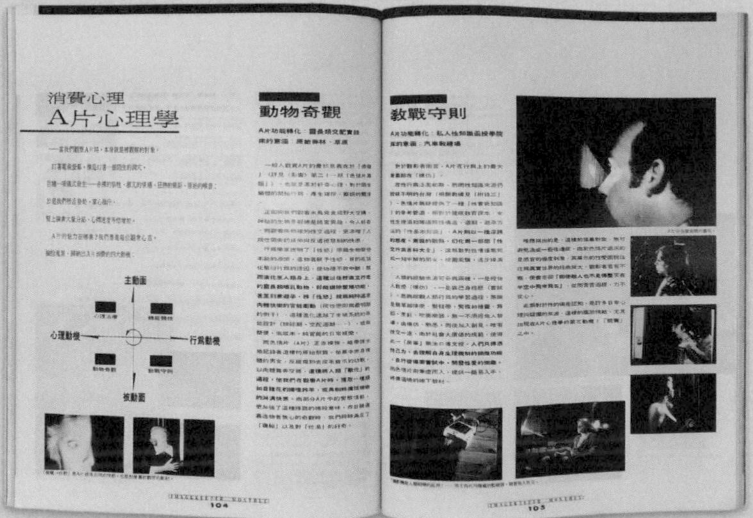
消費心理
A片心理學

動物奇觀

教戰守則

104　105

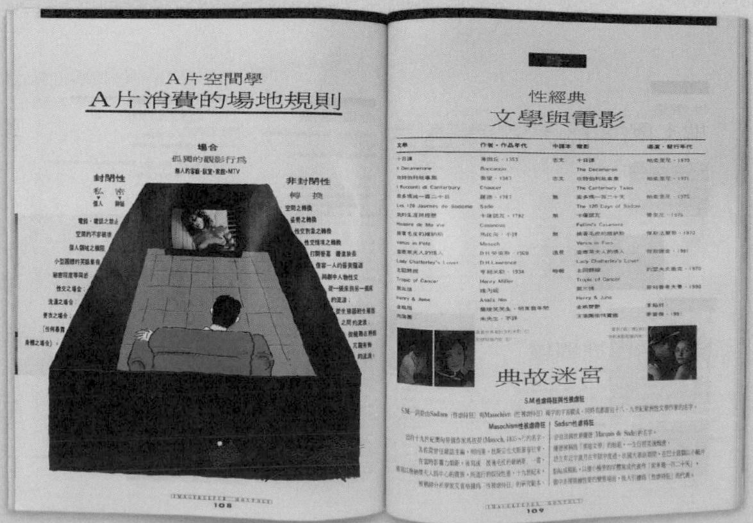
A片空間學
A片消費的場地規則

性經典
文學與電影

典故迷宮

108　109

■□□

目前全台北市的出租業者手中，大多各握有一、兩百支的A片，規模較大者，約在五百到一千支之間。換言之，僅以北市一地，保守估計，便同時有五萬至十萬支A片在地下流通。其中歐美地區A片與日本A片的比例約為四比三，本地出品的國台語片亦占近三分之一，惟大多屬舊片剪輯翻錄，且品質粗糙。

看見色情

● 與之前專題相比，加入兩個不同面向：「消費女體的色情作品」，以日本動漫為討論對象；「在巫山雲雨中嬉戲」談中國春宮畫。

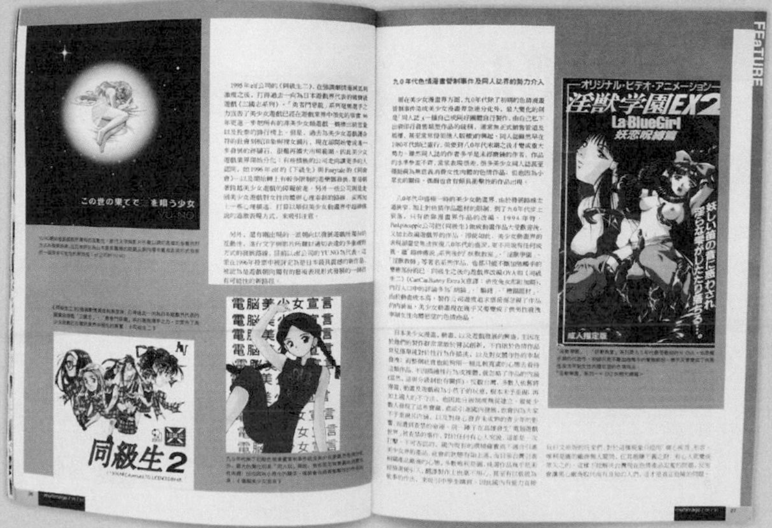

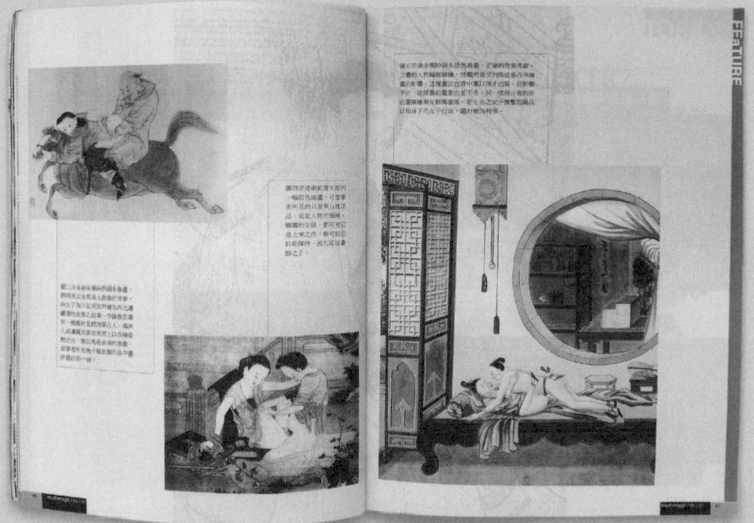

（原刊於33頁）……身體（女體）可以被當成是銘刻（Inscription）的位置與場所，由社會文化的規範與偏見所銘刻，由視覺性消費符號的意象所銘刻。進而探討此類動畫對女體觀念的革命性轉變在色情論述上的突破性發展。

（原刊於37頁）……沒有影像的年代裡，內心深處那莫名的騷動和肌膚表層的摩擦快感，變成膠墨丹青，卻一樣訴說出人們千百年來的共同需求——視覺快感！

填補「大眾」與「學術」之間的鴻溝

深化文藝青年的電影對話……

滕關節
影評人

接獲邀稿談論《影響》雜誌，實非我輩評論資格能夠談論。對照當代電影論壇於網路上的庶民／通俗用語，《影響》雜誌的前世今生勾勒了台灣正統電影美學評論的最基本雛形。

雖然主題是談第二代《影響》雜誌，但不得不說到她的前世，正確來說應該是近半個世紀前的事了。

一九六五年一月誕生了《劇場》雜誌。該雜誌討論當代西方重要戲劇、電影、藝術家，電影大師如當時的義大利現代主義大師導演安東尼奧尼、法國新浪潮時期導演尚盧高達等人。這本雜誌誕生後，讓當代文藝青年找到了心靈依歸。但該雜誌很快在編輯主體變更之後解散，使得那時文藝青年繼續尋找一本專屬於電影的心靈雞湯，這也是一九七一年，一群政治大學師生合力創辦了《影響》雜誌的前提。畢竟《劇場》雜誌掀起的這波漣漪，非同小可。

當代文藝青年對於西方美學的評論高度，都在該時期奠定了輪廓。如今許多電影評論圈的大老，也都是當年曾經在該雜誌貢獻評論的筆者，如黃建業、張毅、劉森堯、但漢章、李道明、李幼鸚鵡鵪鶉（李幼新）等人。七〇年代的《影響》在當時其實滿像如今國家電影中心出版的《電影欣賞》（一九八三年創刊），不過那時《影響》雜誌的「影響力」可比現在的《電影欣賞》高出太多。

儘管深受文藝青年們喜愛推崇，但雜誌經營畢竟還是有著驚人開銷，使得這本雜誌無法定時出刊。只能說，這是一本完全由愛好電影的熱情筆耕者投入靈魂與資源的雜誌，其寫作幅度之深廣，遠非現在線上部落格或是其他雜誌可媲美。

更甚者，該雜誌票選的年度十大佳片，比當時其他相對保守的媒體來得更有衝撞力。而且許多電影專業術語上，都曾經請重要菁英參與，如攝影專業用語就請攝影師杜可風協力。這也是為何這本雜誌在七〇年代會廣受好評主因。

當代港台影視大老段鍾沂、大導演譚家明也都曾經在第一代《影響》雜誌貢獻心力。然而進入八〇年代後，由於編輯群轉入電影圈工作等人事變化，該雜誌在一九八四年停刊。

有趣的是，早期的《影響》並未真正消失。拜ＭＴＶ包廂觀影模式成為熱門消費，當時最夯的太陽系ＭＴＶ總經理吳文中對電影非常有熱情，加上ＭＴＶ獲利頗豐，為了創造主題企畫帶動觀影厚度，第二代《影響》於一九八九年登場。

第二代的《影響》雜誌編制更大，體制內一度有三十到四十多人，一個編輯可以花上兩個月做專題、表格。光是分析九〇年代對青少年影響最深的ＭＴＶ文化，就可以用十四篇文章、五萬多字的專題介紹，這對現在雜誌編輯來說根本是不可能的事。

時任總編輯更是當代電影青年，如第一代總編林靖凱與第二任總編陳國富（現為知名導演、編劇、監製），末期總編還有導演／影評／學者王瑋。孫鐵志也擔任過社長。編輯顧問更有易智言、焦雄屏等人（就連第一代《影響》的筆者黃建業老師也「再續前緣」）。

有著堪稱九〇年代最重要出色的筆者陣容，加上當時著作權法尚未正式上路，使得該雜誌能盡情從錄影帶翻攝畫面，做足影像分析。相較於《世界電影》雜誌或是《iLOOK》電影雜誌多半運用電影公司提供的宣傳劇照、沙龍照，《影響》裡的文章、配圖、表格都突顯出菁英視野。

而且第二代的《影響》雜誌就連音樂、配樂上的譜寫也非點綴繁星、走馬看花而已。每個筆者都是一流文采，當時的讀者如我也算是看文練讀功，驚歎潘罡的詞彙開啟了我對字裡行間的想像。

大概沒人像《影響》這種幹法，就連要絕版也推出絕版特刊「上、中、下」，雖然做法很像《舞曲大帝國》那類的精選集概念。同時《影響》在整體編排花足功力，雖然有些視覺堆疊對於文字閱讀並非易事，不少排版還直橫交錯，但有鑒於當時電影資料非網路時代這般普及，這樣的字體變化倒成了另類閱讀樂趣。

只是，從力爭損益平衡的商業戰局來看，《影響》追求的慢工出細活顯然受到時代現實無情考驗。儘管曾經創下每月銷量約兩萬本的佳績，最後也只在一九八九到一九九八這九年內完成階段性的文藝青年使命。

對於九〇年代台灣新浪潮時期的電影推廣以及深化當代文藝青年的電影對話，第二代《影響》做法在第一代艱澀評論的筆耕與普羅通俗間取得平衡。光看《影響》雜誌始終是二手書店的珍品，就能看出多少行家渴望珍藏這份屬於八〇年代末九〇年代中的電影吉光片羽。

第一代《影響》就曾推出導演專題，第二代的專題更是包山包海。就連日本偶像劇也能做出一整本料多實在的專刊。只是《影響》的野心太過驚人，九〇年代的台灣經濟確實不錯，卻沒有辦法對應一本雜誌的支出。《影響》的虧損從初期二三十萬，到後期幾乎每期虧損近百萬，最後不得不踏上第一代的命運：收刊。

《影響》雜誌對九〇年代後的影迷來說，書的內容滿足鍛鍊寫作基本功的需求，以及尋找國際歐陸等他國導演創作的脈絡。對於那個年代金馬影展、九〇年代中期的絕色影展、聲色影展，《影響》也提供了報導的版面。

與其說這本雜誌有多少豐功偉業，倒不如說，這本雜誌堪稱是當代電影雜誌界的《The Velvet Underground》。就像當年買《The Velvet Underground》第一張專輯的人可能只有一萬個，可是這一萬個後來都成為樂手、組團。許多當時看第一代或是第二代《影響》雜誌、或是為該雜誌工作的人，後來都進入電影圈、藝文圈。許多人也是從這本雜誌出發，成為記者或電影圈工作者。第一代的《影響》可說是文人傲骨，第二代的《影響》持續在電影圈的發酵影響，深度與廣度可就真的是影響甚鉅了。即便離第二代停刊快二十年，現在電影圈仍有不少人都是從那本虧損連連的《影響》雜誌中保留了當年對電影的熱情，如孫榮康、吳舜華、吳文智等人。第二代草創期的靈魂人物黃哲斌如今更成為獨立評論界的中流砥柱。

《影響》的崛起與沒落對五六年級生而言，有著非常鮮明的時代記憶。在那個一票人寫信問某些明星演過哪些電影的人體IMDb載具時代，《影響》基本上已經成為影迷的心理醫師，解決那些纏繞在腦海百思不得其解的解構手法與符號隱喻。

不妨。讓我們再重新與時代座標連結一次。或許當年的你錯過了《影響》，歡迎你在舊書報攤或是二手書店，尋找網路淺碟時代無法滿足你的重度觀影憂鬱症。

滿足對電影論述的渴求

八、九〇年代，台灣街頭MTV林立，什麼電影都看得到，《影響》的問世則滿足我們對電影論述的渴求。它補足了大眾的《世界電影》與學術的《電影欣賞》之間的鴻溝。我們不介意部分專題內容直接譯白外文教科書，就像我們泡在MTV能看多少片就看多少。當年花了不少錢在《影響》上面，因為它時常配合雜誌專題「順便」販售錄影帶（是的，那時還沒有DVD），每期訂購錄影帶的費用可能比訂閱雜誌一年還貴！沒辦法，閱讀《影響》會讓你更想看到這些電影。

我從讀者變成作者，應該是從一九九二年開始。那是極少數可以容許我用兩千字評論電影的園地，滿足了我在報紙影評外旺盛的寫作慾。有趣的是如果讀者對你的影評有意見，它也會「來函照登」。對於那個年代的電影青年，《影響》的「影響」重要而且微妙。它的停刊（雖然日後易主復刊但為期甚短）也象徵某種電影時代的結束。

聞天祥
影評人

不同角度的觀察與共鳴

再一次翻閱《影響》雜誌已是十六年後。第九十一期的內容中談到了邁可・尼曼的電影配樂，再度將我的記憶拉回到《廚師、大盜、他的太太、和他的情人》以及《鋼琴師與她的情人》中，在激昂、狂亂、對峙且溫柔的配樂聲下，緩緩帶出一幕幕深具感染力的視覺影像。安達充的漫畫評論也出現在這一期，談到他的畫風、角色設定、故事巧合以及猶如電影分格般的構圖。這一期的主題是電影點唱機，在大量音樂與影像的相互交雜下，《影響》雜誌再度宣布停刊，時間是一九九八年一月，那年九月Google成立，一個網路風起雲湧的年代。一如往常，許多的事物要在失去之後我們才會發覺它的存在。

我想像不出還有哪本電影雜誌可以帶給我那麼多對於某些我喜愛電影的觀察與評論，我可以在裡面許多關於電影、音樂、漫畫的評論文章中，找到各種不同角度的觀察、共鳴，與價值差異之處，而這有助於形塑獨立思考判斷的思維。

《影響》雜誌創刊於一九八九年，那年我十九歲。

《影響》雜誌是一本很用力的雜誌。也許，太用力了一些。

李取中
《The Big Issue》大誌雜誌總編輯

島嶼邊緣

葛蘭西一〇〇

科學·意識形態與女性

拼貼德希達

廣告·閱聽人·商品

宛如山脈的背脊：原住民

身體氣象

佛洛伊德的誘惑

假台灣人

女人國／家認同

酷兒QUEER

民眾音樂研究初探

保衛阿圖塞

激進神學

色情國族

島嶼邊緣

左派游擊隊的理想火光

採訪／撰文——黃奕瀠

我們的國家是最自由、最民主的
我們的政府是最大有為的
我們的社會是全世界最安定的
我們的生活環境空間有全世界最最完善的公共建設、美麗的
我們的空氣、水源是全世界最不受污染的
我們的工商業是最回饋社會大眾的
我們的工廠從不製造污染的
我們的文化人是整個社會國家最前衛的
請您猜猜看這是哪一個國家？
也請您寫我們之最
——《島嶼邊緣》第一期封底文

島嶼邊緣
1991.10 – 1995.9｜共14期

一九九一年，臨時條款遭廢除、動員戡亂時期宣告結束、民進黨制定台獨黨綱，看似一個新時代的開展，然這時代種種事件轉折，卻是過去諸多社會力和政治力相互衝撞、積累而成。

《島嶼邊緣》（簡稱《島邊》）在這一年，在這麼個時空背景下創刊，是巧合，也是因緣聚成。

僅有五年壽命、十四期刊數的《島嶼邊緣》，曾是一九九〇年代青年學子追捧的刊物。現今年輕世代熟悉的《破報》於一九九五年創刊時，曾以「台灣第二屌」為宣傳詞，這非《破報》自謙，而是參與《破報》的諸多文化青年，也都參與、見證過《島嶼邊緣》的光采。既有鋒芒在前，自當居後。

在那個時代，被視為泛左翼軸線文化評論大集結的《島嶼邊緣》，知識厚度或許他人還能相比，但前衛性、批判性和特殊性，至今恐無人能超越。然而，在這本雜誌籌辦時，參與編輯的眾人，也都想不到它會

「長成這樣」——嚴肅的西方思潮文章、批判嘲諷的時論議題、惡搞的圖像、全裸的照片……像是諸多人格分裂出去卻又完整地被編輯在一起。

創刊號主編蔡其達便點明《島嶼邊緣》的特色源於成員駁雜——包括新左派、後現代主義者、都市空間改革者、精神分析學派、女性主義、邊緣藝術工作者，「所以，從創刊伊始不論對內或者對外，它都以『直接民主、多元丰貌』的姿態出現，不像先前出現的或左或右的各種文化刊物具有強烈的主導性格。不過，大體而言，《島邊》的投入者都有『超越狹隘的統獨國族論述，進行全面的激進民主鬥爭』的基本共識。」（引自蔡其達，〈重尋曾經有過的軌跡——《島嶼邊緣》發展漫談〉）

「《島邊》的樣子，某種程度反應了編輯狀態，有的人希望它正經呈現學術理論，有人則有不同的希望，於是變成許多種動力出現在一個雜誌上。」擔任多次主編並執行許多創意的吳永毅簡單解釋《島嶼邊緣》的特色，並不忘誇獎美編：「這所有的矛盾，都被黃瑪琍這個正經的美編包住，呈現出一個整齊又正經八百的外觀。」

美編黃瑪琍和執行編輯姚立群，幾乎從頭執行到尾，除了陳光興、卡維波、吳永毅，他們也是讓《島嶼邊緣》能貫徹到底的靈魂人物。但要談到維持《島嶼邊緣》內在平衡與創辦的原因，就要從擔任發行人角色的王浩威談起。

從「週末派」到「戰爭機器」

現今在心理治療和精神醫學領域占有重要地位的王浩威，在《島嶼邊緣》創刊時，不過是花蓮慈濟醫院新上任的菜鳥主治醫師，他自謙：「會讓我掛發行人，只是因為我剛離開台大醫院，不再具公職身分。」當時新聞法、出版法規定發行人身分必須是「非軍公教人員」。為了不讓新聞局抓辮子，《島嶼邊緣》必須去登記，也必須符合規定，因此，王浩威擔起了這重任。

但更重要的是，串連當時泛左翼分子集結、成為《島嶼邊緣》編輯和籌備者的節點的，也正是王浩威。

一九八四年，還就讀高雄醫學院醫學系的王浩威，北上實習，因本身投入文學創作和左翼情懷使然，自然而然地參與了各式藝文活動和左派集會。

他先是在台北市重慶南路的桂林書局找原文書看，而結識呂正惠、陳伯璋、辜振豐等志同道合的朋友。「那時我很想讀些馬克思主義的書，就去桂林書局買。當時，最新的左傾的書，只能在這裡買到，所以會聚集一些接觸左派思想的人，像顏秀賢、蔡其達……我們都在週六到這地下室看有沒有新的書，自然而然會聚在一起聊天打屁。」這群人，號稱「週末派」。

除此之外，王浩威因醫學院背景而結識同期的台大學生、黨外新青年，亦是民進黨新潮流的第二代；在高雄替黨外人士助選時，又認識鍾喬、楊渡等夏潮系統的朋友；還有因為加入王菲林「資本論」讀書會，在他引介之下，在《電影欣賞》寫影評，因而認識吳正桓、李尚仁、林文琪、王俊傑、紹懿德等人。隨後，《南方》雜誌創刊，總編輯呂昱找上包括王浩威在內的許多文藝青年幫忙，當時正服兵役的他，白天當兵，晚上編《南方》，但也因而結識《南方》系統的人。

結交八方人馬的王浩威，有著跨越統獨和各種專業領域的人脈，這日後都成《島嶼邊緣》編輯群的基礎，但真正的起點，應從他組織的讀書會開始。

「我沒有特別意識地串來串去，但都有討論些東西。」王浩威細數當時知識分子、文藝青年的派系分野，戰鬥位子傾向，數著數著便說：「但有些東西還是沒有被碰到。不滿足於此的人就聚在一塊。」這些人要不常接觸歐洲的東西，要不從德、法回來，要不對法國後現代思潮有概念，當時對西方思潮飢渴的王浩威便籌組了讀書會，拉來一堆不同知識背景的朋友，想辦法要讀懂拉岡作品，特別是猶如天書一般的《Ecrits》，「但拉岡還是沒讀懂，就接著讀傅柯、德希達……」

於是，每週在固定時間，這些朋友會出現在王浩威復興南路的家裡，「那是我自己的臥房兼書房，空間很小，常擠得大家沒地方坐，還得站著。」讀書會的人來來去去，但也總有十多人，維持三年的時間，讀著讀著讀出革命情感，竟有了「戰爭機器」這樣的江湖名號。

政治論述真空期

彼時，報禁開放，報業改革也逐步進行，《自立早報》副刊編輯劉克襄及主編顧秀賢，將軟性的「副刊」轉為「文化評論」的專欄型式，廣向各方邀稿。《中國時報》開卷也多了每日一版的文化觀察，由蔡珠兒負責。顧秀賢和蔡珠兒也透過讀書會邀稿，甚至在《自立早報》副刊以「戰爭機器」的名義設立專欄，輪流撰稿，後來還以此為名，出了一系列的書。

正因為這樣的寫作經驗，讓大家有了辦雜誌的念頭，認為廣義的左派知識分子應該要出來做些什麼，做點不一樣的。剛好自美國留學歸來的蔡建仁提議出錢辦雜誌，這事幾乎是水到渠成。

那個時代在美國有個台灣人的左派社群，主要以洛杉磯為基地，被稱為L. A.派。L. A.派是一個複雜鬆散，但政治上比較清楚的團體，這些人都是在海外被影響或者與一九七〇年代保釣運動變成左派的這群人接觸過。他們希望回台灣想要作一些跟直接的社會改革有關的事情，所以它不只是讀書、思想傳播而已。成員組成多元，每個人的行動程度又不同，光譜也複雜。

蔡建仁是其中一員，為了有個又搞論述又搞運動的存在，辦了《實踐筆記》，希望也能結合王浩威讀書會的資源和人脈。

不料，一九九〇年野百合學運後，蔡建仁與L. A.派意見不和，L. A.派因而解散。L. A.派部分成員亦參與王浩威的讀書會，因為和蔡建仁的紛爭，讓他氣得撤走資金和承諾，但辦雜誌之事已勢在必行，於是眾人提議自己籌資認股，繼續進行。

吳永毅沒有參加過王浩威的讀書會，他是因為陳光興引介而參與《島嶼邊緣》的籌畫編輯，「陳光興是L. A.派的外圍，不是核心。」陳光興和王浩威是串連《島嶼邊緣》支援網絡的人物，陳光興當時作為一個橋樑，將想辦雜誌的戰鬥機器，和想辦雜誌的L. A.派媒合起來，共同辦一本雜誌。其最大共識都是「引介進步思想理論」。

八〇年代蓬勃的雜誌出刊熱潮，竟在野百合學運後出現真空狀態，《南方》、《人間》都停刊。「那時校園裡沒有任何進步的刊物，不能對學生做思想工作，而L. A.派作為一個社運團體，原本要做的學生組織工作因為內部問題解散，便知道做第一線社運有困難，那就辦個直接面對校園的刊物吧。」吳永毅回憶當時的景況：九〇年代，黨外力量進入體制，過去搞黨外的文化人便進去幫忙，「我們剛好不是這種人，不會進去體制，便化作新的文化批評思想力量，湊在這本雜誌上。」

「因為什麼雜誌都沒有，沒有選擇，只好看我們這本。」吳永毅笑說，其實他們也提供很多有趣的東西啦。

籌辦命名

《島嶼邊緣》第四期的發刊語寫著：「創刊於一九六〇年的英國《新左評論》(*New Left Review*)，曾經是本刊擬定刊名的重要參考依據之一。」

一九九〇年初，為了辦雜誌，在王浩威家舉辦三次聚會，而後接連在陳光興、舒詩偉住所又辦了幾次籌辦會議，錢和發行都還沒著落，便先討論了前幾期製作專題。一九九一年三月，在傅大為新竹寓所經三次投票，在多種提議中，選出《新左評論》、《雜誌》和《島嶼邊緣》做最後表決。

「我們那時討論雜誌定位和名稱，達到最高共識的就是《新左評論》，因為很多人在讀，所以想出台灣版的《新左評論》。」吳永毅回憶，參與王浩威讀書會的成員，或是週末派那群知識分子亦是《新左評論》的讀者，希望藉著透過《新左評論》將西方左翼思想有系統引進來，所以，票數最高。

但在當時，《新左評論》還是有些敏感，在國立大學任教的學者怕貼上這標籤後惹上麻煩，於是作罷，《雜誌》又不像一個完整的刊名，最終決定《島嶼邊緣》。

王浩威解釋，這是挪用馮建三在《自立早報》的專欄名「邊緣島嶼」，「但我們將它反過來，削去統獨味道，也表達出對台灣的關心或檢討。」邊緣兩個字，也有邊緣戰鬥之意，因此沒有太多人反對。

「《島嶼邊緣》和《新左評論》的票數接近，最後《島嶼邊緣》險勝，但也因為如此，在編輯路線上有兩股力量拉扯。」吳永毅表示，他們這群L. A.派則希望運動性格和台灣現實結合，也不覺得要有什麼形式，等於邊做邊討論，誰可以出來弄出稿子，形式就先出來，「蔡其達手上有葛蘭西的稿子，他便先做第一期，那就是某種選擇吧。」

「去中心」的編輯方式

《島嶼邊緣》的編輯特色，即是沒有固定主編。除了發行人、美編和執行編輯從頭到尾位子固定外，各期主編由編輯委員輪流擔任，主編有最大決定權。

身為發行人的王浩威表示，他擔任協調工作，其他人各自負責專題，誰有想法誰就去做，誰能趕快邀到稿子，就可出刊，「在這群體沒有人可以叫得動誰做事，也因此沒有輩份高低的問題。」

「我們不是一個那麼有組織性團體，本來就是一個多網絡湊出來的。」擔任多期主編工作的吳永毅認為，不採多主編方式的話，無法維持運作，也不會持久，「因為那麼多不同性質的人在一起，要有一個總編輯在，恐怕大家都無法接受。」自然，這後頭也有「去中心」之類的政治意識在裡頭。

也因為如此，《島嶼邊緣》多由執行編輯姚立群在其中串連，東奔西跑收稿子。「辦公室模式是不存在的。」姚立群指出，雖然《島嶼邊緣》登記有案，操作卻滿地下的，「就看我一個人跑來跑去，不會固定做些什麼。我住的地方就是我們的倉庫，編輯室是四處流動的，現在想想來滿浪漫的。」他認為，現在的工作必須營造某種景象才會產生動力，現代人也很會做事，什麼場面都弄得

新左評論

對參與《島嶼邊緣》編輯這批九〇年代的左翼知識分子來說，《新左評論》是他們必讀的期刊。原本，他們也就想打造出一個台灣版的《新左評論》，甚至想以它為名。

創立於1960年的《新左評論》，是由《Universities and Left Review》（大學與左派評論）和《The New Reasoner》（新理性人）的編輯委員會合併而成。這兩本期刊的出版，是源於1956年發生的蘇伊士運河危機和匈牙利事件所引發的政治爭議，他們各自代表某種反對或修正的意識形態，最後兩派人馬合流組成一個焦點政治行動，亦即歷史上首度出現的反核和平運動：「解除核子武裝運動」（the Campaign for Nuclear Disarmament；CND）。

如此合併而成的《新左評論》便被定位為新左派組織的發言機關。內容範圍十分廣泛，唯其立場堅決反對新自由主義傳統，並與資本主義的擁護者辯論。《新左評論》文章包含尖銳和學術性的分析、對國際主義的評論、辯論或實證經驗性的書寫。但在路線上，卻以平易近人和主動介入為主，也希望能夠立即回應當代政治議題，正因為如此，這份刊物在校園深受歡迎，影響了台灣留學生，也藉著他們的引介，為台灣引進國外左翼視野。

出來，以前他們卻非如此，「但生命狀態就是不斷跑來跑去。」

姚立群回憶，當時常辦座談會或party，「有次在一場party上，吳永毅還丟了一台相機。而這第十期封底內頁，本來要有張照片就沒了，於是我拍李銘盛吊在一個地方全裸的照片，那照片我就把它全部剪開來再接起來，好像一個人被拉長了一樣。」他進一步表示，當能量都在之時，便是無論做什麼事都可以產生逸樂性取向，不會那麼嚴肅。如此一來，大家會做的很帶勁，這是他們彼此之間的狀態。

不僅姚立群四處遊走，《島嶼邊緣》的編輯會議也輪流在許多人家裡召開，不管是舒詩偉住處、王浩威的家或是丁乃非的居所，如此像游擊隊般的景況，是這本雜誌最有別於同期雜誌之處，更別說，「不定期發刊」更讓《島嶼邊緣》帶著隨性的色彩。

「一般是三個月一期，通常不會延遲。」姚立群回憶，後期他非常怕接到桂林出版社的電話，因為編輯部的電話住址設在桂林，讀者都會寫信或打電話到那裡去，「他們會說很久沒收到刊物了，表示又延遲拖刊了。」

稿件多半是主編邀稿或編寫，但也有很多來自徵稿。《島嶼邊緣》封面底頁都有徵稿啟事，內容如下：

佔領島嶼邊緣

這是一個
沒有固定邊界的島嶼，
不確定的方位，
等待你的佔領來共同勾勒。
〈島嶼邊緣〉，
一個人人是主也是奴，
是土地也是海岸的領域，
希望你來稿！
稿子沒有長短的拘束，
沒有文類的限制，
詩．散文．小說．札記．
筆跡．塗鴉．意見．
譯介．思潮及運動報導．
平面藝術．攝影．評論．
多媒體拼貼．劇本．
歌曲．Video……
任何你可以呈現的「作品」
都是佔領的武器！

根據《島嶼邊緣》第十二期編輯室報告，可知拖稿和徵稿的情況：「搖搖晃地，島嶼邊緣也出版了十二期的季刊，算是三年的分量了。雖然目前仍脫刊近半年，但比起當

左派的「地下沙龍」

《島嶼邊緣》的編輯群像是打游擊一樣，在台北、新竹各地奔來跑去，在不同人的住處或是咖啡店留下浪跡。其中，最值得一提的，就是王墨林在杭州南路的家。

人稱「大墨」的王墨林，是知名的劇場導演，1985年回國後，一邊在《人間》雜誌工作，一邊將住處借給小劇場、小電影等各種獨立、地下藝文活動，「很多人坐在這裡抽菸喝酒，就像一個沙龍。相對於比較中產階級、乾淨、文藝青年的明星咖啡屋，我家是比較地下的。」王墨林接受破報專訪時回憶道，「回想起來，我認為《島嶼邊緣》的意義不在內容，在於它的組合是用一種諸眾的方式，有很多混雜性、開放性，從知識分子到做音樂、美術的都有，我也編過一期身體氣象專題，它是一個行動的團體，會有一些很顛覆的概念。」

在《島嶼邊緣》眾人回憶中，王墨林的住處是他們的據點，但那不表示王墨林認可他們的「胡搞」。「主要是因為舒詩偉那時租王墨林的房子，我們是因為舒詩偉的原因在那裡聚會。」姚立群解釋，並補充：「我現在都還記得，從他們家出來後，我會順便去郵局寄東西。」

這樣曾經聚集各路左派藝文人士的「地下沙龍」、凝聚那個年代獨立藝文創作的空間，如今卻在國家發展大旗下被碾碎—因為這裡位在華光社區。

初只集資一年的心情，還是令人意料之外的驚喜。……原計劃裡〈E. P. Thompson〉專題，恐怕更要姍姍來遲了。然而更多的投稿。更多樣化的寫稿風格都是島邊近來的特色。包括〈妖言〉在內，這一期恐怕是非同仁來稿所佔比例最高的一次。也許這是島邊的走向——越來越大的空間開放大家來佔領了。」

然而，稿件的衰疲仍是明顯。黃瑪琍認為：「剛出刊那段期間，許多主編才剛回國，沒那麼忙，但後來根本忙得沒時間。」姚立群也坦言，有的專題拖很久，越到後面拖越久，稿件慢慢湊不起一本，「一九九五年後，沒出幾期，停刊跟這有點關係，因為都沒稿件，雜誌生命有點衰弱。」

不正經的思想刊物?!

「不正經」是許多文化人和知識分子對《島嶼邊緣》的意見，而那多半是因為頗KUSO的美術和照片設計所致。為這些惡搞創意操刀的，就是吳永毅和卡維波。

《島嶼邊緣》的第一期是葛蘭西，內容是一般嚴肅學術文章，卻搭以諸多搞笑照片，如《島嶼邊緣》前身「機器戰警」的多重發揮，又或者名人照片來「搭配」葛蘭西，如白冰冰的照片圖說便是「我和葛蘭西都是雙魚座的」，又或者波霸明星葉子楣稱自己是「有機知識分子」。

姚立群認為，第一期就可看出後來《島嶼邊緣》的走向了。

再例如第三期一篇談學運的正經八百文章，卻配上了另類圖說：一張以夜晚野百合為視覺中心的照片，圖說卻是：「辣肛（Lacan）的中文譯名是一個有同性戀傾向的男學者所譯。因台灣同性戀運動難以推展，所以積極從事學運。」另一張學生舉手吶喊的照片，圖說則是：「學生都喜歡唸啊宿舍（Althusser），因為她／她們都是無殼蝸牛。」諸如此類將學術理論或大師之名做隱喻、借名等利用，讓人印象深刻會心一笑的方式，便是《島嶼邊緣》的特色。

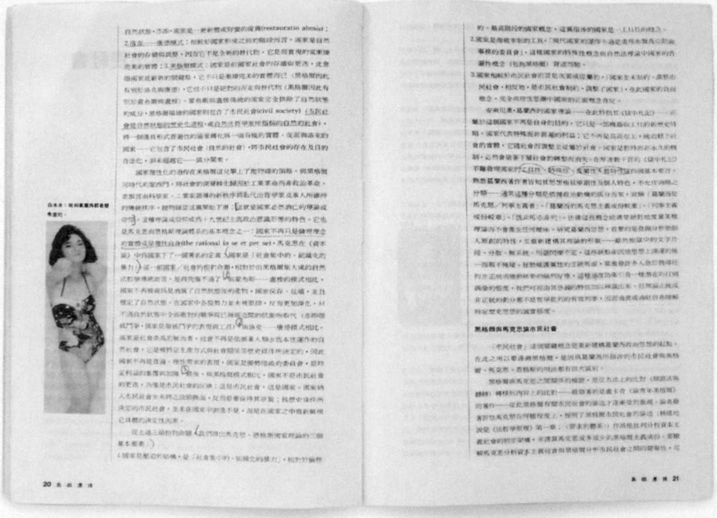

「剛開始幾期，我和卡維波搭配寫圖說，他負責政治性創意，我負責執行美編。在頭兩期，只要有空白處，我們就放這些創

意圖說。」吳永毅解釋，許多「後正文」的形式，其實在籌備期間就討論了，卡維波發明後正文理論，而他負責執行，「加了大便工作室後，更好玩。」第七期甚至有大便報出現。

吳永毅表示，前幾期的後正文都引起話題，有人接受有人不接受，但總之有被討論就可以延續下去，「我和卡維波、鄭村棋、王蘋花力氣做『假台灣人』那期，又把大便

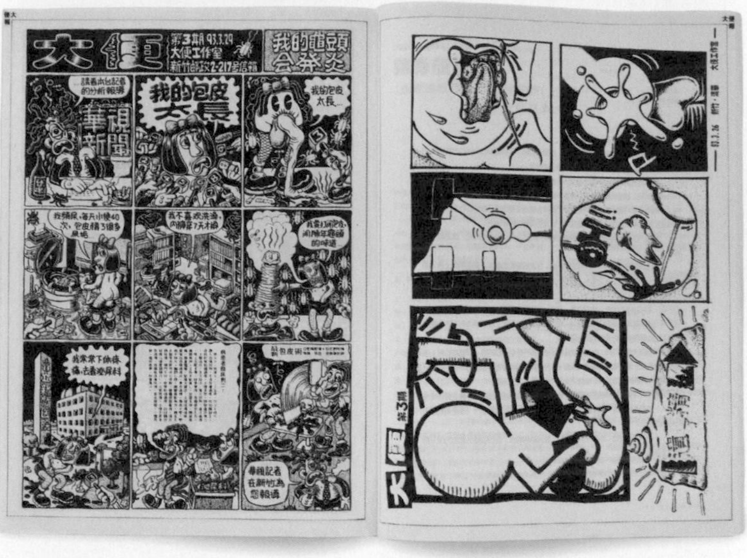

工作室拉進來，讓高峰呈現，這些組合就出現了。那時黃瑪琍比較上手，所以看起來正經八百的外觀內，就裝了了這些東西。」

除了大便工作室外，還有給我報報等圖像惡搞，讓這本原以為正經八百談論西方思潮的雜誌，在當年頗為另類，吸引好奇的年輕學子。

作為執行編輯，姚立群坦言自己一開始的工作，只是想拿到素材和稿子，後面才

懂得玩照片，「一開始的照片都是拿來搭配文章的。畢竟學者照片的來源只有圖書館的書。不過後來就多了，包含自己拍或者和攝影師要。」

「以前照片會扣著文章，作業上卻是分開，主編編主編的，供稿是供稿的，我的功能就是把它弄整齊。」姚立群在做了三年後，編輯手法也熟了，開始想玩照片，「『假台灣人』那期讓我們開了竅，整本拿起來玩，『酷兒』那期也是，從第一張圖玩到最後一張圖，主要和當期精神有關，和內容沒什麼關係。」

不僅內頁有創意，《島嶼邊緣》封面也被「玩」了一下。

《島嶼邊緣》的封面看來中規中矩，上方色塊下方照片，卻是與《新左評論》相似的設計，只不過上下顛倒罷了。

「封面是貼稿貼出來的，和現在雜誌相比，毫不遜色。這是有電腦設計觀的設計，但卻是突破當時的設計／印刷觀。」姚立群表示，各期封面都由該期專題主編決定，如第八期「假台灣人」的蔣經國、鄭南榕、L.A. BOYS並置的封面設計，和第九期「女人國·家(假)認同」反面《愛福好自在報》(簡稱《愛報》)倒著排版的編輯模式均引起爭議性的討論，『女人國』因結合『好自在』(衛生棉)的概念，前後都有封面，玩了兩個正面的作法。『假台灣人』那期也因圖片攝影，才作了雙封面。」

對《島嶼邊緣》的編輯來說，這本雜誌一直是邊編邊玩，嘗試各種不同作法，直至今天看來都仍十分前衛。在編輯會議中，也屢屢出現不少意見，「我記得曾有提議說，這樣的雜誌編法很不運動，要用更粗糙紙張、不要費那麼多力氣排版，像報紙那樣就可以。」姚立群說。

理論vs.挑釁

姚立群在加入《島嶼邊緣》前，曾經參加過「發表會」。在第三期有個活動札記的小BOX，說明這場在發條橘子舉辦、由傅大為主持的座談活動人數超過預期，並預告接下來相關活動，「《島邊》有個很好的傳統，就是在雜誌出刊後會有發表會，談雜誌的內容。」那時多在發條橘子、甜蜜蜜或延吉街的咖啡店舉行，始終有不少讀者參加，「那時人們對知識都很好奇。」「酷兒」和「假台灣人」那兩期尤為受歡迎，參加者眾。

由於對應到當時的知識缺口，《島嶼邊緣》有固定訂戶，也在「酷兒」等幾期受到熱烈迴響，還加印一千本。對本來想辦雜誌搞運動的編輯群來說，也很振奮。

「但比較運動的只有『酷兒』和『假台灣人』這兩期，其他都以引進思想為主。」

吳永毅認為，《島嶼邊緣》太鮮明，即便在校園也少有人靠近，倒是性別那幾期有了某種擴散效應，真正形成運動，「何春蕤他們提倡的『只要性高潮不要性騷擾』，在校園內本身就是種運動，我覺得後來島邊太理論化，只有這幾期雜誌這貼近校園正在發生的事。」

在「酷兒」這期當中，洪凌便有一篇宣

示：「邊緣酷兒攻佔島嶼邊緣」。文章寫著：「由於對酷兒的愛好與酷兒論述的匱乏，我們在翻譯酷兒小說《竊賊日記》與《蜘蛛女之吻》後，後設地試圖製作關於酷兒的文字專題，包括上述二部文本的摘譯、加油添醋的導讀、偽年表以及煽情噴火的前言後語、製作完碩大的胸孔與生殖器後，我們驚覺這個酷兒娃娃居然沒有五官也沒腦袋……。對我們這群剛剛攻陷《島嶼邊緣》的邊緣酷兒，建構身分主體神話並不是酷兒娃娃的製作目的，毋寧說我們希望拆解、希望搗蛋、希望上天下地開心玩樂，掀起偶像與正經人士的貞操帶。盡情偷窺、盡情自慰自玩自戀自在！」

《破報》亦在一九九五年發表評論，指出《島嶼邊緣》打著邊緣思考、游牧戰鬥的旗號出刊四年，它的學術血脈以及接合社會脈絡而來的論述實踐，「本身就是一部（多部）知識／精神史——既政治而又情色地，挑釁各種霸權結構——父權的統獨的右派資產階級的殖民的種族中心的異性戀的性歧視的……。火辣狠毒的痛踹了自（我期）許進步的當紅本土派、忠貞獨立建國者、南進的準台灣帝國先行者的痛腳；發妖的情慾論述、顛覆性／別倫常的酷異寫作則是圖文並茂，不僅讓姊妹同志的功力大增，連敵人也不能抗拒地、捧著當作情慾秘笈小書來看。」

王浩威認為，有一派想走理論，有一派則是挑釁，但後者實踐力特別強，「將『高潮』帶進來，本身就是對話，當時很少人這麼做，於是讓這事變得更有意義。」

《島嶼邊緣》的歡迎和爭議，讓他們在進入第四年時，以警告盜版的詼諧方式自嘲：他們嘲弄地說北大的地下刊物《邊緣》，便是受其影響創刊，還稱《島嶼邊緣》掀起學運、婦運「內爆」，而「後正文」造成藝文界新風潮，在通俗嘲諷文化中的《給我報報》嚴重左右縣市長選舉等等……。

像這樣的自嘲不升枚舉，有的出現在故意嘲諷假台灣人爭議的「島嶼邊緣也是二二八受害者」的啟事中，有的則出現在煞有其事對談「後正文」爭議中。

半正經半詼諧的模糊，令《島嶼邊緣》受到當時的知識分子和文化人排斥，如夏潮系統便對這些人和這本雜誌的惡搞不敢恭

頑門式的後正文策略

受到日本流行文化影響，當代的台灣人皆熟悉KUSO文化，並廣為接受，如「全民大悶鍋」、「給我報報」等政治嘲諷秀也流行一時，閱聽者眾。但難以想像的是，創政治KUSO之先的，竟是學院、社運裡的學者，他們在《島嶼邊緣》這本刊物上，「亦正亦邪」闡述思想立場，在嚴肅的論述「正文」外，歪斜地做了「後正文」。評價兩極，但也奠定《島嶼邊緣》的特殊地位。

創造「後正文」（post-text）理論的是卡維波，他認為許多很好的想法可以拿去做抗爭，但也能夠置放在一本刊物裡，既可以嚴肅論事，又可以顛覆它，而《島嶼邊緣》就是他實踐的對象。

後正文在許多媒體，甚至《島嶼邊緣》自身都有多篇議論，在第6期中，編輯群即刊出了一篇「你有沒有在游泳池裡放過屁」來闡述後正文的理論與實踐。

簡單地說，後正文也就是在我們的文章或書中，故意並列了兩個部分（這兩個部分或成分有時無法區分），主要部分或許是嚴肅權威的理念，次要部分則是試圖解放欲望的文字或圖片（例如無厘頭式笑話或黃色笑話）。同樣的，一個活動或事件、一個空間，甚至一個運動本身均可採取這種頑門式（Vandal）的後正文策略。（所以一個運動，像野百合學運，可以是「色情的」，或可以是迷失所說的「愉悅的反抗」）何謂「頑門」？在公共建築物噴漆塗鴉則是一種頑門（陳光興把這種塗鴉聯繫到「逃逸路線」的理論）。只是在後正文策略下，我們現在塗鴉的對象不是中正廟，而是自己的文章、雜誌、書。

翻開一本島嶼邊緣

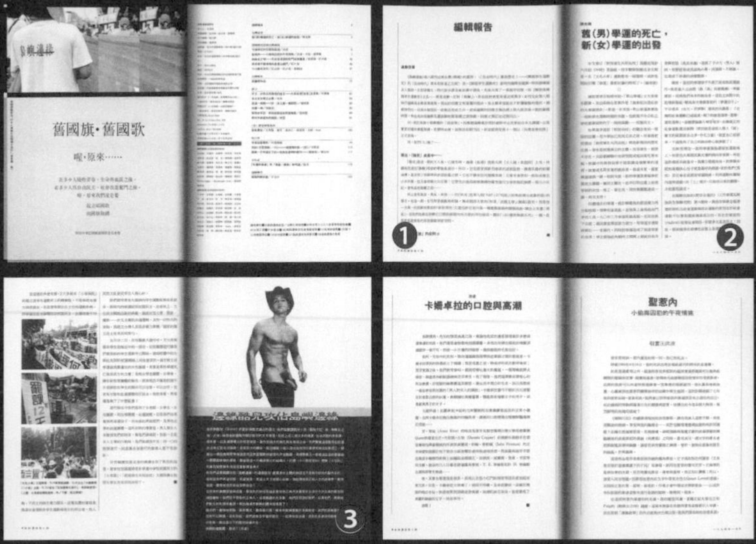

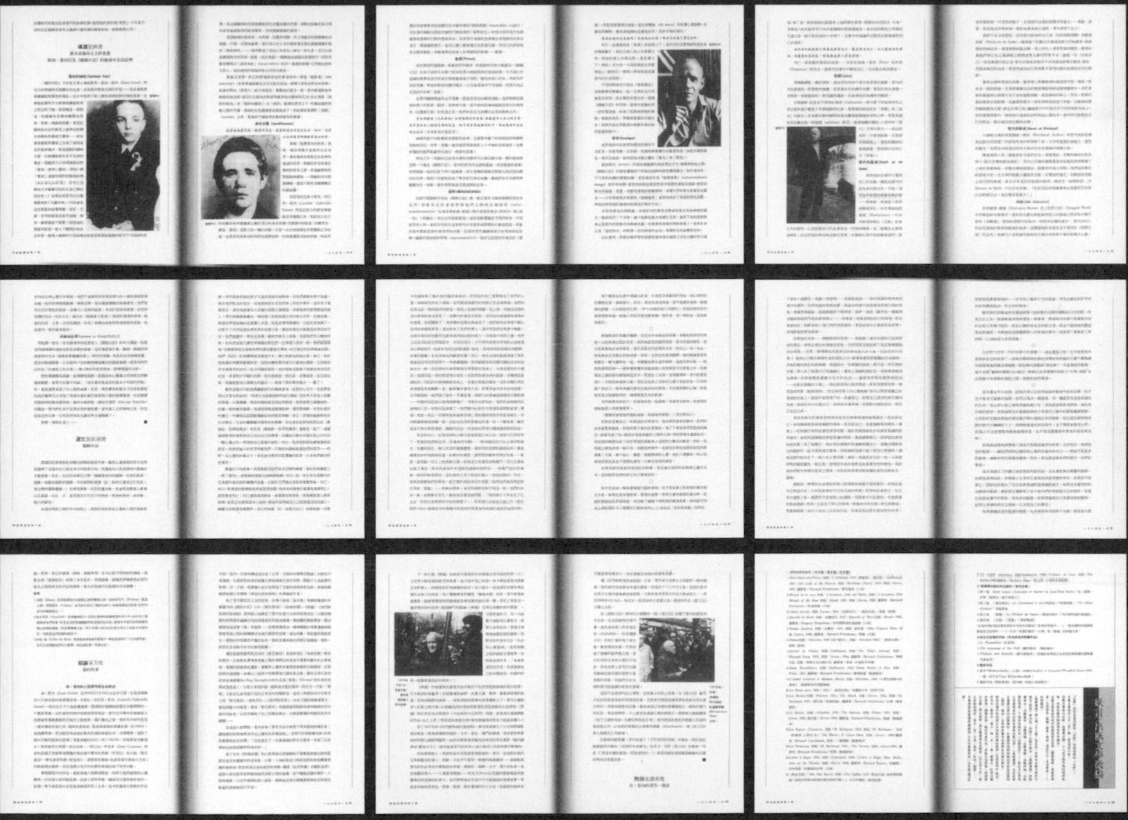

1 編輯報告

2 島嶼記事｜報導、評論國內外學術活動及時事，性質類似專欄尚有「國際檔案」、「邊緣檔案」、「選舉邊緣」，輪流刊出。

3 該期主題｜主編不同，專題架構差距大，頁數50頁到100頁不等。同時，該期結束後，之後期數仍會刊登衍伸單元，如「妖言」、「另翼案譜」

維，陳映真甚至對王浩威直言批評：「把左走偏了。」而南方系統則斥之無政治性，應一起攜手合作打倒國民黨。「但我們在外邊常唱反調。」吳永毅說，對國族認同他們從頭到尾都唱反調，因此編出「假台灣人」專輯，也讓這些本土派批判這些人搗蛋不識相。王浩威則認為，國族本就是敏感的議題，當時有考慮是要以當下台灣發生運動優先，或是諷刺民進黨，最後呈現是挑釁式的攻擊法。不料，賣得很好。

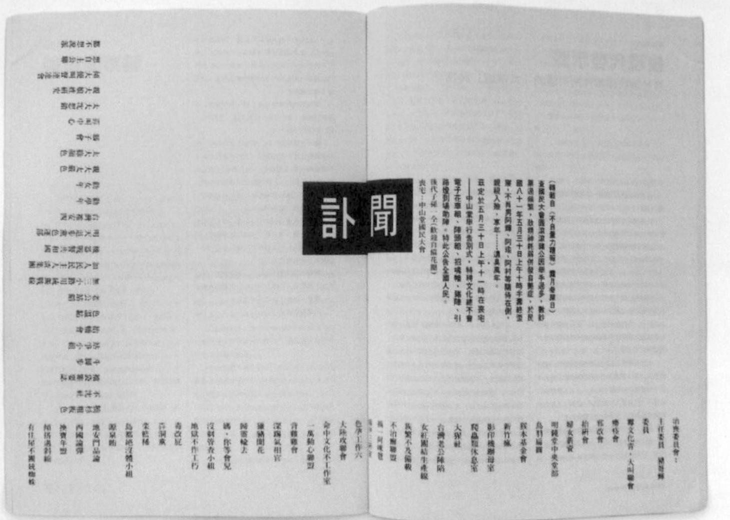

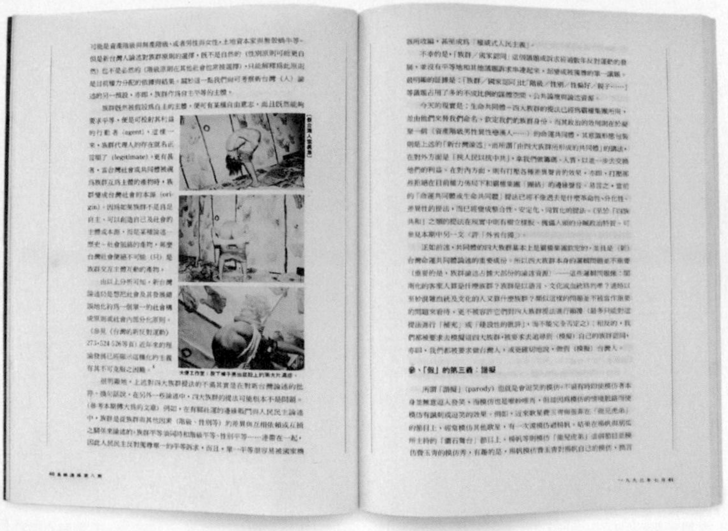

不過，主流社會並不太同意這樣的搞法。一九九三年一月出刊的三〇五期《新新聞》便有篇報導：「衣冠楚楚成丑角，正經八百變笑料——看台灣漸形成的文字嘲諷文化」，而《中國時報》人間副刊也有一篇「正經笑話中的胡扯」，開卷版亦有後正文的分析和爭論。

蔡其達則著文表示，《島嶼邊緣》的雷管引信不在文字本身，而是藏在相關的圖片、解說和廣告之類的後正文（post-text）中，「它顛覆了食古不化、和台灣社會嚴重脫節的老左派，也糾正了自由派過於一本正經的蛋頭性格，並為左派提供了『另類』（alternative）選擇。」但在五、六期後，因台美智慧財產權談判後的翻譯不便，還有也著力於本土議題解讀，於是便有「假台灣人」和「酷兒」等專題，「它震撼了整個台灣知識界，不論贊成與否，激起的漣漪迄今仍餘波蕩漾。」

儘管肯定《島嶼邊緣》的影響力，但蔡其達也提出內部矛盾和批判，他認為過度使用後正文的表現形態，讓傅大為等成員中覺得「玩物喪志」，對「假台灣人」、「酷兒」之類走美國虛無主義左派的作法，不以為然的更多，「祇是這些歧異愈來愈少在內部會議中提出來，逐漸淡出就成為多數成員的共同選擇。也就是說，《島邊》營造出來的祇是外熱內冷的兩極效果。」（以上蔡其達文字引自〈重尋曾經有過的軌跡——《島嶼邊緣》發展漫談〉）

不僅內外都有意見，官方也受不了。「有次颱風讓忠孝東路嚴重淹水，之後，市政府打給我說，我們都沒有出刊，再不出刊，就要把我們禁了。」姚立群質疑，過去延遲發刊更久，從未提過，為何今日提

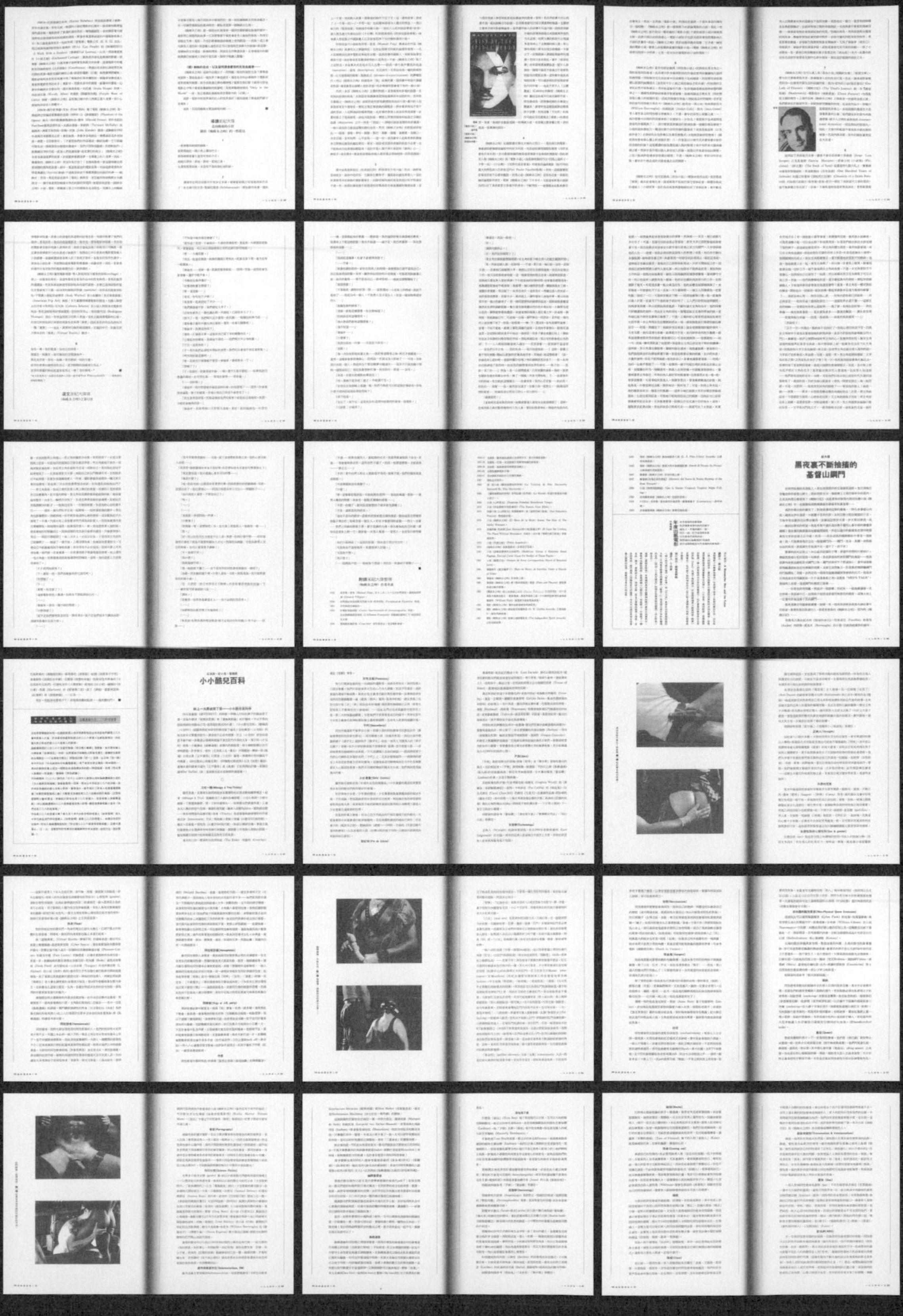
黑夜裏不斷抽搐的基督山鋼門
小小酷兒百科

這件事？所以就打電話到市政府了解細節，接電話的人坦言實際並非寫在公文上的理由，而是圖片太不堪；新聞處科長更進一步解釋，這本雜誌多麼不堪入目，「我拿給讀北一女的女兒看，連她都受不了。」

姚立群笑說，既然這麼不堪，為何還拿給女兒看，根本矛盾，於是以公文回覆市政府，說明「因為颱風造成許多損失，所以無法如期出刊。」後來《島嶼邊緣》仍是一直出，出到收刊為止。

廣告訂戶和收刊

《島嶼邊緣》一直到收刊都還有八百人訂閱，出版的基本盤則在兩三千左右。在受歡迎的那幾期，還會加印，「訂戶可以決定我要從哪幾期開始訂。」姚立群說。

有別於一般報刊雜誌多靠廣告來支撐經營，《島嶼邊緣》為講求獨立性，避免商業介入，一開始便以成員認股形式，籌措資金，再輔以募款、座談會活動的捐款，以及訂閱零售收入。最初，《島嶼邊緣》以七十二萬為基礎，計畫以一年四期的季刊形式發刊。

《島嶼邊緣》也在每期內頁宣告自己經濟獨立性：

爭取經濟獨立．懇請長期訂閱

《島嶼邊緣》的經費主要由編委會內部募股而來，編委成員也都同意不領取稿費，所以《島嶼邊緣》是一本不依賴任何商業或政治集團的雜誌。因此《島嶼邊緣》急需讀者長期訂閱，也設立了贊助專戶，希望藉此建立有別於文化商品通路的發行管道，使台灣的另類思考能夠存活及傳播。

劃撥帳號戶名：蔡其達 14868402

——《島嶼邊緣》，第三期：一四四頁

因此，對不支付稿酬的《島嶼邊緣》來說，每期最大的開銷就在印刷上，「這些年來印刷價格沒什麼變，但以物價來算，以前的印刷成本算高。」一期的印刷成本要七萬塊，儘管因為賣得好，每期都有些進帳，但仍有入不敷出之感。

於是必須拉廣告。但《島嶼邊緣》的廣告仍多是自己人下的，如桂林書局，而有幾期防潮箱的廣告則來自王浩威的姊姊。「那一萬塊的廣告，便可支撐一些開銷。」姚立群表示，以前都會去估算這些錢，也像是在柴米油鹽裡，最後收刊時還剩七萬元，就是剛好再印一期的費用。

終於撐到無法維持的景況，《島嶼邊緣》決定收刊。

「創刊時，我們沒有想太多，本想出個一年再說，或許就用季刊型式。」王浩威表示，卻不料賣得不錯，就一直持續下去了。

但在王浩威看來，這群人本來就很分散，各有自己的位子，也沒想過對話，「僅僅只是把雜誌辦好就好」。因為是理論結盟，於是也不會想到要有行動和影響力，也因為是鬆散而開放的組織，所以，「有人會說自己是新潮流的人，但沒人會說我是島嶼邊緣的人」。

因此，當本身工作和研究越來越多，自然也就忙自己的事，缺稿情況越來越多，自然無法應付出刊，「加上後來有些關係緊張。收刊，也算是好聚好散。」

「先是卡維波和何春蕤說要停刊的。」吳永毅回憶，因為手邊能做的東西都做完了。

在姚立群等參與較多的編務人員心中，編輯會議向來很平和，唯一討論很久的就是停刊這件事。王浩威傾向繼續辦，而其他人要不沒意見，要不就是想要停刊，「因為大家都太忙了，稿件生產很慢。」

「我和瑪琍曾討論過如何改版、如何做得更好，本來有很多想法和計畫。」姚立群說，那時已經有《破報》了，但在《破報》還沒創刊時，他們就想做很大的開本，「當然，只是討論而已，沒有付諸實行。」

收刊後，《島嶼邊緣》的成員仍各就自

4 島嶼相本｜另類文、圖創作，性質類似專欄尚有「延異／詩牆」、「島嶼繪本」、「違章學校」、「大便報」，有時也會成為當期主題的一部分。

5 妖言｜前期主題「女人國・家（假）認同」衍伸單元。

己的位置戰鬥，有些人加入了台社（《台灣社會研究季刊》），有些人進駐了《破報》，還有人成立了國際邊緣網站，在「國際邊緣的前世今生」網頁中，直接點明了「國際邊緣繼承了島嶼邊緣的精神，並在新世代繼續轉戰。網羅了台灣社會研究季刊等知名社團加盟。」

如王浩威所言「沒有人會說自己是島嶼邊緣的人」，《島嶼邊緣》一開始並不是為了創辦刊物聚合，也不是為了成立組織，在各做各的，各自來來去去間，以浪遊、游擊等方式，進行顛覆的、前衛的思想引介，在每個人的正職、各自的生涯經營中，這本刊物僅是標記一個曾經的理想火光，打著「先做一年」的計畫，進行一個未知的嘗試。

也因為如此，在訪談中，受訪者屢屢表示：「我都已經記不清楚了。」《島嶼邊緣》是他們人生的一個記憶碎片，一個熱情的過往，沒有那麼投入，也沒有那麼全心，於是成就了這刊物的特立獨行的歷史地位，而眾人依然在自己的位子戰鬥著。■

島嶼邊緣　下月創刊

記者林英喆／報導

1991-08-24／民生報／14版／文化新聞

一本以介紹西方社會、政治運動，並針對本土相關議題，介紹西方類似議題上的討論的雜誌《島嶼邊緣》將於下月創刊，希望能成為九〇年代台灣最前衛的、本土國際視野的理論實踐刊物。

《島嶼邊緣》雜誌的成員大都是年輕的學者，媒體及文化工作者，他們認為近年來台灣反體制意識形態的資源如女性主義、後結構主義及馬克思主義等，大部分是大陸譯本的叢書複製，基本上缺乏扣合現實的觀點，更沒有進一步提供理論工具以為邊緣弱勢團體及反對運動所運用。所以才計畫以期刊方式，藉此結合思想運動分子，不斷突破思想運動的範疇。

《島嶼邊緣》初期將以專題方式出版，讀者群暫時鎖定以知識分子、關切文化運動、社會運動者為主。

6 **畸片庫**｜評論近期電影、書籍和戲劇，
尚有「邊緣書評」、「衍聚」(劇評)，輪流刊出。

7 **本吐話**｜非主流「本土」論述的文化評論、
歷史研究等文章。

8 **邊緣戰爭**｜針對邊緣、後正文、南進政策論述
的論戰文章。尚有「戰爭機器」單元，輪流刊出。

邊緣角度思考，把左派拿回來

黃孫權×行人編輯部

假台灣人

期數——八
時間——一九九三年七月
篇幅——九十四頁（p14-p107）
內容——一九九三年，台灣社會族群已成對立之勢，李登輝接連提出「四大族群」、「命運共同體」、「新台灣人」等論述，《島嶼邊緣》策畫「假台灣人」專輯，企圖以詼諧的族群認同，嘲諷當下主流的族群意識，並對前述政治論述提出邊緣左翼的批判。此專輯以一篇「評『外省台獨』」開場，「假台灣人：台灣第五大族群」定義何謂「假」台灣人；「大家作夥當台奸！」、「影像模糊的台灣人造形」、「想我眷村的兄弟們」、「《解構台灣》序：發現外省人」，以及高重黎的「家庭電影：一部八厘米電影短片的畫外音」重新辯證所謂台灣人、外省人形象究竟為何。「筆談」為此專輯一實驗性嘗試，以邀稿回覆方式就此議題「經驗、論述與策略」面回覆。最後「『假台灣人』專輯說明及書目」為本專輯進一步釋義。西方思潮引介方面，有「國族意構情結的『返祖性』（Atavism）及其認知構陷」，以及翻譯霍布斯邦「一七八〇年以來的民族與民族主義」導言（節譯），及霍爾的「最少的自我」（Minimal Selves）。

本專輯為《島嶼邊緣》首次採取雙封面的設計，也第一次與大便工作室合作，製作「假台灣人寫真集」為本專輯插圖。

黃——這個題目在那個時候非常有趣。當時遇到兩個問題，一個是李登輝的新台灣人，另一個是陳其南在做的社區總體營造。對應到台灣社會開始在談「台灣人」、「愛台灣」什麼的，學運社群裡也開始有些氣氛出來。所以專題裡會故意提小偷、竊盜、色情什麼，就是要瓦解「台灣人＝好人」的概念：如果一個人不是好人他就不是台灣人嗎？一個人不會說台灣話、沒有好的文化教養，就不是好人嗎？它從非常底層、邊緣的角度來重新思考：我們要一個什麼樣的台灣國族？什麼樣的台灣文化？

（原刊於目錄頁）封面人物L. A. Boys，鄭南榕與蔣經國；這些人都曾經在假台灣人意識形成過程中浮現。在假台灣人的歷史中，不論是鄭成功或「原宿族」（模仿日本原宿文化的台灣青少年），均曾以「偽裝」方式，或「想像」方式、「模仿」方式、「模擬」方式來認同「台灣人」身分。在今天台灣，假台灣人則是以「諧擬」方式來認同「台灣人」、來「摻假」台灣人。

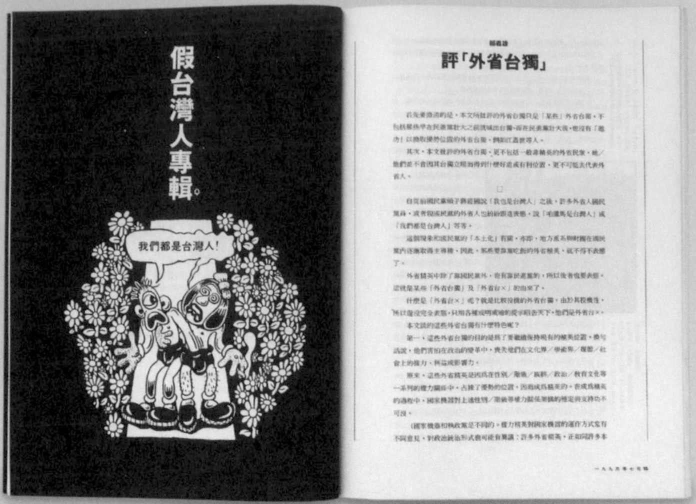

假台灣人專輯。

評「外省台獨」

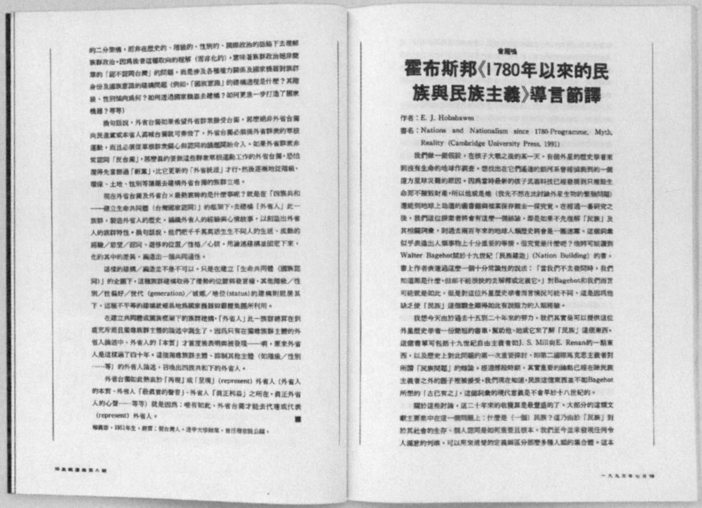
霍布斯邦《1780年以來的民族與民族主義》導言節譯

作者：E. J. Hobsbawm

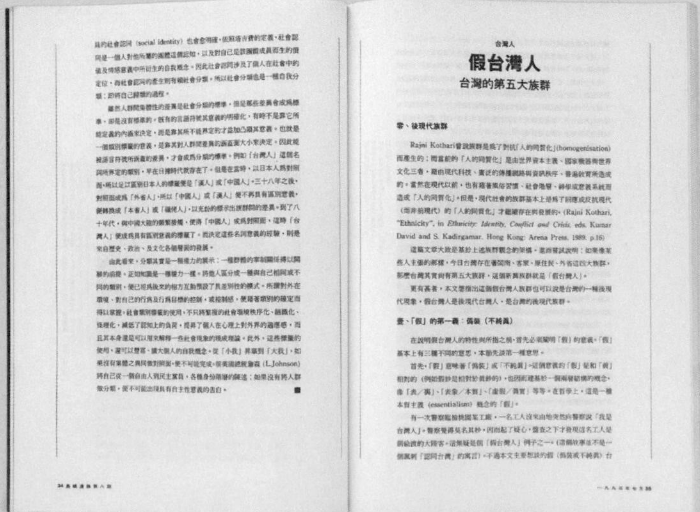
假台灣人

台灣的第五大族群

● 與《島嶼邊緣》其他專輯相較，此專輯翻譯引介比例明顯較低，僅有霍布斯邦「一七八〇年以來的民族與民族主義」導言（節譯），及霍爾的「最少的自我」(Minimal Selves)。

（原刊於18頁）這樣的建構／編造並不是不可以，只是在建立「生命共同體（國族認同）」的企圖下，這種族群建構取得了優勢的位置與發言權，其他階級／性別／性偏好／世代（generation）／城鄉／地位（status）的建構則屈居其下，這種不平等的建構就輕易地為國家機器與霸權集團所利用。

● 「假」基本上有三種不同的意思：偽裝（不純真）、模擬、諧擬

（原刊於44頁）……這一族群卻不能形成一個主體位置，也不能主動建構自己，它只是其他族群在各自建構時無可避免的「副產品」——當作為生命共同體的四大族群在建構自己時，也同時建構了「假台灣人」。

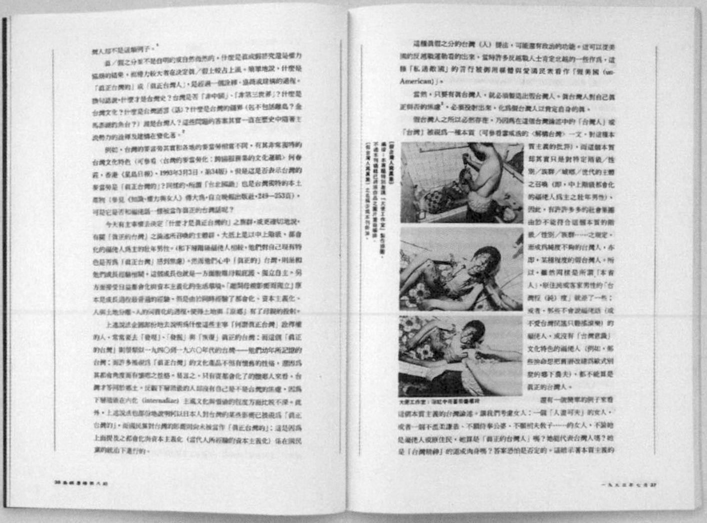

● 主文中穿插大便工作室投稿、再經此刊編輯重新編排的「假台灣人寫真集」另類藝術創作。

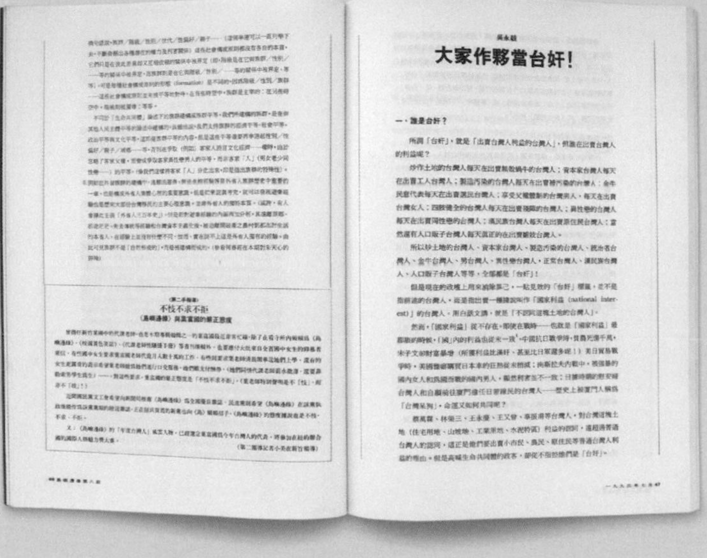

（原刊於49頁）……社運弱勢團體主張人民是民主邊緣戰鬥，必然拒絕進入中心，拒絕被國家機器收編，所以是「非國家機器（a-statist）」的。

如果台奸是出賣「台灣利益」的人，那麼社運弱勢團體才是「真台奸」，因為我們隨時都在準備出賣不管叫什麼國的台灣國家機器利益！

假歪省人

我們都不是台灣人

台灣人出頭天！台灣人行遍天下！台灣人當家作主！
全世界都目光金金地看台灣人！
想必你已經對上述說法耳熟能詳了吧。
可是仔細想想，你出頭天了嗎？
你行遍天下了嗎？你的錢有淹腳目嗎？
你當家作主了嗎？
如果你的答案和我們一樣都是否定的，
那麼很明顯地：我們都不是台灣人。

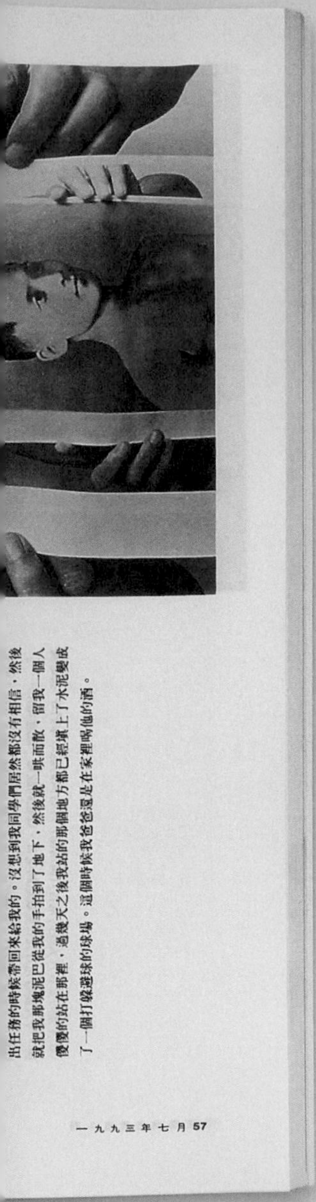
出任務的時候帶回來給我的。沒想到我同學們居然都沒有相信，然後就把我那塊泥巴從我的手拍到了地下，然後就一哄而散，留我一個人傻傻的站在那裡，過幾天之後我站的那個地方都已經填上了水泥變成了一個打線球的球場。這個時候我爸爸還是在家裡喝他的酒。

一九九三年七月57

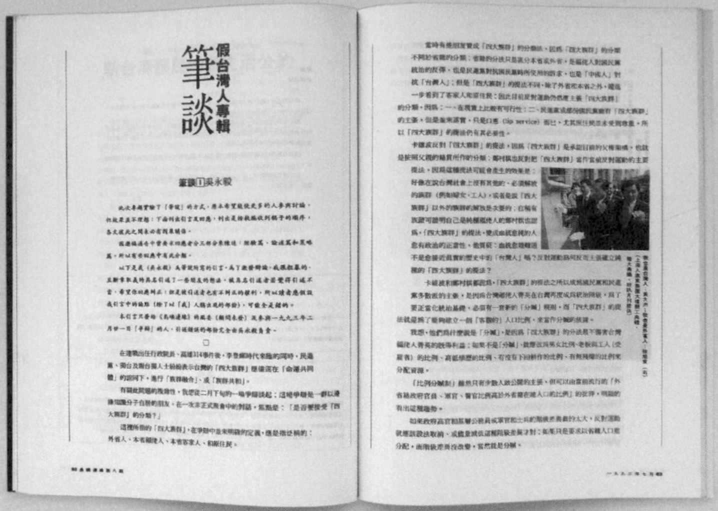
假台灣人專輯

筆談

筆談①吳永毅

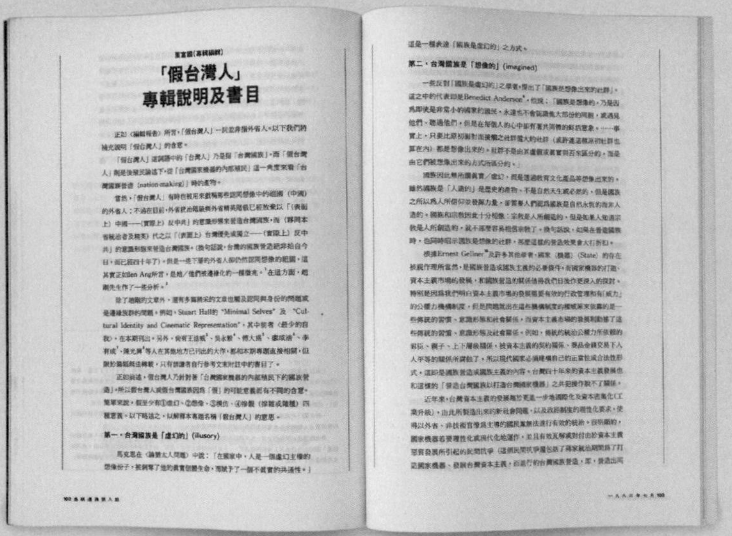
「假台灣人」專輯說明及書目

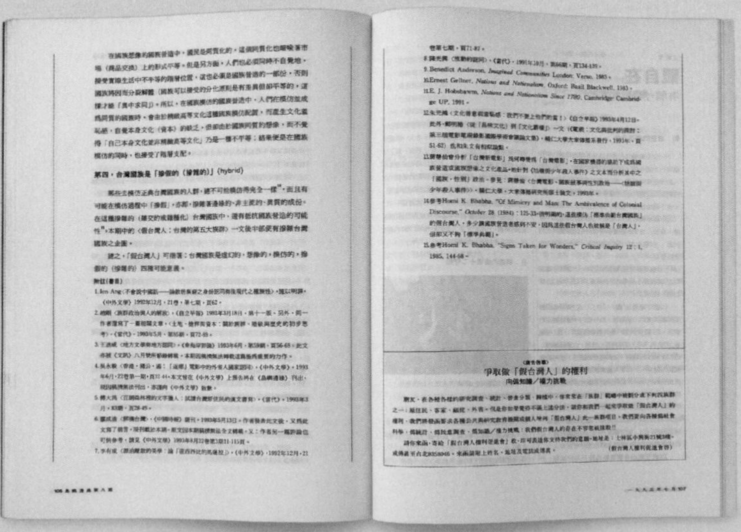
爭取做「假台灣人」的權利

●此專輯原本設計為「外省人專輯」，是為了對應一九九二年八月「外省人台獨協進會」的成立，但後來稿件難以用「外省人」概念涵蓋，許多甚至企圖顛覆「生命共同體－外省人」論述，所以改為「假台灣人」專輯。「筆談」單元即在談論台灣族群認同的歧異性。

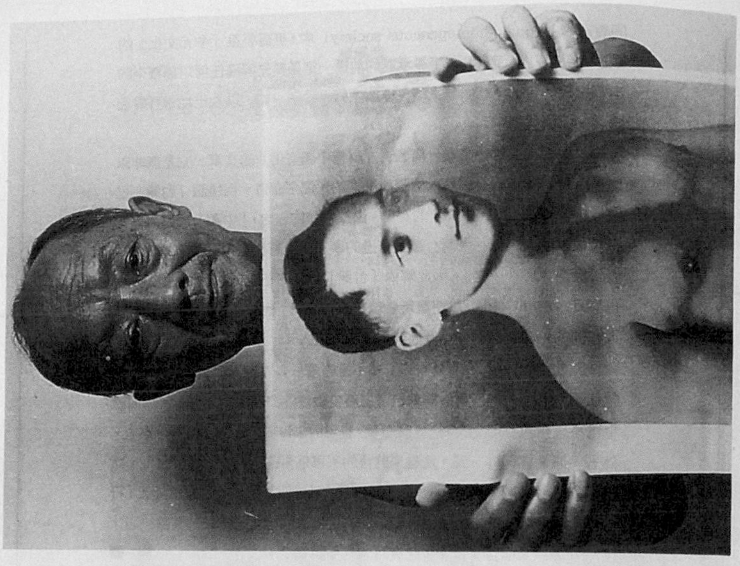

高重黎

家庭電影

一部八釐米電影短片的畫外音

高重黎，1958年在台灣台北出生。他的父親是一位來自中國山東的國民黨老兵，母親則是一位本地的婦女。他的家庭形態，彷如一部國民黨政權離開中國大陸以後的反映，在台灣這個島上，這樣的家庭衍生出了一頁新的歷史。

歷史不應該只是被國家寫的，而應該是刻劃在每個人的「身體」上。從高重黎的《家庭電影》中，我們看到了他的父親，也是一位垂垂老矣的國民黨老兵的「身體」上，不只刻下了當時國民黨軍人流行的愛國宣傳的刺青，他的「身體」也與這個島上的女人結合而生殖出第二代，是高重聚與他的姊妹們。這部電影讓我們重新思考父親來自中國大陸的戰後第二代，他們是如何看待父親「身體」所刻下的中國歷史呢？（王墨林）

56 島嶼邊緣第八期

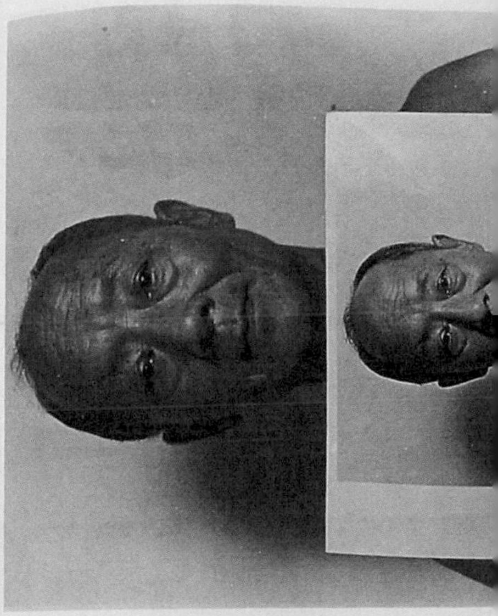

我父親除了人之外，和他最親近的應該是酒。

從小就最記得，我和姊姊都會去幫父親買酒，大概是因爲年紀小的關係，所以，捧在懷裡或者是拎在手裡的大白酒還真是個負擔。所以有時候一不小心會把酒打破在路上，回家的下場，有時沒事，有時則會挨一頓打，而我的反應是，棍子既然落在身上，當然是大哭大叫，而我姊姊的反應比我父親更誇張，有一次父親並沒有打姊姊，然而姊姊的反應居然是死命的拉扯著自己的頭髮，祇見那斷髮抓得滿手都是，並且還咬嚙著床頭上的木條，祇見那木條上留下了一塊深深的齒痕。那個時候姊姊大概是5、6歲，而我也祇是3、4歲的樣子，我父親還是天天的喝酒，吃飯的時候總是離不開大白酒。

◆

我入學前，最讓人覺得納悶的一件事就是我們家講的話都和鄰居們不大一樣，倒是母親還常與鄰居們聊天，我的鄰居最常對我說的一句話就是——「你們看這個小孩實在僫劣！（閩南語）

正如前述，假台灣人乃針對著「台灣國家機器的內部殖民下的國族營造」。所以假台灣人或假台灣國族因為「假」的可能意義而有不同的含意。簡單來說，假至少有虛幻、想像、模仿、摻假（摻雜或雜種）四種意義。以下略述之，以解釋本專題名稱「假台灣人」的意思。

歷史不應該只是被國家寫的，而應該是刻劃在每個人的「身體」上。

島嶼邊緣
NO.9
ISLE MARGIN 1993.10
島嶼邊緣
與女同性戀團體
首度結盟
女人國・家認同
9 女人國・家認同

女人國‧家認同

期數——九

時間——一九九三年十月

篇幅——一二一頁（p3-p99、〔封底起〕p1-p24）

內容——這個專題提出了三個問題：女人是什麼、國／家是什麼、女人的國／家認同是什麼。專題開場為「女人國／家認同宣言」，內容分三個部分，第一部分為論述，「認同與背離——談言情小說中的異國戀情」、「台灣女詩人眼中的『國家』」從文學角度切入；「女人和國家認同」、「婦女也是國民嗎？」、「人權性別化的探討」、「異性戀思維（法統）」則是思考女人在國／家的典型寓言中是，如何被置放、使用，其與國／家中其他邊緣弱勢者的關係為何。

第二、三部分則是以創作的形式，多方面表現此一主題，除小說、詩作，也刊載吳瑪琍相關概念裝置作品。情欲對話「妖言」、諧擬的運動說明「波波相連，莫之能禦」和女權文宣「馬路小天使路邊報導」。大便工作室圖像創作「打掃時間到囉！」則是以更KUSO諧諷的方式，呈現對此主題的態度與詮釋。

此專題採雙封面設計，封底翻開為女同志刊物《愛福好自在報》第一期，二十四頁，主題強調女性及女同志的情欲自主。

- 封面標題「女人國‧家認同」的「家」字上疊印了「假」字，所以專輯名稱可讀為「女人國家認同」、「女人國–家認同」或「女人國–假認同」，呈現女人認同的歧異性。
- 延伸：第十期「Queer 酷兒」、第十四期「色情國族」。
- 差異：第二期《科學‧意識形態與女性》著重學術中女性的性別角色的出現，以及女性主義與反啟蒙。

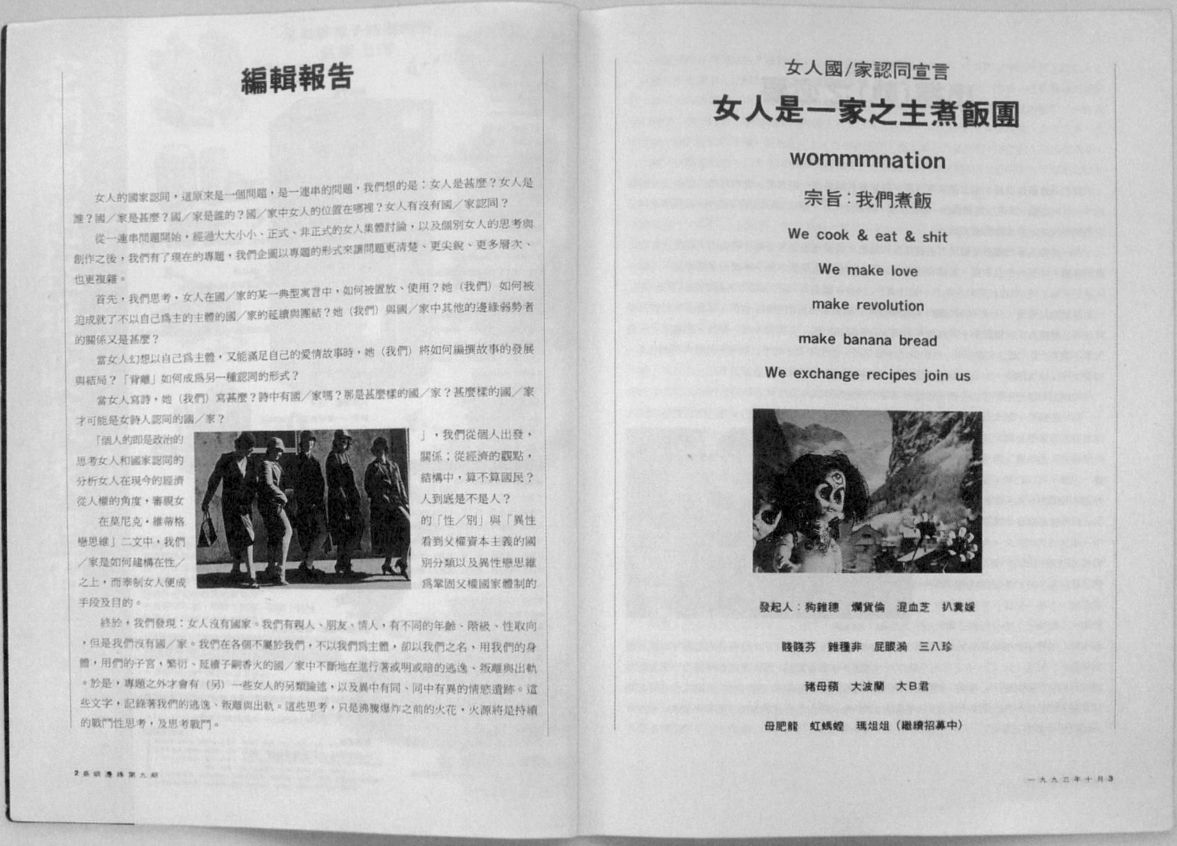

編輯報告

女人的國家認同，這原來是一個問題，是一連串的問題，我們想的是：女人是甚麼？女人是誰？國／家是甚麼？國／家是誰的？國／家中女人的位置在哪裡？女人有沒有國／家認同？

從一連串問題開始，經過大大小小、正式、非正式的女人集體討論，以及個別女人的思考與創作之後，我們有了現在的專題，我們企圖以專題的形式來讓問題更清楚、更尖銳、更多層次、也更複雜。

首先，我們思考，女人在國／家的某一典型寓言中，如何被置放、使用？她（我們）如何被迫成就了不以自己爲主的主體的國／家的延續與團結？她（我們）與國／家中其他的邊緣弱勢者的關係又是甚麼？

當女人幻想以自己爲主體，又能滿足自己的愛情故事時，她（我們）將如何編撰故事的發展與結局？「背離」如何成爲另一種認同的形式？

當女人寫詩，她（我們）寫甚麼？詩中有國／家嗎？那是甚麼樣的國／家？甚麼樣的國／家才可能是女詩人認同的國／家？

「個人的即是政治的」，我們從個人出發，思考女人和國家認同的關係；從經濟的觀點，分析女人在現今的經濟結構中，算不算國民？從人權的角度，審視女人到底是不是人？

在莫尼克・維蒂格的「性／別」與「異性戀思維」二文中，我們看到父權資本主義的國／家是如何建構在性／別分類以及異性戀思維之上，而宰制女人便成爲鞏固父權國家體制的手段及目的。

終於，我們發現：女人沒有國家。我們有親人、朋友、情人，有不同的年齡、階級、性取向，但是我們沒有國／家。我們在各個不屬於我們，不以我們爲主體，卻以我們之名，用我們的身體，用們的子宮，繁衍、延續子嗣香火的國／家中不斷地在進行著或明或暗的逃逸、叛離與出軌。於是，專題之外才會有（另）一些女人的另類論述，以及異中有同、同中有異的情慾遺跡。這些文字，記錄著我們的逃逸、叛離與出軌。這些思考，只是沸騰爆炸之前的火花，火源將是持續的戰鬥性思考，及思考戰鬥。

2島嶼邊緣第九期

女人國／家認同宣言

女人是一家之主煮飯團

wommmnation

宗旨：我們煮飯

We cook & eat & shit

We make love

make revolution

make banana bread

We exchange recipes join us

發起人：狗雜穗　爛貨倫　混血芝　扒糞媛

賤賤芬　雜種非　屁眼渦　三八珍

豬母蘋　大波蘭　大B君

母肥龍　虹螞蝗　瑪俎俎（繼續招募中）

一九九三年十月3

（原刊於6頁）出櫃改變了出軌的意義，如同女人出軌改變攻陷了家／國的種種藩籬。

女人國／家認同宣言
女人是一家之主煮飯團
Wommmnation
宗旨：我們煮飯
We cook & eat & shit
We make love
make revolution
make banana bread
We exchange recipes join us

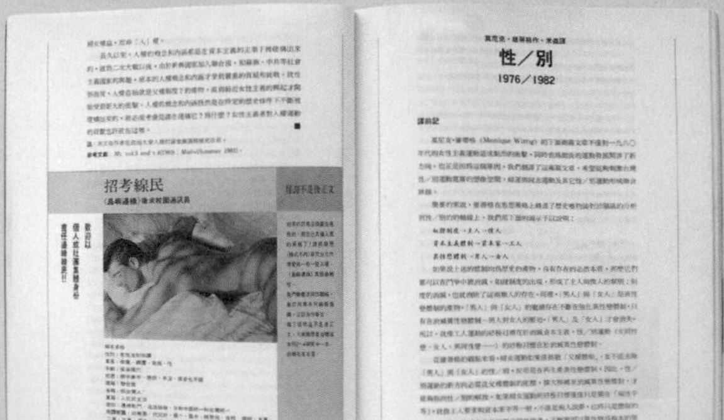

招考線民

性／別

1976／1982

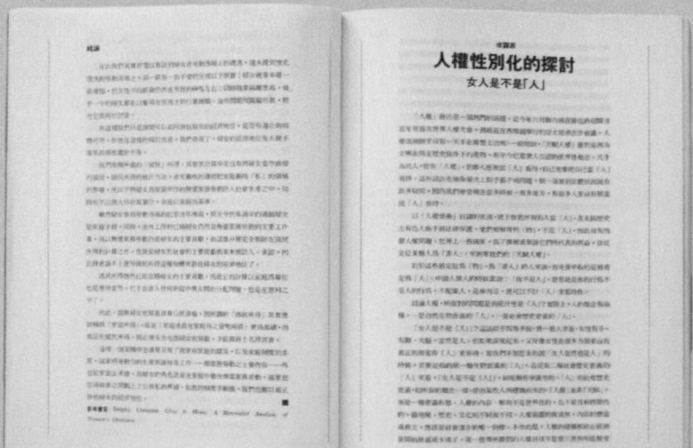

人權性別化的探討

女人是不是「人」

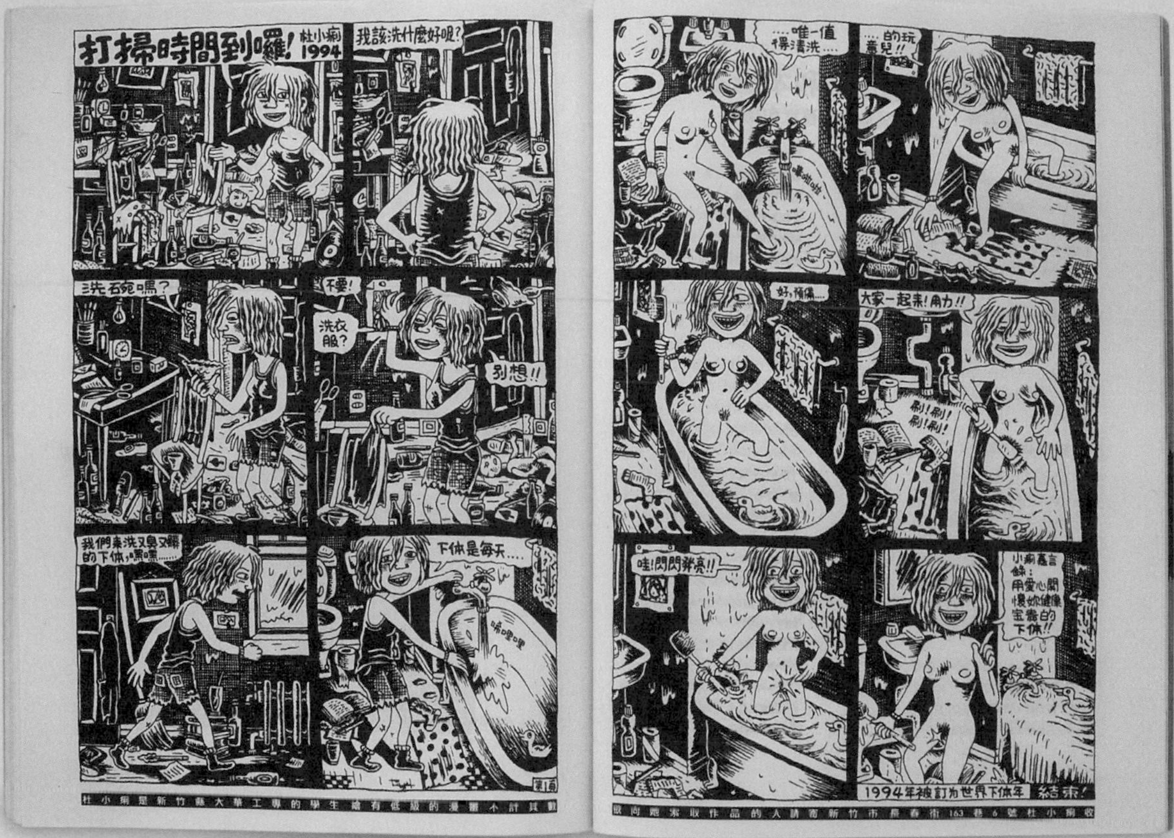

●《島嶼邊緣》後期偏向「後正文」、「情色」、「妖言」的部分，雖然並非是所有編輯成員認同的走向，甚至可以運用的書寫策略，但確實被外界標籤為《島嶼邊緣》的風格。

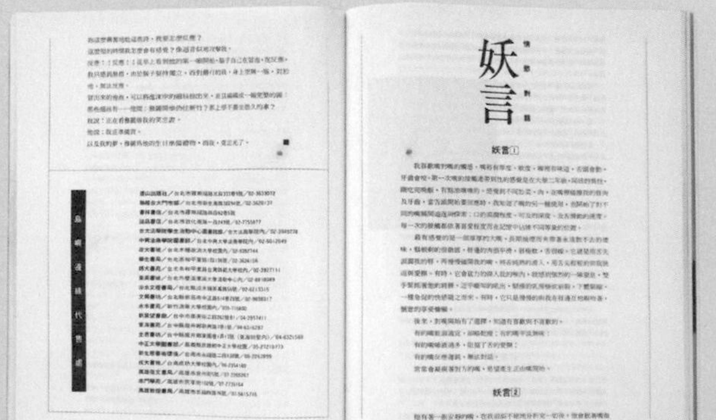

●「愛福好自在報」，
在《島嶼邊緣》「倒著編」，
除了以編輯手法強調女同志的現身，
凸顯「女同志」在婦女運動中
的差異性和主體性；
也標誌「女同志」在婦女運動中
「不正」的邊緣位置。

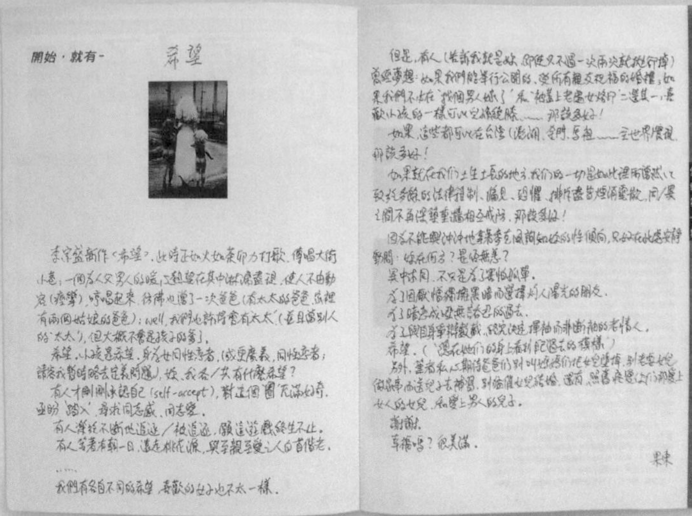

鏡子對她的重要性，可能不下於魔鏡之於白雪公主的后母吧！然而「照鏡子」這件事帶給她的意義，並不是只看到外表的美麗，忽視自己內心的醜陋。而是，除了往記憶裡去尋找外，她更可以從鏡子裡的自己，看到那些她最近又迷戀上的女孩。說穿了，即是披著愛情外衣的Narcissus，從他與自己擁抱的水墳裡復活了。

魔鏡，魔鏡，是否在某個地方，有某個人，愛我？

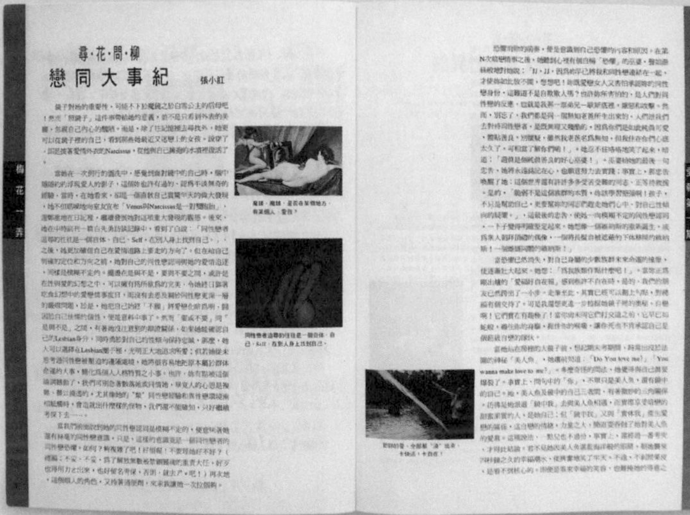

二女在眾目睽睽下擁吻，根據刑法第二三四條：公然為猥褻之行為者，處拘役或一百元以下罰金。所以，我每在公開場合親吻女友乙次，若未被舉發，等於賺到了六百元。祝女同志們　多多發財！

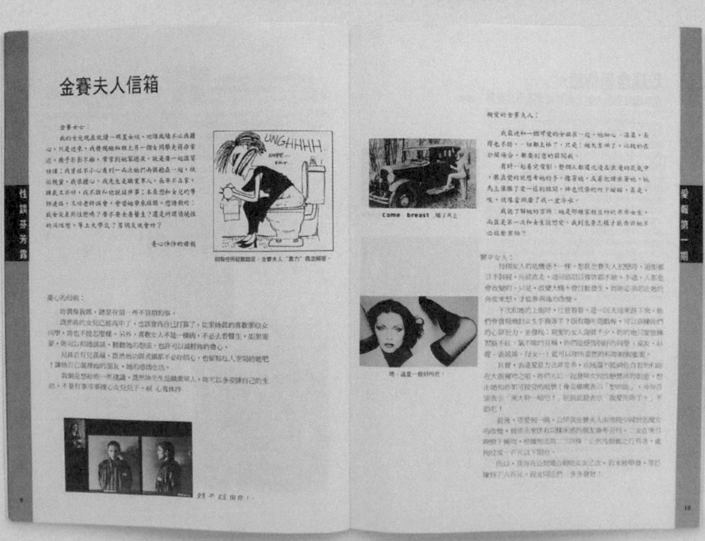

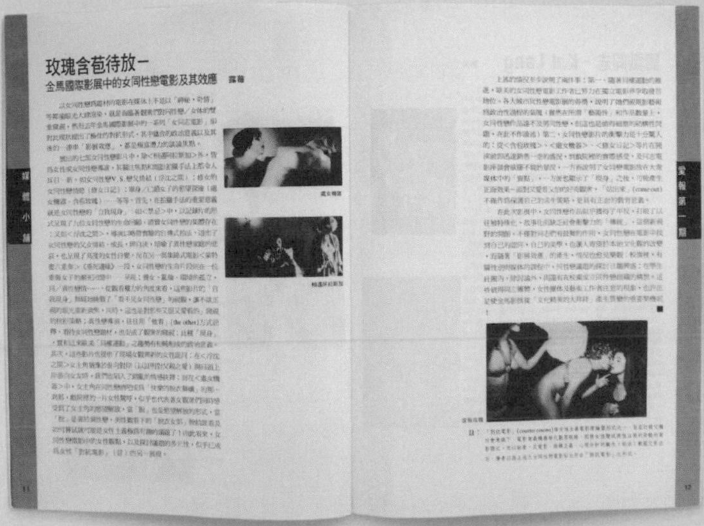
玫瑰含苞待放－全馬國際影展中的女同性戀電影及其效應

在此次影展中，女同性戀作品似乎獲得了平反，打破了以往被特殊化、故事化而缺乏社會衝擊力的「傳統」，這個新視野的開創，不僅對同志們有鼓舞的作用，女同性戀在電影中找到自己的認同，自己的美學，也讓人寄望於本地文化觀的改變，而隨著「影展效應」的產生，情況也愈見樂觀……

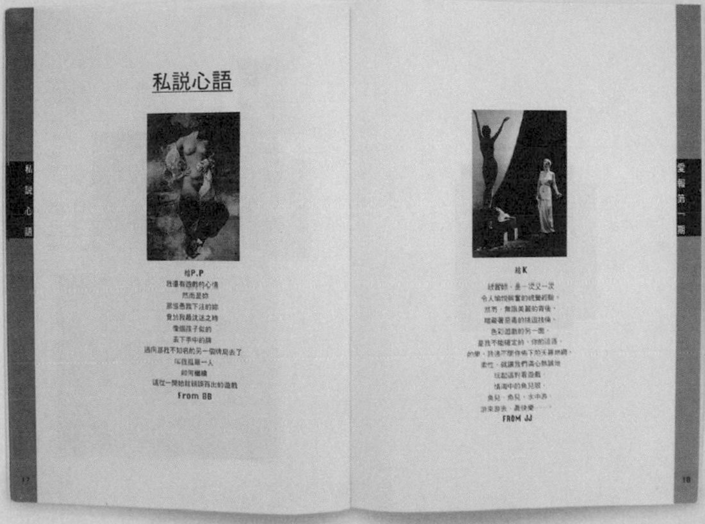
私說心語

給P.P

From BB

給K

FROM JJ

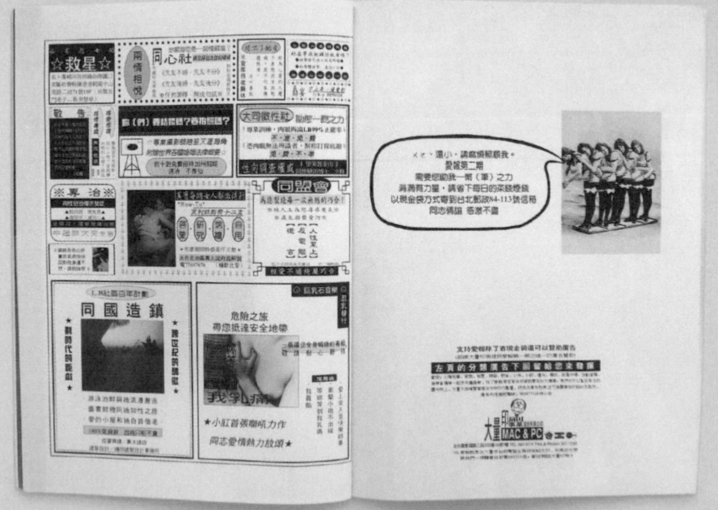

專治※同性戀恐懼併發症
▲輕同眼・欺兔唇▲
▲侮同手・滅同心▲
免開刀・擂射無痛治療
牛超群大夫主治

黃——《島邊》題目可以分幾種，葛蘭西、民眾音樂、保衛阿圖塞、激進神學屬於古典的題目。德希達、廣告、閱聽人、商品、身體氣象、女人國、酷兒，偏後現代。原住民、假台灣人、色情國族則是貼近本土，比較是《島邊》後期典型的選題方向。

期數——十一

時間——一九九四年六月

篇幅——九十三頁（p5-p97）

內容——相較於書籍、報刊、電影、電視廣受各方重視，聲音媒體似乎乏人問津，但卻也因為此邊緣化、離心化的過程，反而占據了有利的戰鬥位置。基於此，《島嶼邊緣》製作「民眾音樂」專輯，主要以翻譯引介方式，介紹八〇年代以來逐漸成型的「民眾音樂研究」。三篇翻譯文章分別為：佛瑞茲（Simon Frith）的「邁向民眾音樂美學」、Reedee Garofalo「自主性是如何相對的——民眾音樂、社會形構與文化抗爭」，以及Steve Redhead、John Street的「我有權力嗎？——民歌政治策略中的正當性、原真性與社群」。同時特別介紹美國文化研究學者格羅斯柏格，並譯介其「『我寧可痛苦也不願麻木不不仁』——搖滾：快感與權力」

編輯報告中同時解釋，礙於篇幅，關於本土音樂課題的發掘與深化，將以「另翼岸譜——台灣民眾音樂研究群」組織進行，並於之後《島嶼邊緣》陸續刊出。

民眾音樂研究初探

黃——在十七世紀英國，「The Popular」指的是一群有公民投票權的人，所以基本上是一個公民權的概念，到十九世紀才變成流行的、大眾的意思。所以用「民眾音樂」，基本上是把流行音樂的「流行」拿掉，重新換成左派習慣的語言，民眾。他們想把左派拿回來。

捨棄「搖滾樂」而改採定義更寬鬆的「民眾音樂」（popular music）為題，一方面是要呼應八〇年代起已於全球各洲浮現成型的新學科——民眾音樂研究，另方面也是要拒絕任何特定音樂形式必然具備解放／共謀本質的想法。

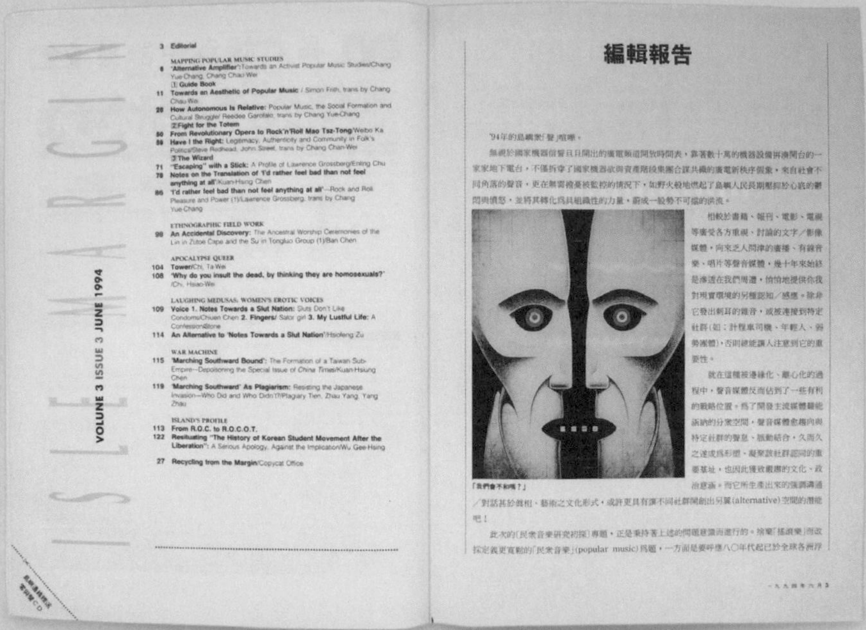

ISLE MARGIN

VOLUME 3 ISSUE 3 JUNE 1994

編輯報告

'94年的島嶼邊「聲」喧嘩。

「我們會不和嗎？」

（原刊於9頁）這是一種社會運動

另翼岸譜

……導因：對於台灣現存主流音樂體制的不滿。解決不滿，需要一種另翼的體制與文化——另翼的音樂社群、另翼的傳播與流通網路、另翼的詮釋觀點。

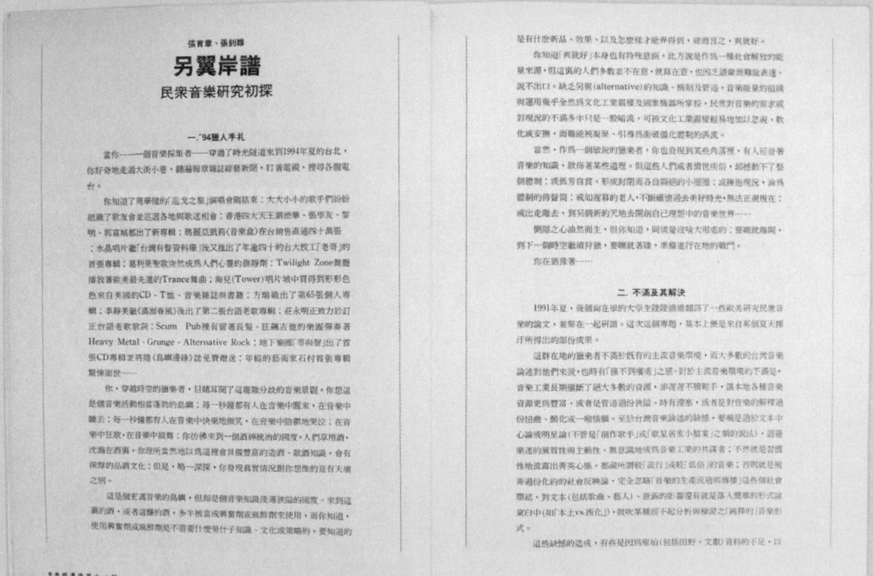

張育章、張釗維

另翼岸譜

民衆音樂研究初探

一、'94獵人手札

二、不滿及其解決

黃──這些東西那時候看覺得很好，現在看就覺得不夠，我們並沒有用自己的語言重新梳理出台灣的狀況。一是沒有對台灣當時的音樂環境做檢討，再來如果要講民眾音樂，應該要接到胡德夫這些人。沒有當代，也沒有歷史，只是單純的介紹。這有點可惜，它有提出一些觀點，可是並沒有真正造成影響。

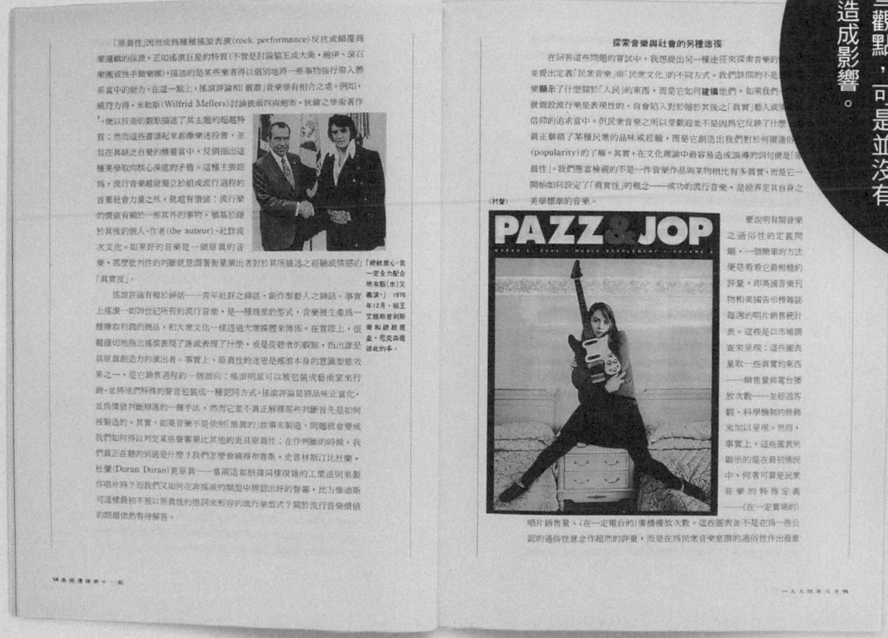

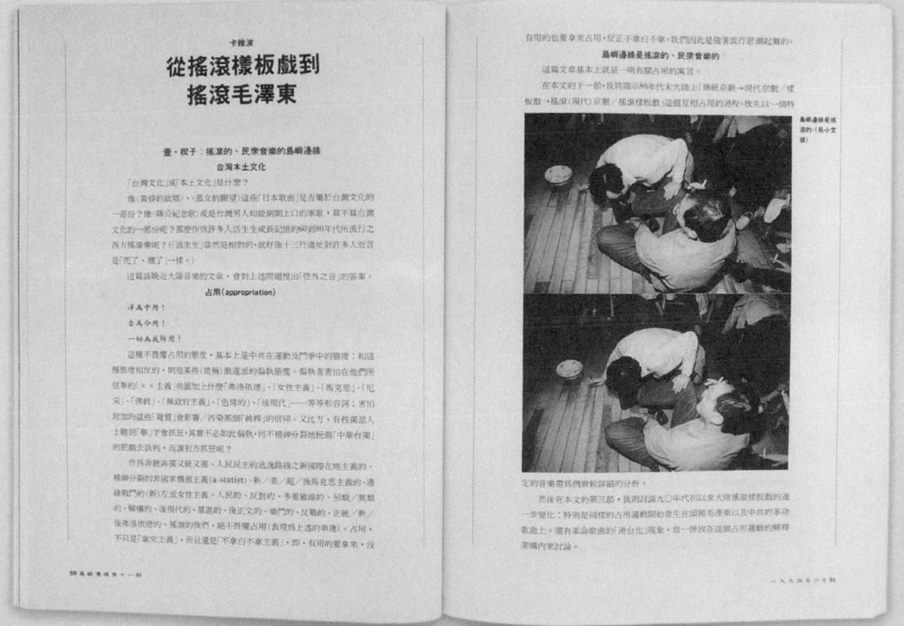

相較於他人所聽的莫札特，我聽阿巴合唱團的曲中價值獲致的快感真能與其有著同等的美學份量嗎？……我們如何對音樂價值做出評判？這些價值評判又是如何與相關聆聽經驗連接呢？

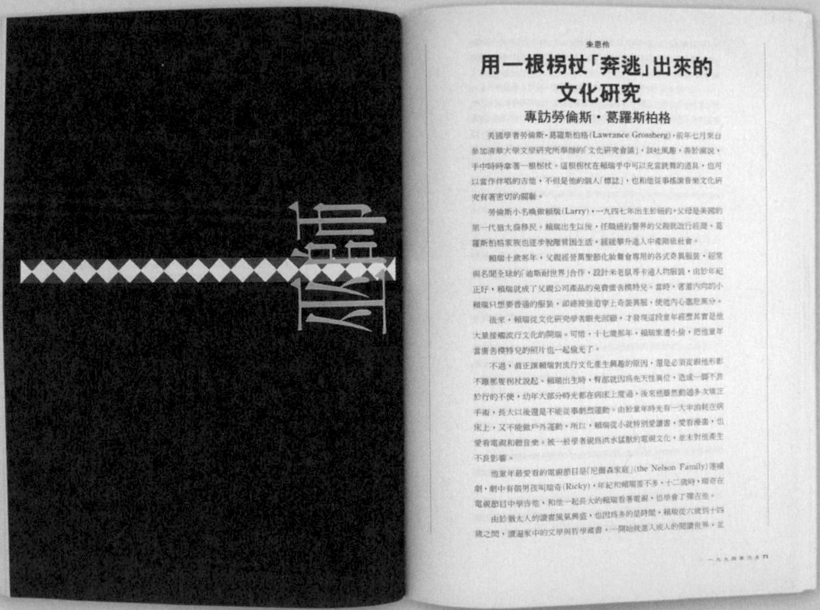

（原刊於76頁）他處理搖滾樂時，始終保持兩個方向，一個從哲學與理論的角度來談文化理論，另一個是將搖滾樂視為文化研究的實例，來談搖滾樂的文化意義。

（原刊於76頁）過去的文化研究理論都用來解釋視覺媒體，例如電影、電視或小說，從未處理聲音。所以，他試圖從搖滾樂研究發展出一套音樂文化研究理論。

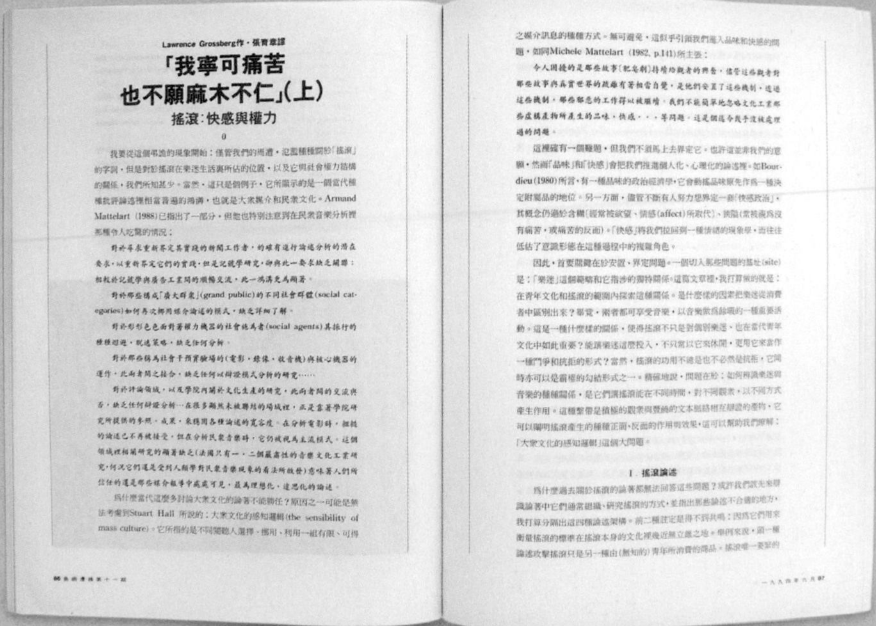
Lawrence Grossberg作・張育章譯
「我寧可痛苦也不願麻木不仁」(上)
搖滾:快感與權力
I. 搖滾論述

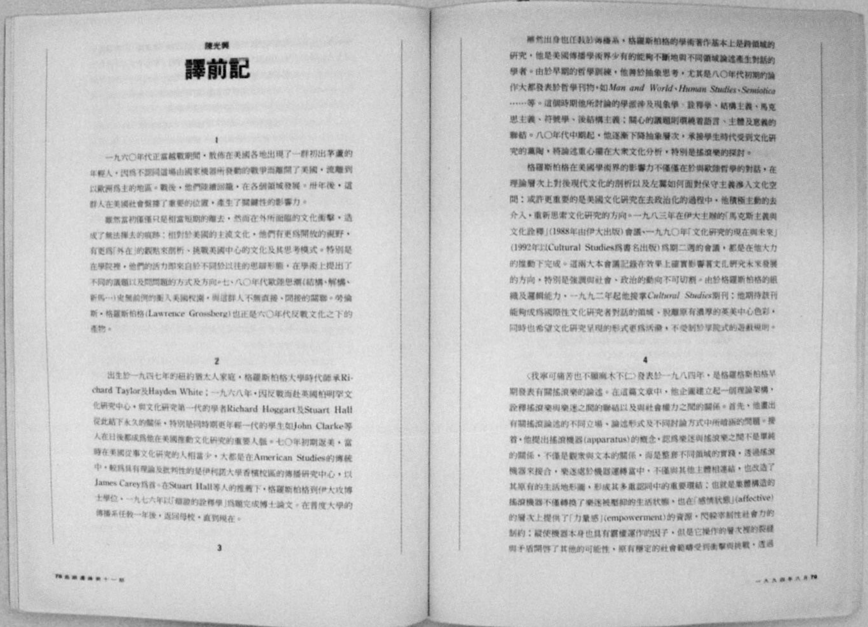
陳光興
譯前記

島嶼內思想的內爆

島邊記憶……

一

九〇年代的台灣，或許是近代最風起雲湧的時代。台灣政府結束了漫長的戒嚴，報禁解除，廣電媒體執照開放；每個人都成了脫韁的野馬，彷彿重新得到了某種自由，努力地把我們錯過的六〇年代、七〇年代，甚至八〇年代一口氣整個補回來。從一九八九年「野百合學運」，接著之後的「刑法一百條」，「反軍人干政」等社會運動……那是個每天都有事情發生的年代。在藝術文化上，我們有了另類文化的表演：「破爛生活節」、「後工業藝術祭」，清大的「衛生紙」、「大便報」；在性別議題上，「台灣校園同志日」開始舉辦，扮裝妖姬成為文化圖像，性別論述百家爭鳴；電視上開始出現扮裝比賽的節目；台大成立了第一個登記立案的同志社團。九〇年代也是台灣電音藥物文化，「春天吶喊」，網路文化，電玩文化開始萌芽之際。跨過解嚴到九〇年代，彷彿是一場時空大挪移；大家都企圖把過去的遺憾瞬間補齊。然而這種對於知識，訊息的渴盼，有時候也會消化不良，或者操之過急，例如一九九二年發生的「台大學生盜墓事件」，就是一群衝得太快的年輕人，在一個混沌時空下的魯莽決定。

但是，這種「魯莽」或許也正是九〇年代的精神之一，我們錯過的東西實在太多太多，向前亂衝是一種毫無自覺的行動，只有激進，其餘免談……在那氛圍之下，自然也產生了反向的影響力，產生一種不知如何是好的恐慌。在九〇年代那一片魯莽、混沌，和恐慌當中，我們極需要一個較有系統的論述整合的空間。就在此時，我們有了《島嶼邊緣》。

但唐謨
自由寫作、影評人

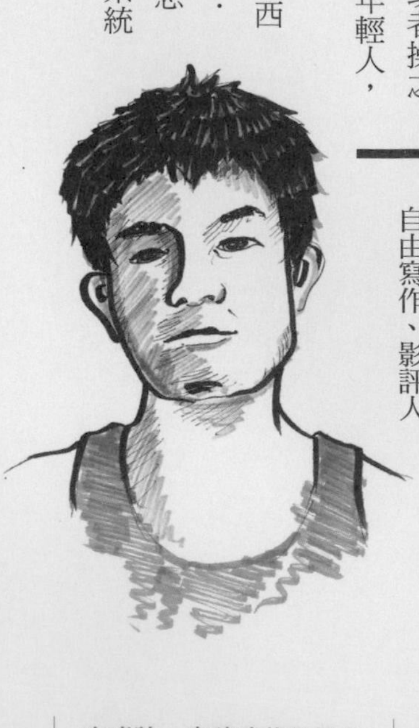

二

九〇年代初，我因為「台大盜墓事件」被退學，開始了更加混沌的人生，過去的遺憾還未補全，於是無限期延遲自己進入成人世界的期限，努力強迫自己吸收「享受」九〇年代的反文化養分，彷彿一個死纏爛打的討債鬼。當時的我，總是瞧不起會唸書、會得書卷獎的「那種人」。於是當《島嶼邊緣》出現的時候，我也是抱持著類似的態度：嗤之以鼻。但是，身為一個排隊看影展的小文青，總是擺脫不掉「知識分子的身段」。我還是在好奇之下，偷偷買了第一期的《島嶼邊緣》，但藏在書包裡面，不敢給同輩看到，怕被恥笑……就在這種荒謬的狀態下，我開始閱讀，也接受了《島嶼邊緣》。

直到現在，我還是必須承認，對於理工轉戲劇的我，《島嶼邊緣》中許多關於社會學，心理學的內容，我還是「看不懂」的；但是《島嶼邊緣》提出了一種完全另類，嶄新的批判觀點，尤其是對於邊緣族群議題的涉獵，讓知識貧瘠的我，大開眼界，彷彿在混沌中找到了一條小道，也減緩了長期處在邊緣位置的焦慮感。例如「認同」、「離散」、「主體」這些很基本的概念，如果在課堂上教授，我可能會故意睡覺；但是透過《島嶼邊緣》非常叛逆大膽而另類的論述風格，我竟然真的學習到了。《島嶼邊緣》確實改變了我的思考方式，就在這片懵懂混沌中，我也漸漸地融會貫通，建立出自己的風格，發揮在未來的寫作上。

三

混沌的九〇年代，我完全無法想像有一天自己會走上寫作的不歸路，更無法想像會在《島嶼邊緣》這樣的媒體上寫東西。但是機遇畢竟是奇妙的，當時認識了紀大偉、洪凌兩位非常勇於衝撞的年輕人，他們邀我共同書寫《島嶼邊緣》的「酷兒QUEER」專題。那時候金馬影展曾經做了一個「酷兒電影」單元，把「酷兒」（queer）概念引進了台灣。而我誤打誤撞參與的酷兒專題寫作，竟然成為了台灣同志文化的一部分。事隔多年，還是不斷地有人告訴我，他們是如何地被《島嶼邊緣》的「酷兒專題」所影響……

可是，我們（至少我）根本是在亂寫啊！當時只有「酷兒」的基本概念，那些更正統的酷兒論述，根本還沒學習到，然後就開始寫了，還在文章當中放了許多露骨的性器官照片，覺得很有趣很好玩。回頭再看，這份酷兒專題一點也不嚴謹，但是確確實實反映了九〇世代那種生猛大膽，不畏衝撞的活力。而且經過了這次的書寫經驗，我們都得到了成長，「酷兒」、「另類」從此內化成身體的一部分。儘管每次重新閱讀此文總是汗顏想找地洞鑽，但是還是很佩服自己可以那麼猛那麼酷，那麼不要臉。可笑的是，「酷兒」這個名詞後來竟然被賣可口可樂的太古公司搶走了專利，變成一種飲料。「酷兒」從此進入主流，我們竟然得到了一種混雜了荒謬和憤怒的成就感。

四

《島嶼邊緣》之後，是一個更加不可思議的時代，全球化時代來臨，網路變成生活中很大的一部分，混沌依然繼續。網路的來到，再度帶來「補足遺憾」的心理狀態。大家努力爬文，利用有限的英語能力，很辛苦很貪婪地大口吞嚥網路的知識訊息。直到一切都習以為常，生活回歸平靜，只有偶爾閱讀爬文時會靈光一現，胸口一熱，一絲激情呼之欲出；那激情的瞬間，彷彿就是當年似懂非懂閱讀《島嶼邊緣》的記憶，彷彿又回到了唐山書店的地下室……

從舶來的西方思潮中找方向

《島嶼邊緣》自民國八十年十月十五日至八十四年九月三十日，一共刊行十四期，當時正值唐山青壯期，唐山因緣際會地代理《島嶼邊緣》的發行。《島嶼邊緣》每一期都有一個主題（例如創刊號為葛蘭西專題，第十期為酷兒專題），出刊時每每引起廣大的討論與迴響，而且均能在極短時間內銷售一空。那時，正是個「美好的年代」，讀書風氣好，學生們多奮力讀書、吸收知識，急切地期望在舶來的西方思潮中，找尋出台灣的定位與方向；況且民國八十年代起，政府因應社會變遷廣設學校科系，誠如韋伯所言──學術作為一種志業，讀好書不僅成就自己，還有很好的機會進入學院作育英才，一展所學。《島嶼邊緣》雖然壽命不長，卻恰巧在這種氛圍中創造了它的地位，燃燒出了那個時代的光與熱。

陳隆昊
唐山書店店主

孽世代文化雜誌魂

《島嶼邊緣》最令人愛恨交織的地方，恐怕就是它思想話語軸線的內爆作用與歧路徘徊，或者說，這是一種島嶼的社運內爆學與新左翼的鬼魂徘徊學。像一群分裂與搞笑的學院賤民鬼魂，從原本低自製率的「翻譯、引介西方理論思潮」漂移，轉向「性別解放的後正文風格」。今天看來，那些圖文錯位、偏斜錯譯、自我調侃、鑄造新詞、淫圖穢語的部分，依然誘人。能夠前衛、但不結盟，抗拒「知識＝權力」的邏輯，讓知識與欲望一起噴發。對當時的一個哲學系研究生如我者，《島嶼邊緣》的幽靈，成了一個自未來不斷返迴當下的孽世代文化雜誌魂。

龔卓軍
哲學美學、藝術理論與評論工作者，文化翻譯者

好讀

旅行・科技與藝術・記憶的
神分析？・地圖的縫隙・網
值・何禁之有？禁書事件簿
・情人書・美味的關係・電
全球化，理想的生活？・面
支之華・大・自・然・極樂台
華・酒，及其所創造的・我
交織的閱讀・字遊字在・反
茶・遊習世紀——揭開電玩
麼事？・三十歲隨堂考・貧
的雜誌・The City・我們的
・design美好生活的誘惑・我拍故我在！・
年，音樂創業・新工作者群像・未來設計宣
夜森林・身心靈・新台客，正騷熱？・百鬼
・旅館，暫時的人生・台灣文化事件簿・We
移民，初體驗・影集才是王道！・T恤，我
城，台北踏查9種・品味戰爭：中國瘋時尚
來臨！・辦公室，創意學！・當我們Wii在
環島，上路吧！・夢幻住宅，理想之屋・嬉
U Go Go Go!!!・一覺，好眠……Sleep in・
視覺設計・寵物宣言・黑膠美學，復古流行

新世紀預言書・少女革命・當詩歌蔓延時・
斷層・科幻意境・新世紀・新性別・誰需要
路上升，虛擬生活實境・兒童製造，製造
・運動——我們熱愛的生活・無悔的雜誌人
影十月——甜蜜的革命・恐怖主義全檔案
向2002，崛起中的議題・不可忽視的人物
灣・島・語・錄・水問・狂歡詩學——我的嘉
和我創造的世界・家之旅・出版備忘錄・命
戰啟示錄・瘟疫，劫餘紀事・咖啡道VS.功
的封印・妖怪圖考・數位時代，建築發生了
窮，及其所創造的・讀一本小說之必要・理
城市，我們的欲望・Kid+Adult可愛力量大
史上No.1絕妙好歌詞・我的玩具情人・獨立
言・大話周星馳・尋慢味・在推理的天空下
夜行・紀錄片，新新浪潮？・在路上，我晃
Blog：當我們部落格・春耕，飲食的革命・
的身體宣言・漫畫進化論・2050設計老年・
・波西米亞・商人・影音成瘋，「全明星」時
一起・香港心事10×10 Hong Kong'97-07
皮，愛的經濟學1967-2007・御宅力量大OT
時尚・在地禮・好設計：2007不能錯過的影

好讀
2000.7 – 2008.4｜共86期

好讀

一本專業閱讀生活雜誌

採訪／撰文——諶淑婷

「當時誠品的氛圍自由，《好讀》無須畫地自限為一本僅止介紹閱讀的雜誌，我們可以作各種嘗試，挖掘主流媒體忽視或不願討論的議題。」

《好讀》從無到有、直至結束，蔣慧仙始終是這本雜誌的靈魂人物。曾在《破報》工作的她，彼時因緣際會與誠品合辦「夏日遊戲」系列活動（比如「街頭扮裝」），不同於主流社會的觀點與充滿開創性的熱情，吸引了當時誠品企畫部主管曾乾瑜的注意。

《好讀》創刊

一九八九年開幕的誠品書店，誕生於解嚴第三年，當時無論是閱讀出版或社會風氣，都充滿了亟欲改變、突破的氣息，誠品也因此被形塑成「另一種書店」。

一九九二年誠品推出以雙月刊形式發行的《誠品閱讀》，四年出版二十五期，後

因不堪虧損，一九九六年二月宣布停刊。曾乾瑜回憶：「一年虧三百多萬，訂戶也不多，怎麼算都很難繼續下去，只能選擇結束。」那一年，企畫部熱熱鬧鬧的舉辦了「當蝙蝠飛完時：誠品閱讀停刊」活動，為這本叫好不叫座的閱讀誌畫下了句點。

但誠品還是需要一個與會員溝通對話的管道。起初是一封簡單的信函，接著擴張成兩大張報紙，直到一九九九年誠品十週年，誠品敦南店開始二十四小時營業，曾乾瑜眼中生性浪漫的創辦人吳清友，決定「再試一次」，再度推出正式的紙本刊物。

這項任務交到了曾乾瑜手中。雖說《好讀》是專為會員打造的雜誌，肩負展現書店經營風格與打造誠品文化品牌的任務，但雜誌性格由主編形塑，曾乾瑜先以熟悉的誠品人馬組成穩定的編輯團隊，再找來蔣慧仙擔任雜誌主編，「我喜歡《破報》的活力，也喜歡慧仙一些怪異的觀點能撞擊這個團隊。當慧仙答應來《好讀》時，我已經能想像《好讀》的風格了。」對他來說，蔣慧仙就像是大富翁遊戲中即將被掀開的「機會」牌，充滿了無限可能。

那是二〇〇〇年，台灣像只壓力鍋爆發了蓄積十多年的能量，迎接政治史上第一次政黨輪替，同時面對社會重組造成的混亂、變動與困惑。蔣慧仙知道自己被邀請加入

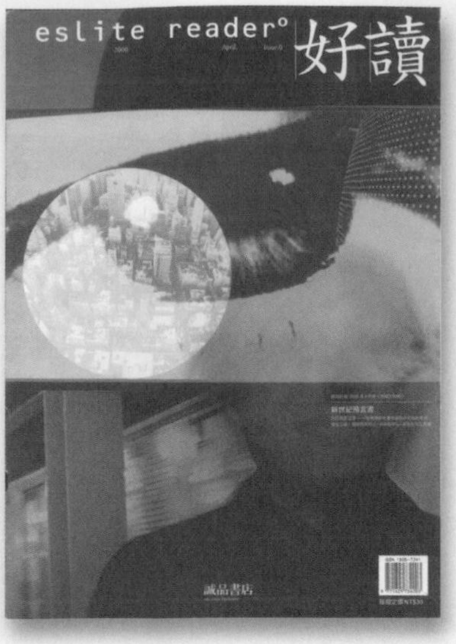

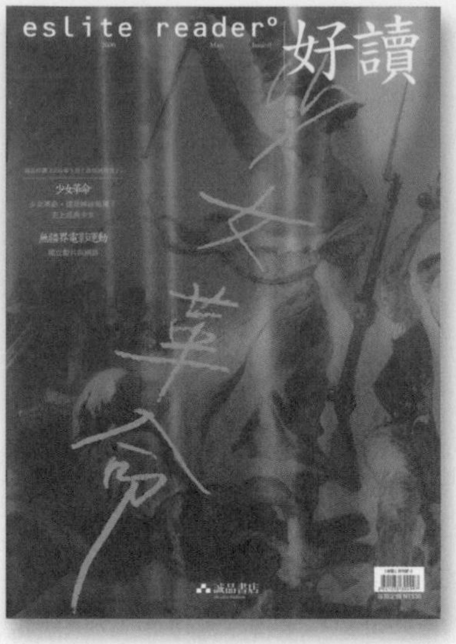

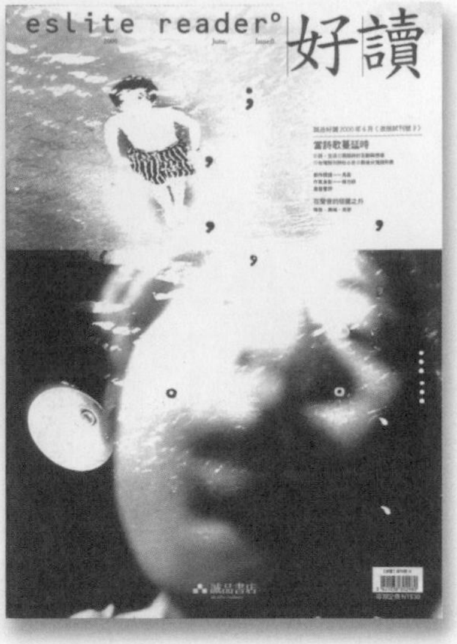

《好讀》團隊的原因，是期望她能帶入《破報》特有的次文化活力與城市現場觀察；而當時已轉到報紙副刊工作的她，也渴望以主題性的策畫，即時記錄變動性高的社會文化現場。

曾乾瑜總愛說，挑人是他的長處，他對《好讀》最大的貢獻就是找到蔣慧仙。接下來，編輯團隊只需要更大空間，去嘗試各種可能性。

大開本《好讀》試刊號推出，一連三期，以「新世紀預言書」、「少女革命」、「當詩歌蔓延時」吸引了社會目光。每本雜誌印製成本五十元，會員可以會員卡到店內免費索取，非會員則是以四十九元購買，雖然賣一本賠一本，但其實增加來店率與購書率，「作為一間書店，只能被動的等讀者上門，但《好讀》是書店與會員溝通的媒介，傳達書店關切的文化議題，呈現書店的社會關懷，而非賺錢的工具。」曾乾瑜說。

讀現象、趨勢、思想與時代

《好讀》被外界視為是誠品打造的發聲媒介，除了替自家文化事業品牌加分，也欲塑造一種新中產階級品味樣貌，那並非是誇耀式的品味消費風格，而是關懷社會、重視生活品質、崇尚自由和自然，同時緊抓流行

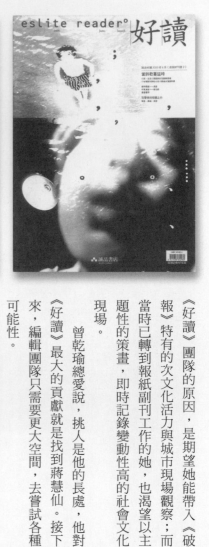

趨勢的生活型態。

《好讀》經歷了多次的改版，從最早的騎馬釘裝訂，到二〇〇四年第四十一期改成膠裝的綜合閱讀生活類雜誌，隨著誠品在全台持續拓店，《好讀》也慢慢地變成代表足以代表台灣人文、出版業的雜誌。

讀《好讀》，讀的是現象、趨勢、思想，而《好讀》的確也為這個時代留下紀錄，例如九二一週年推出「記憶的斷層」（3），二〇〇一年「恐怖主義全檔案」（16）即時回應九一一事件，二〇〇三年SARS期間有「瘟疫，劫餘紀事」（32）。

《好讀》鮮少以書或作家當封面，封面故事都是各種文化現象與社會議題。

例如「可愛力量大」（42）、「絕妙好歌詞」（45）、「我的玩具情人」（46）、「大話周星馳」（51）、「新台客，正騷熱？」（56）、「春耕，飲食的革命」（64），各形各色的題目再裏以閱讀，重新解讀。「除了企畫部主管，沒有其他部門會干涉《好讀》。我們的座位在採購同事旁邊，自成一區，亂七八糟疊滿書。吳清友先生有時會走過來，看一看，笑一笑，不管那些題目他看不看得懂，都不曾插手。」蔣慧仙說。

彷彿是為了回報上頭全心信任，編輯團隊每個月都在拚博一場血汗交織的極限運動。例如二〇〇七年六月，香港回歸十週

年，編輯們主動向香港旅遊局提案申請贊助機票住宿，全員飛到香港，進行五天四夜密集採訪，探討日常生活、政治社會經濟、表演藝術、時尚潮流、教育環境等十個面向，同時在街頭即時抓拍一百名香港人，短時間內完成「香港心事10×10」(77)一題；下個月緊接而來的題目是「環島，上路吧！」(78)又讓編輯跳下海，親身挑戰二十四小時「搭火車」環島。

沒有幾本雜誌能像《好讀》，封面故事造就當代文化記憶。讀者不會忘記「新台客」讓曾被貶為底層文化的台客大翻身；也記得「絕妙好歌詞」裡李宗盛、方文山、阿信、林夕的詞如何被當作文學作品細細評析；還有「大話周星馳」讓星爺文化成為一門顯學。

這幾個題目都是二〇〇四年改版後的代表作，雜誌開始出現設計生活風格與商品介紹，「有些讀者覺得我們改變了，不再那麼純粹；誠品內部也有人質疑，難道不能仿效日本《達文西》，單純作一本專門的閱讀雜誌嗎？」蔣慧仙的回答很簡單：「不要，那樣好無聊，為什麼要走回頭路？」

她先是正色的說：「但不代表市面上不能有一本做得好的閱讀雜誌，我覺得一定可以，只是我們選擇僅僅如此！」話一說完，她就忍不住笑了。

「一個都不能少。」是蔣慧仙當時常掛

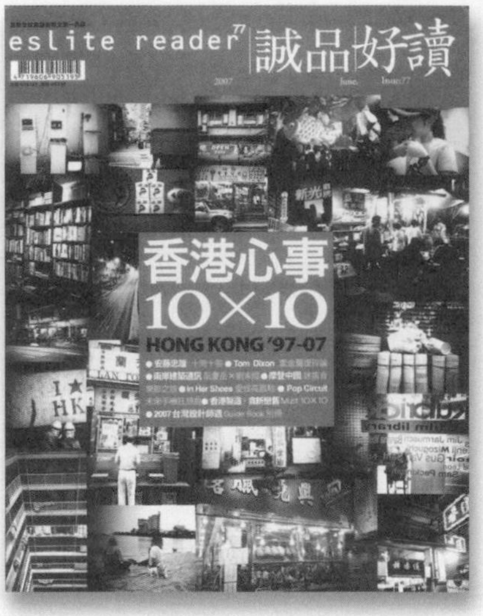

在嘴邊的瘋話，鼓勵編輯全力發揮，策畫內容。她形容自己是貪心的人，總愛在一本雜誌裡塞太多東西，只要編輯能提出好構想，她就排上版面，爆頁數大多不是因為廣告多，而是想做的題目太多了。「就負責廣告業務的同事都問，可不可以做得鬆一點？留一點空間？也有讀者反應，看《好讀》必須拿著尺，一行一行對著字讀，因為字級小、密度高、評論性強，產生閱讀門檻，我們始終在企畫的完整度與內容的承載量之間拉鋸。」

以蔣慧仙為帶領者的編輯團隊，起初只有兩名文編、兩名美編，後期雖有擴編，但常面臨流動性高的問題，平均工作時間是兩年，「《好讀》大多是年輕編輯的第一份或第二份工作，這個世代的編輯比傳統編輯更有主見、會思考，但也比較任性，把這一點發

揮出來，就是《好讀》的樣貌。」

二○○四年底加入《好讀》的江家華，是僅次蔣慧仙之外，「年資」最長的文編，足足待了四年，直到停刊才離職。「在《好讀》很難感到厭倦，每個月的題目都不一樣，我們不照著季節或節慶走，總是在做新功課。」原本就是忠實讀者的她，直到親身參與編輯工作，才發現只能以「瘋狂」兩字來形容。

「每一期都是用血淚製作，不過就算大家都累到把身體搞壞，我們所擁有的想像空間與可能性，卻是其他雜誌不會有的，離開這裡，也沒有其他地方可以去了。」對她來說，窮盡心力開發題目、採寫文章是樂趣，

能成為每一篇邀稿的第一位讀者是榮幸。

《好讀》的邀稿作者陣容堅強龐大，要談旅館，有葉怡蘭、李桐豪、高翊峰、劉梓潔、阮慶岳；談裝可愛，有柯裕棻、歐陽應霽、王浩威與成英姝，讓各雜誌眼紅的作者群，領的是一般報紙副刊的稿費，為何大家都願意「挺」《好讀》？

「八九年後的誠品，成為當代一個滿重要的文化現象，呈現多種閱讀選擇，代表一種生活品味，針對重要的文化現象發聲。那時候大家都看著誠品，也讓《好讀》打下了好基礎，我們邀稿非常順利，幾乎從沒被拒絕過，似乎所有的作者都希望共同成就、參與、分享這本雜誌形塑出的文化平台。」蔣慧仙說。

「這本雜誌真的開創了一個平台，讓創作者、漫畫家、攝影師、文字工作者一起跨界參與，有影像、文字與圖畫，這些作品不是他們平常寫的散文或小說，都是應邀後特地創作，例如寫自己的T恤記憶，創辦一本新雜誌的提案。創意就在這本雜誌上發生。」江家華說。

眾人竭盡心力「挺」《好讀》，編輯們也想方設法搶題目，每次開會會決定兩個月後的封面故事，江家華爭取了一年才成功推出T恤專題；睡眠專題也是千辛萬苦才擠上版面。「每次有人提題目，我只會問，你的問

題意識是什麼？」蔣慧仙說，只要提案編輯能說服團隊，就作。

而每一次的編輯會議都是場漫長競賽，文編們就像設計師競圖、比圖，提出自己喜歡的題目——要有新鮮感、嗅聞到社會趨勢發展，還要解釋選題的概念與社會關連性。

一旦獲得採用，確立題目骨幹的精神與主軸後，各有專精的同事再紛紛提供音樂、設計、文學角度的發展建議。江家華說：「開會過程很像在上課學習，我有很多文學、音樂的知識養分都來自一次又一次的會議。」

在二〇〇四年六月從誠品其他部門請調至《好讀》的美編賴盈成說：「我們認同彼此的做事能力，美編編版時會好好讀過稿子，文編也信賴美編的視覺安排。」他謙稱自己有個壞習慣，不自覺變身成審稿員，「大概是因為美編都來自誠品內調，所以對書、文字有點敏感度，習慣看文章，而且因為文字的塊狀結構會影響到標題，有時三個字或四個字的標題才好看，所以有時也會幫忙下標。」

「因為美編認真閱讀，所以知道閱讀的節奏。」江家華認為《好讀》的美學無法複製，那不是某種排版法或留白法，而是美編有閱讀理解能力，甚至能指出內文錯誤，不自我拘泥為「排版工」。

早期《好讀》版面單純乾淨，以大塊文章居多，二〇〇四年改版後，文學與評論的內容之外增添了更多資訊，版面結構複雜化，也需切割成塊狀編排，版面更花功夫。但美編製作期僅有一週。美編總是祈禱文編加快交稿的腳步，或是能有更多堪用的圖片，最讓賴盈成感到棘手的一期，非「當我們部落格」(63)莫屬，「所有的圖片都是網路畫面截圖！」他的抱怨讓蔣慧仙忍不住笑了，直說：「我有印象！」帶著歉意，她又補充：「我是一個什麼都想要的主編，美編有時不得不犧牲視覺呈現，只為了讓文編擠入更多文字。」

而蔣慧仙能做的就是全力挺美編，「曾有一期封面被主管駁回，堅持不改就不印，我回頭問美編，是不是堅持這個封面？他說對，我就回去爭，不能不印！」

「在其他地方工作，吵架常常是因為擔心工作落到自己頭上，或是推卸責任，但在《好讀》，吵架是為了說服對方接受自己的觀點，讓雜誌更好看。」江家華笑說，「而且在《好讀》文編哪吵得贏美編啊。當你遇到一個會讀稿子的美編，還會覺得有事情不能溝通的嗎？」

「我真的可以細說從每個人身上學到什麼。」江家華懷念的說，「這個團隊努力讓一本雜誌更好，之後再怎麼轉換工作崗位，也很難再有這樣的工作經驗了。」

卯足了全力工作的編輯團隊，熬夜到兩、三點離開辦公室是司空見慣的事，「我們常常下午上班，晚上十點陸續有人下班，一點、兩點、三點，截稿期乾脆不回家了，印刷那天到印刷廠盯版一夜沒睡，天亮又到公司報到，大家離職的原因都是太累了。」蔣慧仙說。

「截稿週就是住在辦公室裡，其他部門的人平常看不到我們，只有那一週可以常常見面，還能閒話家常，問我們怎麼那麼早上班？」江家華記得，她剛到職的那個月，就

《好讀》的封面

王政弘、葉佳潾是《好讀》最初的美編。這兩位九〇年代台灣美術設計大將先是塑造了誠品印象，接著又創造了《好讀》美學。

原本就在書店擔任美術設計的賴盈成，一路看著《好讀》從無到有，又成為其中一員，他分析，創刊以來，《好讀》的美術都來自誠品，所以雜誌一直有股誠品調性，「那是具有文學質感的美術設計，而且這本企業自辦刊物放在書店裡不能顯得不合時宜。」

大概沒有幾本銷量兩萬本以上的雜誌，封面鮮少見到名人或明星，就連日本閱讀雜誌《達文西》，都固定以明星照作封面。但蔣慧仙認為《好讀》並非純粹閱讀誌，主題變化多，很難訂出延續性的封面視覺風格；再者，即便曾有陳綺貞、張懸登上封面，也未能左右銷量變化。蔣慧仙說：「我們不迷信明星會提高銷量，而且覺得發拍明星很麻煩。」

「封面拍人，牽涉到太多事情需要協調，明星穿戴的衣服、形象設計、經紀公司聯繫……」聽著江家華這麼說，賴盈成回應：「我們這批設計師都是誠品舊式的美學訓練，大多數的封面，都是在當期有限的圖片資源中，挑出可用的照片再做設計，而且我們真的不擅長發拍，《好讀》沒有明星封面，可以說是美編自己的心魔吧！」

曾連續三天沒有回家，直接睡在辦公室裡。在《好讀》工作的四年，她的父親每個月一定購買雜誌，確認女兒真的在上班，「他搞不懂怎麼有人這樣工作，晚上都不回家。」

《好讀》美術風格與版型大概兩年調整一次，蔣慧仙笑說：「那就是美編離職的週期。」賴盈成也只待了兩年，「截稿期都是日夜顛倒，送印後我會花上兩天好好調整作

息，大概是因為這樣，大家都累到生病了，只有我身體還不錯。」

「我個人工作習慣不好，掌握整體工作節奏也不好，因為晚睡晚起、晚開會，不知不覺延後了大家的工作時間，而且只要deadline沒到，就覺得還可以把事情做得更好，大家再拚拚看吧。」蔣慧仙說，「那是一本什麼都超載的雜誌，雜誌內容、編輯的體力都是，每個月落版時，她一定先落廣告，如果當期廣告頁少一點，就表示能爭取到更多內容版面。

如果日後有人回憶起《好讀》，覺得是一本滿有意思的雜誌，蔣慧仙將其推崇於每一位編輯用力燃燒，用力帶著《好讀》與夢想一起飛翔。

直到今日，做《好讀》的那段日子，依舊是她心中最美好的一段時光。

文化界的「台灣特產」

各家出版社莫不希望將書推進誠品書店的理想櫃位，這個想法替《好讀》創造了存在的優質條件。因此《好讀》除了封面故事，另一重要專注在「書」，包括推薦優質新書、提供指標性的書評與出版訊息、引介閱讀趨勢、提振台灣閱讀文化，「誠品有推廣閱讀文化的責任和心願，也才有理由撥潤辦免費的《好讀》。」蔣慧仙說。

當時，誠品選書已成標竿，每月能擠上《好讀》書訊版面也僅有幾十本，國內外各家出版社的新書先經由書店採購篩選，編輯團隊再「加碼」，挑選其中幾本擴寫成當期主題書評，「我們盡量提供不同的解讀角度，雖然篇幅不大，但選樣多、主題活潑，書的

設計、裝幀、書腰都是選題之一，讓閱讀這件事得到更多元的表現。」蔣慧仙說。除此之外，一年之末，必推出年度出版回顧，整理該年度重要的出版品、作家與與趨勢，解讀閱讀現象及影響。

不過讓他們更自豪的是國際閱讀資訊。隨著編輯人力擴編，團隊聚集了不同專長與擅長各類語種的編輯，對外也找出版業界、書評作者、各語系學者合作，即時搜尋推薦國際出版話題與重要書籍，「這絕對是台灣最早、資訊最齊全的第一手書訊。」蔣慧仙的信心其來有自，「國際肥皂鄉」承襲了早期《破報》左翼觀點，她邀請張釗維、毛遠誠、林深靖、耿一偉當固定作者，在有限篇幅中濃縮對國際時事的觀察與見解，彌補台灣過於重視歐美、缺之「南方」觀點的問題；「國際傳真機」則涵蓋美國、法國、德國、義大利、西班牙、日本等閱讀趨勢。

夾在龐大企畫中的小篇幅企畫，則以親切隨和的方式談閱讀，例如「我的書架」、「一人一攤」、「閱讀百工圖」、「名人書房」。「每一間書房都可以分成大空間與小空間，前者是書房的空間，後者是書架的空間，讀者可以觀察，他的書房占了全家多少坪數？那是什麼樣的閱讀生活？書架上的書又呈現什麼樣的閱讀選擇？」這些企畫有時外包，有時由蔣慧仙親自上陣，短短一頁的內容，其實花了極大的功夫訪談與攝影，「那是一種浪費到浪漫的做事方式。」

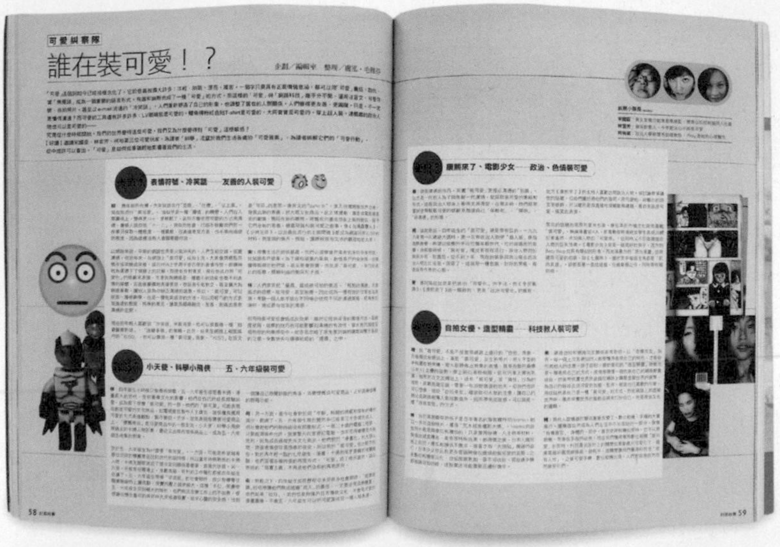

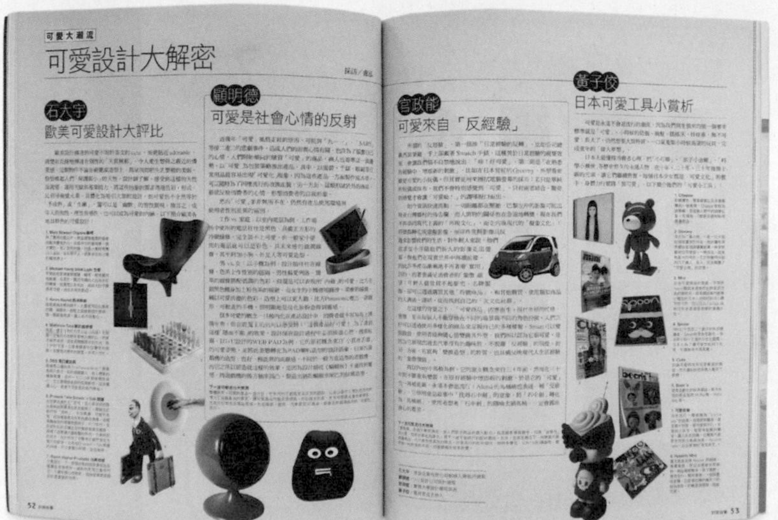

從免費索取到付費購買，從店內銷售到鋪貨便利超商

「《好讀》在二〇〇四年從一本書店年年編千萬預算、免費提供給會員的雜誌，轉變成會員、非會員皆須付費購買的雜誌。成本結構的改變，意味著我們至少得打平成本、自給自足。」蔣慧仙說。

開源的方式有二，第一是改變紙張與裝訂方式，提高有價購買的意願，改版同時也調整內容，封面故事主題更貼近生活，舉凡設計、影像、休閒、流行話題，更能抓住年輕世代潮流先驅，觸及更多會員以外的一般讀者，像「可愛力量大」(42)，就是以「Kidults」現象討論成年人熱衷年輕人文化的行為，三十歲不再是成家立業的期限，三十歲的成年男女也愛自拍，裝可愛的消費行為也造就了一種時尚設計。

其二是拉廣告，一般雜誌人或許很難想像，《好讀》直到停刊，都沒有屬於自己的廣告部門，「一開始，廣告頁面大都是交換來的，刊登廣告的客戶多是與誠品合作交換資源，由《好讀》提供廣告頁，也藉此讓自己看起來是本能銷售廣告的雜誌。」曾乾瑜說。後來，也只有企畫部一組廣告同事幫忙《好讀》拉廣告，「其實辦一本雜誌真的很花錢，如果沒有廣告收入，根本無法支撐下去。」蔣慧仙說，除了廣告頁、廣告置入文，編輯團隊當時也要代編刊物爭取收入，減少虧損額度。

從免費索取到付費購買，蔣慧仙認為讓消費者付費支持一本雜誌是正確且應當的方向，「書店一開始全力支持是很好，但對辛苦編輯的我們來說，付費購買是種肯定，也能避免索取卻不讀的資源浪費。」售價調漲幾乎兩倍，是一般雜誌難以想像的挑戰，對《好讀》來說卻是鬆了一口氣，「其實書店編預算免費贈閱，對我們而言壓力比較大，也要幫忙擔負書店促銷、文宣等責任，我們的服務對象是會員。回到付費機制後，我們的營運改以數字檢視，反而能以銷售數字檢視我們對內容與市場的判斷，證明我們真的碰觸到讀者關心的議題。」

但作為一本企業自辦的刊物，《好讀》的生命緊繫於企業經營風格的轉變。

進軍7-11的隔年四月，《好讀》以「面臨數位化時代的嚴峻挑戰」為由，突然宣布停刊。

「一月被告知三月必須停刊，但稿子都發出去寫了，我們只能堅持至少發刊到四月。」蔣慧仙說。雖然一直有《好讀》去留或必須轉型的耳語訊息，但真正發下通知時，編輯團隊的愕然並不亞於一般讀者。

《好讀》團隊曾被外批評「堅持不媚俗、不向廣告低頭」，擺明是泡沫經濟時期才能存活的刊物。關於這點，蔣慧仙不置可否，「《好讀》雖然不賺錢，但從最初全靠書店出錢，到後來自負銷售與廣告，逐年降損，在最後一刻，我們真的一年只差一百萬就能打平。」身為主編，她比誰都了解書店為了盤整獲利結構選擇停刊《好讀》的考量，但眼看著《好讀》已經站穩當代閱讀生活雜誌的領頭位置，在兩岸三地受到肯定，中國經銷商也洽詢發行可能，如今一切宣告終止，她比誰都感到惋惜。

「我們一直自我期待，成為兩岸三地華

改版過程

2004年3月，《好讀》第一次改版，轉型為為非會員雜誌，於誠品書店通路販售，採差別取價，會員每本售價49元、非會員120元，從騎馬釘改成膠裝，以「無所不讀，無處不讀」的跨界閱讀態度，提出城市與文化潮流觀察。

2005年為擴張版圖，於香港、新加坡、馬來西亞等地發行。在兩岸三地均有大量的讀者，成為華文讀書雜誌的一面旗幟。

2007年4月二度改版，進入統一集團便利超商7-11鋪貨販售，售價提高為會員每本69元、非會員149元，在內容和設計上都增添了更多城市生活元素，成為涵蓋文化、生活、創意、時尚、設計等內容的綜合文化雜誌。轉型之初曾創下約四萬本的發行量，為同類型雜誌最高；還一度創下國內綜合文化雜誌的最高發行量，廣告版面也明顯增多。

進軍7-11是一步險棋。《好讀》必須要有廣告收入，但業主抱怨只能在誠品通路露出，接觸的讀者有限。為了爭取廣告，只好選擇上架超商通路。但上架、下架費用可觀，印量增加兩萬本，還要擔心賣不好被下架，比預期辛苦很多，「我們其實也想試試看，離開誠品，到了7-11這麼大的通路，是不是能受到一般大眾歡迎。最後看來《好讀》還是比較適合誠品讀者！」蔣慧仙說。

翻開一本好讀

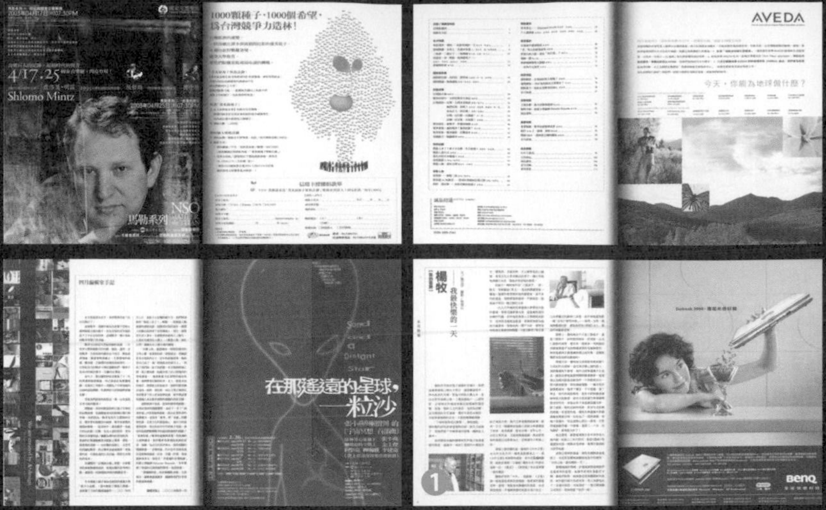

1 我的書房｜介紹名人閱讀，早期有「我的書房」，40期之後改為「閱讀百工圖」、「一人一攤」

2 書痴限時批｜30期開始新單元，多人觀點看一本書。

3 國際肥皂鄉｜15期開始即有國際書訊單元，原本放在後面書訊區，30期開始改到封面故事之前。

文第一閱讀生活雜誌，如果沒有停刊，我相信《好讀》可以做到！」

蔣慧仙的惆悵不只如此，為了回報長年支持的作者與讀者，編輯團隊在停刊時曾爭取將所有雜誌內容上網，建立線上資料庫，讓《好讀》成為名副其實的公共財，因為正如吳清友先生所言，誠品是台灣社會的共同創作，《好讀》亦然。雖曾積極研議可惜最終未能實現。

《好讀》開始於台灣史上第一次政黨輪替，結束於第二次政黨輪替，不同的是，創刊時的光彩未被政壇風波掩蓋，黯然退場的訊息卻消失在政治與社會紛擾間。蔣慧仙也在停刊後三個月選擇離開誠品，「當時如果要爭取讓《好讀》繼續辦下去，或許是訴求勞資談判，或許是靠社會力量，但我沒有強烈抗爭的性格，也考量到其他夥伴會繼續留在誠品工作，我們選擇沉默的結束。」與其說憤怒，她更充滿了不捨與傷心。

《好讀》人生

如果不是誠品決定停刊，蔣慧仙大概不會有離開《好讀》的一天，「做這本雜誌一點也不無聊，永遠不怕沒題目，我們就是奮力將雜誌的『雜』發揮到極致。」

《好讀》八年，走過台灣關鍵時刻，「創刊的二〇〇〇年，台灣社會充滿樂觀積極的氛圍，主流論述鼓吹著台灣在華文世界占有重要位置，而台灣也有文化自信成為華人世界的中心；一直到二〇〇四年，社會氣氛有了轉折，人民有了生活上的危機意識，出版景氣也一路向下，書店從月結改採寄售制、大型經銷商無預警倒閉，出版產業面臨重整，不能再以書養書，必須盡量出版暢銷或長銷書籍，那是個出版業憂心忡忡的年代。

在那個時刻，《好讀》的任務是繼續維持著一種生活態度與閱讀方法，但那並非專為中產階級所打造。

「無論是免費或付費，我們都保有真正的編輯自由，沒有誰為了銷量干預我們，唯一幾次封面選擇的歧見，雖然與主管起了爭執，最後仍照美編設計，選了不那麼商業走向的封面。」蔣慧仙思索了一下，又說：「許多人認為誠品、《好讀》屬於中產階級，但《好讀》從來沒有要為中產階級的品味或任何消費文化背書，我們會去分析定義社會架構的權力與界線在哪裡，去測繪社會上不被主流認可、無法發聲，或是被刻板印象箝制的族群，嘗試打開對話空間。許多時候我們都站在另翼或少數者的那一端，例如東南亞新移民、新台客；或是當我們以旅館為封面故事，我們探討日本的愛情賓館，而非五星級精品旅館。」

4 封面故事｜早期封面故事約15到25頁，40期之後擴張到30到40頁，甚至出現過50頁的專題。

5 特別企畫

蔣慧仙不否認自己就是中產階級，在社會上屬於有利的角色，但在每一場編輯會議上，她的任務就是和團隊一起釐清社會定義跟界線，不斷質疑現有價值觀，開啟新對話空間。或許《好讀》讀者真的以中產階級為多，那她也希望藉由《好讀》，讓中產階級脫離舒適圈、接觸自己必須理解的社會現象，讓不同的社會位置、不同的身分認同互相碰撞，並為台灣文化留下現場紀錄，那就是《好讀》的當代功能。

當誠品成為穩定獲利的文化品牌，經營重點從「書店」轉向「生活館」，二〇〇九年二月曾再度發行《The Reader 誠品・學》，第一期即以「閱讀，不能罷免」作為封面專題，意欲重現《好讀》的閱讀使命。曾在二〇〇四年至二〇〇六年擔任美編的賴盈成，也重新加入，全程參與了八期內容。

《The Reader 誠品・學》的成績並不亮眼，自然也不若《好讀》成為一時的閱讀誌代表，賴盈成分析箇中原因，「從美編角度來看，為了改善《好讀》資訊承載過量、造成某種閱讀門檻的問題，《誠品・學》減少了文字量，版面編排也更輕盈簡單，對老讀者來說，這不是《好讀》，對新讀者來說，只做八期就停刊，根本還沒來得及認識呢！」

這幾年他參與不少設計、生活風格類雜誌的製作，眼見編輯預算降低、人力越來越少，各家雜誌主題重複度卻越來越高，雇主都希望他編的刊物能有點《好讀》的味道，美術設計成了雜誌的化妝品，「我不喜歡現在的雜誌生態。」他直言。

「現在無論哪一本雜誌，都缺乏成為創新領導者的企圖，大家都在打安全牌，大多等到趨勢成形了，才開始企畫題目。」江家華認為，媒體之責，應是在嗅到現象成形前，有能力先設定議題、引發討論與重視，當他們注意到綜藝節目將嘲諷「台味」作為節目笑點時，製作了「新台客」，當時甚至

《好讀》的推手

在誠品工作二十四年，創辦《好讀》是曾乾瑜在企畫部任職時最重要、也影響誠品最深的工作之一，但鮮少有人知道，為《好讀》命名的人也是他。

當時孫大偉在MTV的「好屌」廣告很紅，他靈機一動，取名《好讀》。很好閱讀？其實他想的是「好毒」，因為這本雜誌要同時傳達書店推廣閱讀的理念，還要能賣得動書，這在他心中是個「狠毒」的任務。

在曾乾瑜的想像裡，《好讀》不僅要好讀，還要有點叛逆，對社會下一點毒藥，帶來新刺激。當時誠品規模雖不大，但一連舉辦過「夏日遊戲」、「今夜不打烊」等活動，彷彿任何奇怪的事情都可以在誠品發生。而《好讀》的編輯團隊年輕、創造性高，加上創辦人吳清友先生完全授權，才造就了《好讀》的風貌。

《好讀》出刊八年、共有86期，但在《好讀》創刊後一年，曾乾瑜就申請轉調部門，幾年來陸續聽聞可能停刊的訊息，以至於真正停刊時，他並不感到錯愕。當然，現在的誠品已有能力重新發行《好讀》，甚至做得更好，而以曾乾瑜所熟知的吳氏浪漫風格，也真有可能做此提議，「可惜決策者與主事者已經換人，對自辦刊物的定位也改變了，如果主事者能了解《好讀》是與顧客溝通的管道，是書店行銷該付出的成本，就不會那麼在意虧損問題。」

「《好讀》的階段性任務結束了，我只能這麼想。」曾乾瑜說。

6 目擊人物

7 六人讀書會｜出現於30到40期。30期之前有「類型閱讀」、53期後有「閱讀方法學」，皆為類型書評概念

8 重量書評

9 商業特區、童書特區、音樂特區

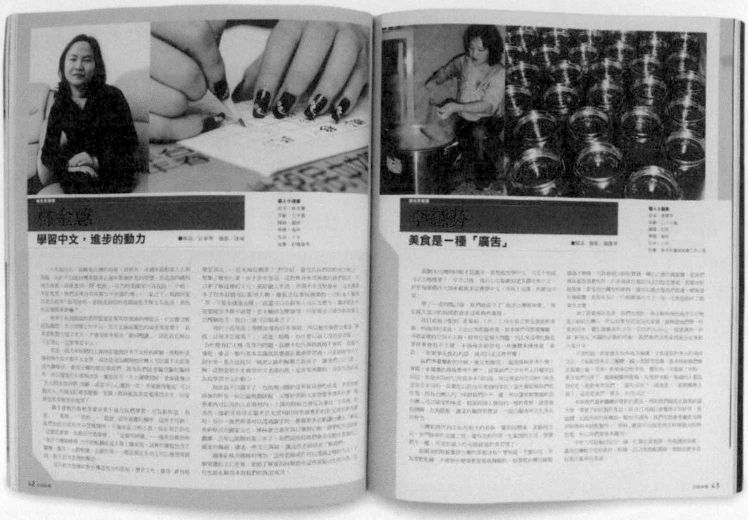

有讀者打電話批評，認為有文化深度的誠品自辦雜誌，怎麼能介紹「低俗文化」。

而當台灣人普遍認為外籍新娘沒錢、沒學歷，只能嫁給老兵時，《好讀》已經以「新移民」為題，報導外籍新娘的生命故事，「其實她們和台灣年輕人沒有差異，只是離鄉背井過生活。」而「春耕：飲食的革命」觀察的青年返鄉歸農現象，則是等到五、六年後，大眾媒體才開始報導小農旋風。

停刊時，江家華不覺得台灣社會有什麼反應或惋惜，一直到這幾年，才常常遇到人說，「我是你們的忠實讀者喔……」她笑笑的說：「這時就會想，當年拚命熬夜工作花的力氣，還是有人看到呢。」

「我們在做一件很酷的事。」她將《好讀》比喻為創新實驗室，總是不斷挖掘新題材，顛覆舊觀念，這個創新實驗室允許年輕人犯錯、闖蕩，也真的讓他們闖出了一片天。

這些感觸是離開後才浮上心頭的，身在其中時，江家華只是一股腦將自己的生命全部貫注於雜誌裡，「我當時以為離開後，還會有別的機會，卻沒想到，是因為那樣的組合、環境，才會有這樣的雜誌。」賴盈成簡單下了結論：「《好讀》是天時地利人和，很難複製或重現，現在還有誰認真做一本承載一定文化深度的雜誌？」

停刊六年多，有深厚革命情感的《好讀》編輯團隊還是常常聚會，他們不再是當年天天熬夜爆肝工作的社會新鮮人，早已各自在出版社、雜誌或報紙擁有一片天，但他們總愛問起：「現在有沒有其他雜誌是你想做的？」

答案往往是：「沒有，《好讀》是最有趣的雜誌了。」

有沒有想過合力重現《好讀》？

「在數位時代不缺一本紙本雜誌。但若能找到對的閱讀介面，對的讀者社群，對的眾包與募資支持，對的發行方式……或許就來做吧！」蔣慧仙說。■

10 訊息版圖 | 30到35期特別拉出類型區塊，19到29期甚至有「小好讀」專區。之後都納入「訊息版圖」或「藝文情報誌」。

非典型圖文雜誌‧「辦桌式」企畫

黃威融×行人編輯部

理想的雜誌

期數——四〇
時間——二〇〇四年一、二月
篇幅——十九頁（p37-p55）
內容——什麼是「理想的雜誌」？改版前最後一期，《好讀》推出「理想的雜誌」專題，從分享、規畫及志業夢想的角度，談談什麼是大家心目中的理想雜誌。專題分三個單元：「雜誌狂」找來十二位不同領域，但都對閱讀雜誌獨具心得的雜誌愛好者：蔣文慈、鍾喬、顏忠賢、陳宏一、黃子佼、吳米森、盧郁佳、連浩延、馮光遠、林暐哲、麥人杰、許佑生，請他們各自介紹一本「我的最愛」，也寫下他們最「期待」台灣出現怎樣的雜誌。第二單元「理想雜誌提案」邀請五個創作者，搭配五位設計師，提出五款類型雜誌提案，包括封面、版型、創刊詞、目錄等內容設計，以及針對雜誌定位、發刊週期、通路、開本及售價的規畫。第三單元「他和她的雜誌人生」介紹八本雜誌：《dA夯》、《現在詩》、《散歩の達人》、《E+E》、《Misc.札誌》、《ADBUSTERS》、《那个that》、《ROCK!》，並透過主編說法，點出雜誌理念。

一本理想的雜誌，要有聲有色，有條有理，有破有立，還要有品味，有資訊，有創意，有態度，才能有目共睹，有口皆碑。

辦一本理想的雜誌，要有稜有角，有板有眼，有憑有據，還要有觀點，有創意，有勇氣，有體力，版權所有，歡迎傳閱。

讀一本理想的雜誌，要有心有腦，要面對挑戰大膽創新拋除我執無所畏懼，才能開卷有益，使老有所終，壯有所用，幼有所長，矜寡孤獨廢疾者，皆有所養。

黃——這是個作得很「巧」的專題。一本雜誌一年要有幾期作得很盛大、類似辦桌式的封面故事，也要有這種做得很巧的，我所謂的「巧」是指只要選對人，工作方法可以很容易，成果也可以很好。像這個題目，人選先設定好，五個雜誌提案可能需要提早一兩個月約，第一單元的十二位「雜誌狂」，可以用邀稿或是電訪，就不會太困難。

出人洋相是這本雜誌（*Spy*）的基本盤，但編輯部對專題獨特的想像力以及若有若無地扯上社會批判的內容，才真正讓人捧腹。

黃——如果是圖文類雜誌，很重要的是每一張圖片都要傳遞一個說法。舉例來說陳宏一最喜歡《STUDIO VOICE》，可是照片上這幾本跟內文沒有互相搭配，比較是裝飾性的配圖。現在的作法或許會先放一本一般正常的，再放一個特刊型的；如果有翻頁，翻那一頁要翻得要有道理，內文也最好提到版面或是翻頁的內容。

黃——這個主題在設計上希望能夠呈現一個工作的場景，所以請他提供照片。可是現在可能就會請攝影去拍，這是不同類型雜誌對圖像的要求不同，也牽涉到成本。後期《好讀》有比較多棚拍，例如「波西米亞人」那個專題就有一個單元就是特別set好再拍的。

8位主編．8種說法
武田憲人×散歩の達人
鴻鴻×現在詩
胡恩威×E+E

他和她的雜誌人生
8位主編．8種說法
林偉洋×Misc
Giles Heasman×that
Kalle Lasn×AdBusters
段書珮×ROCK!

創刊於一九九七年的《AdBusters》辦到了。它以理論分析及社運報導批評消費主義，質疑主流論述和社會價值，而且不登廣告。「這是為了與企業和傳統媒體徹底作戰」，AdBusters主編Kalle Lasn說……「一本『賣錢』的雜誌最需要的，是獨一無二的觀點，和勇於創新的風格，有了這些，雜誌大可擺脫企業的『廣告操控』。」

● Play Girl｜提案：夏綠蒂　設計：Kurt Han・林小乙

● Real Sport｜提案：黃威融　設計：古宏龍

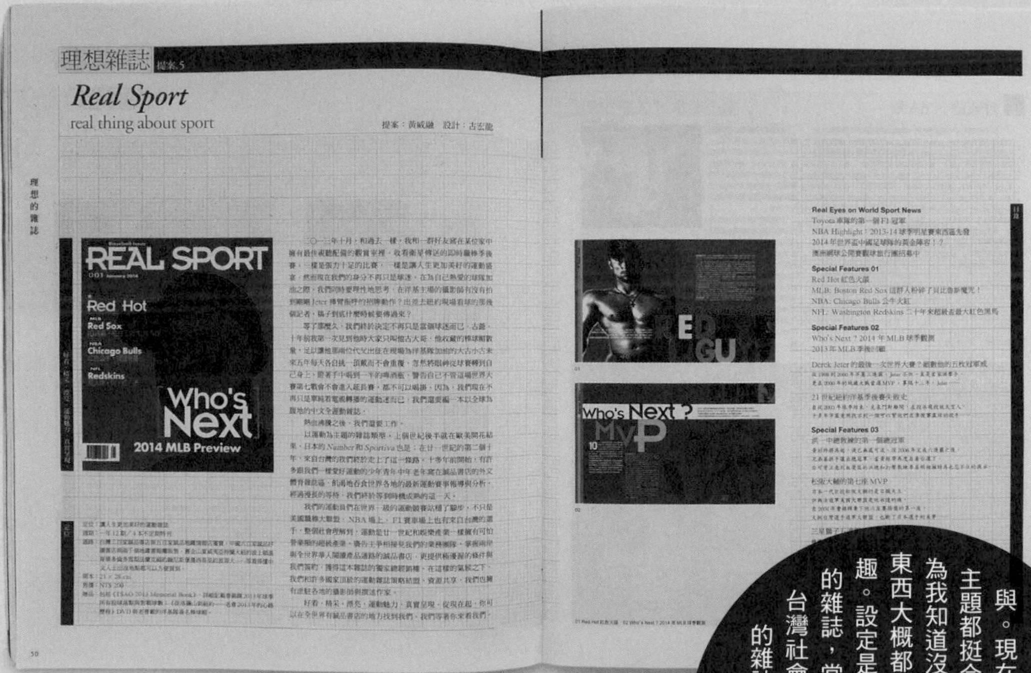

台灣三百家誠品書店與五百家誠品地鐵情報店獨賣。中國六百家誠品好讀書店與兩千個地鐵書報攤販售。舊金山夏威夷亞特蘭大紐約波士頓……

黃——這企畫我有參與。現在看這五個人做這些主題都挺合理的。我做運動是因為我知道沒有人會做運動，我寫的東西大概都反應出來我對運動的興趣。設定是做一本二〇一四年創刊的雜誌，當時覺得到這個時候，台灣社會應該可以接受這樣的雜誌了吧。

● 《好讀》開出的必填欄位有：定位、週期、通路、開本、售價。不過沒限制字數格式，所以也會出現像《Play Girl》只放置「全台女洗手間」非常概念式的設定。

● 《Play Girl》也是五本中唯一一本「免費取閱」的雜誌。

● 《Real Sport》的通路設計最具體，還自行增加贈品欄：送「曾錦輝的洋基隊簽名棒球帽」。

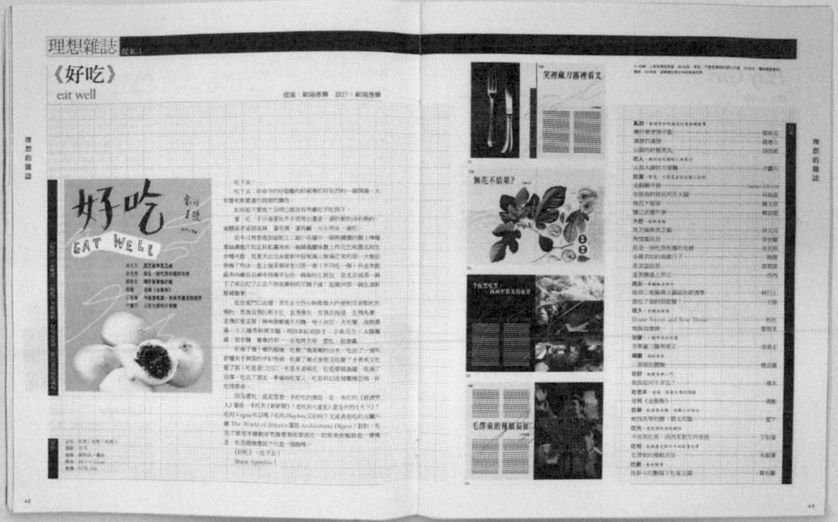

● 好吃｜提案：歐陽應霽　設計：歐陽應霽

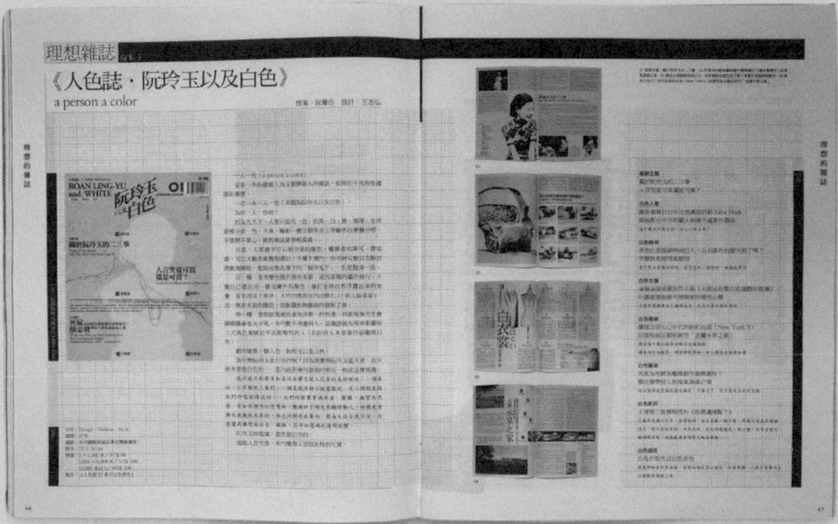

● 人色誌｜提案：阮慶岳　設計：王志弘

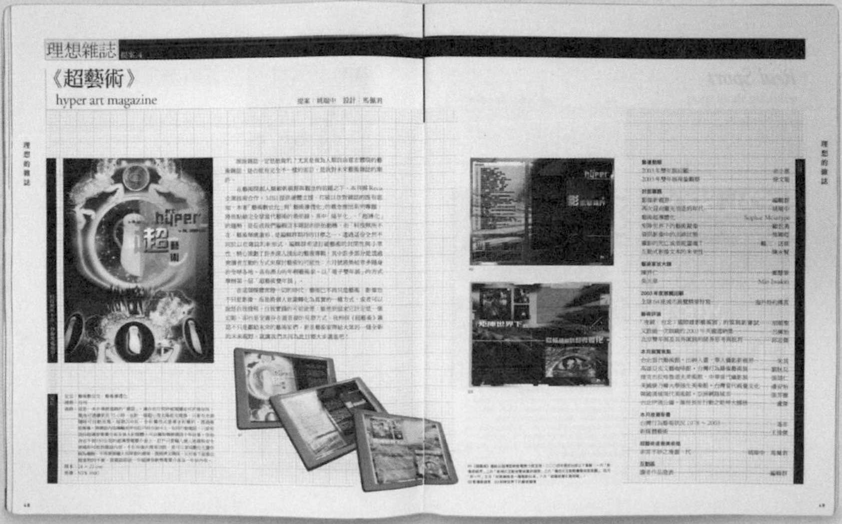

● 超藝術｜提案：姚瑞中　設計：馬佩君

新台客，正騷熱？

黃——這個很典型，就是「無敵豪華辦桌式」的企畫，超級複雜，搞得大家暈頭轉向。從雜誌編輯來說，假如一年要做十二期，可能會有兩三期是像這樣的，比如上、下半年各放一期這樣的重點專題。《好讀》可能會稍微多一點。

期數——五十六

時間——二〇〇五年七月

篇幅——四十一頁（p41–p81）

內容——台客是從何時開始成為一種人物形象標誌，並發展出屬於自己的次文化？媒體塑造「台客文化」、商品廣告以「台客風格」為訴求賣點，《好讀》也於二〇〇五年七月企畫台客專題：新台客，正騷熱？從概念、形象、創作表現、物件呈現幾個面向，解讀台客文化。「台客考」、「台客演化論」、「新台客．現象說」、「台客圓桌論壇：同樣是台，不同時代」利用名詞溯源、名人對談，討論台客概念。「台客表演」訪問典型台客伍佰、濁水溪公社，並以攝影搭配楊澤訪談討論檳榔西施文化。「台客電影」、「台客戲劇」、「台客藝術」、「台客音樂」、「台客文學」採訪張作驥、金枝演社、吳天章、恆春兮、大支、搖頭花等，作品很有「台味」創作者，並加上學者觀察。「台客雙口組」請紀蔚然、應蔚民兩個非典型台客談台客現象。「台客擂台賽」以可樂王、蕭青陽，加上四位街拍素人，呈現不同的台客形象。「台客奇想」是從台客必備物件發想的創作，「台客遊逛」、「台客上菜」、「台客讀本」以商品面表現台客生活。

eslite reader 56
誠品好讀
July, 2005 Issue 56
新台客，正騷熱？
Republic of TK Is Coming?
當青少年遇見《大逃殺》
伊斯坦堡 在時光中潛行．張惠菁 我是我不知道的
倫敦創意概念店
Beyond The Valley

網路上最近盛傳，最早的台客起源，是日治時代秋澤烏川的《台灣匪誌》：「性情怠惰，筋骨勞動嫌厭，色倖賭博喜好，肉性早熟淫逸……分類械鬥、錙銖利爭、狡慧逞蕩事……」後來經過網友考證，《台灣匪誌》一書並沒有「台客」兩字，始作俑者是「濁水溪公社」——他們一本正經地挪用了這一段話，並將之認同為台客精神。

黃——《好讀》一個特色是文字密度非常高。從排版就看得出來，它還不是典型的圖文類雜誌，還是以文字為主，比較是早年我們這一輩，從副刊延伸下來的雜誌出版品。如果是現在的雜誌，圖文比一定不一樣，字量會打個八折，圖片再大一點，並且會搭配圖說。

台詞溯源
台客之前世今生
台客演化論
路人VS.過客
新台客．現象說

談論台客的人大致上在心中都有一組與台客相關的概念，不管是涉及服裝打扮（水洗絲、藍白拖鞋、金項鍊、染髮）、交通工具（改裝車、摩托車）或者語調姿態（台灣國語、粗魯舉止）。

台客的復仇
Taik's Eye

台客雙口組
紀蔚然×應蔚民
告訴我，哪裡不會有台客？
64
65

台客擂台賽
「台」就是金光閃閃
金光台─可樂王
01
02
外國台─Andrew
03
青春台─盧泓
68

黃──現在回過頭來看會覺得很難得，大概〇五年以後，雜誌這個場域就比較視覺或生活導向。假設一期成本（不算印刷）是十萬元，《好讀》可能花了七、八成在文字上，現在所謂的視覺系雜誌，都會找相對比較好的攝影、很厲害的美術，成本上花到四成都是保守的。當然，大家還是會說內容很重要，可是預算上就是會有差距。

台客表演
還要性感還要辣
「檳榔西施」的角色扮演
53

黃——改版後的《好讀》比較強調生活，我覺得可能是因為要販售，所以不能只做太文藝的書、知識性的討論，要給讀者另一種消費性的參與方式。

台客美學，就是生活情份
學者觀察
「台客」意涵與其風格再現
54
55

黃——《好讀》的視覺風格比較花，也可以說是「拼貼豐富」，我覺得這跟《STUDIO VOICE》有關。雜誌我們會講「骨骼線」，不同類型的雜誌，有不同的骨骼線；不同的骨骼線會對應到放圖片跟放文字的方式。像《BURTUS》就比較不會有這種排版，它版面一定會對齊；《好讀》跟《STUDIO VOICE》比較像，比較花，也可以說比較豐富。

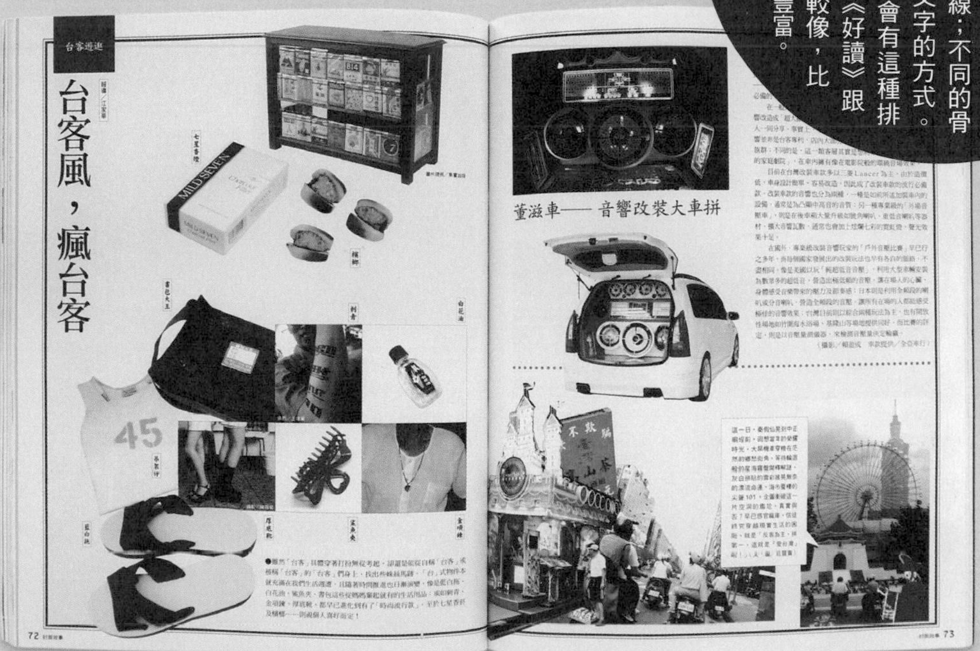
台客遊逛
台客風，瘋台客
董滋車——音響改裝大車拼
MILD SEVEN
45
72
73

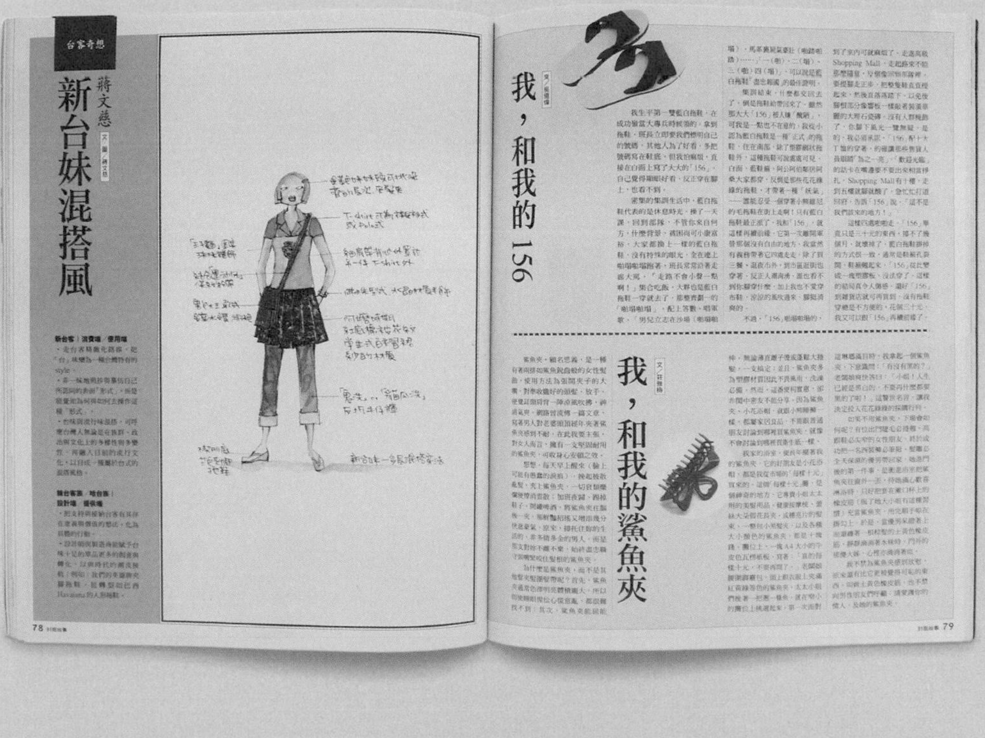
台客奇想
新台妹混搭風
蔣文慈
我，和我的156
我，和我的鯊魚夾
78
79

●蠻牛、統一肉燥麵、藍白拖、鯊魚夾……「台客奇想」請創作者根據一件台客代表物發想創作。

環島，是島嶼上的人們，最得天獨厚的出走理由。

好讀
July, Issue:78
路吧！
About
島，多麼迷人的
計算單位。
如果你的旅程，沒有時限，
你可以用島上的任一點，當作啟程與回返的計時基準。
環島，上路吧！
Around and About

環島，上路吧！

●第二十二期也曾企畫過有關島的主題「島語錄」，不過較偏歷史面。

期數——七十八
時間——二〇〇七年七月
篇幅——三十一頁（p25-p55）
內容——夏日理當出遊，而環島，是新國民旅遊顯學。二〇〇七年七月，《好讀》以島為主題，企畫專題——「環島，上路吧！」，從親身挑戰環島，和環島的意義兩個不同面向切入，並介紹環島路線及必備物品。「一日環島，極限體驗」是《好讀》編輯群利用鐵路體驗二十四小時環島；「因為這些，我們環島！」由何献瑞撰文，從歷史面談環島之演變。「達人報路」三位達人從鐵路、單車以及親子同行，介紹三種環島路線；「所以，要環島」以搭便車、公益募資、千里步道、環境苦行四個非旅遊概念，帶來環島的其他面向。「環遍世界島」扣回島的主題及挑戰的概念，介紹五組不同挑戰的島嶼。「上路裝備」、「延伸閱聽」結合商品、書籍的環島裝備介紹。

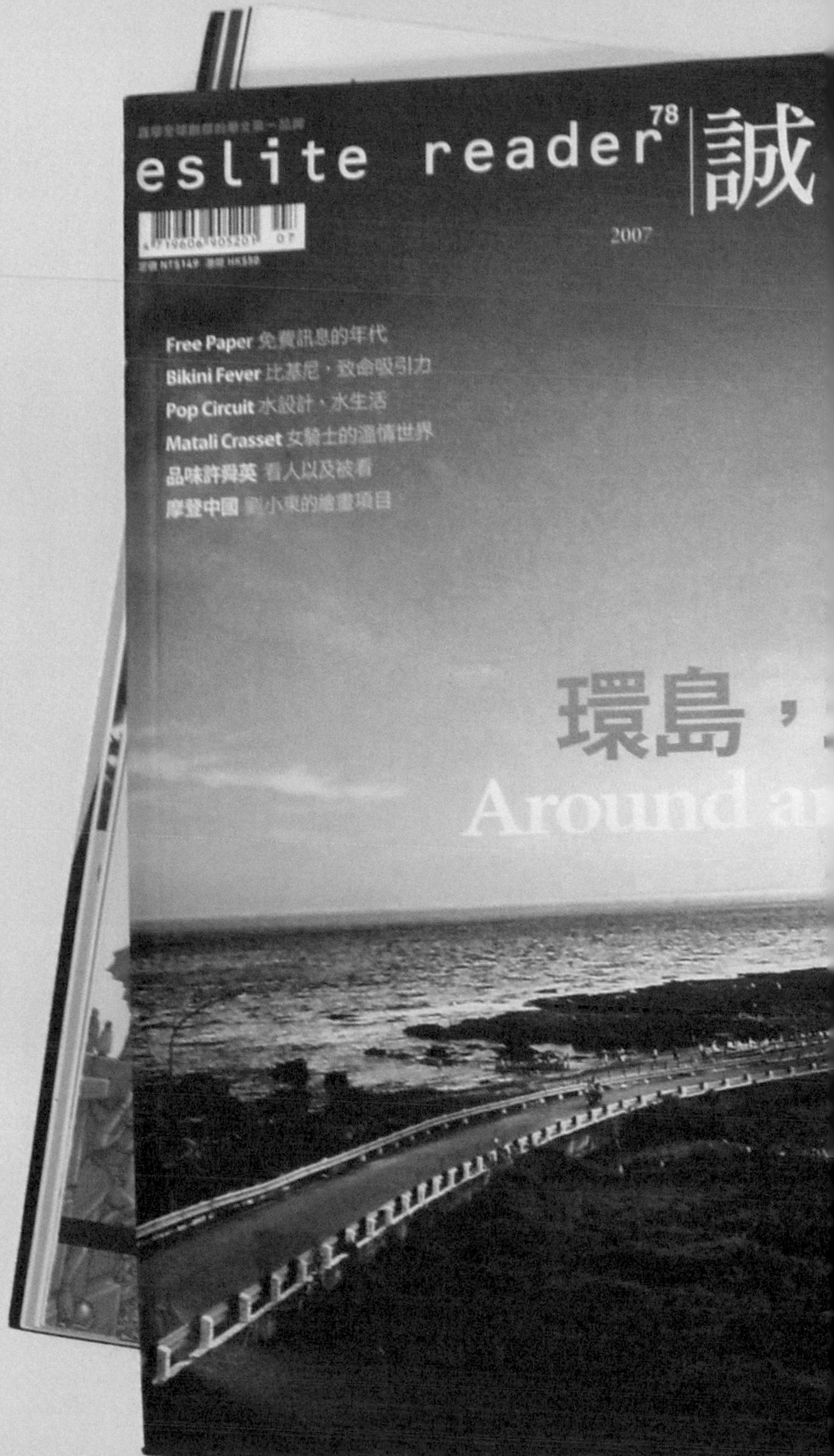
eslite reader 78
誠
2007
Free Paper 免費訊息的年代
Bikini Fever 比基尼，致命吸引力
Pop Circuit 水設計、水生活
Matali Crasset 女騎士的溫情世界
品味許舜英 看人以及被看
環島，
Around a

旅人｜江家華・陳玟秀・陳瑕分
在迎向破曉的列車上，除了我們以外，幾乎每個乘客都是睡著的。行過八堵，還不到五點，晨光便從東北角的山頭邊，慢慢探了出來。
04:47
車過台東，南迴線正式開始，也代表火車一共將奔馳過三十五座長短不一的隧道。瞬息明暗的光線，猶如接觸不良的日光燈，眨得人昏昏欲睡。片段閃出的窗景，是蔚藍的海景與山脈的形貌，只是隧道的來臨總是無法預測，遮遮蓋蓋，讓人不及看清島嶼東岸與南段的輪廓。
11:05
21:51
封面故事 29

- 快、慢車交互搭配，順時針行程，總計搭車時間16小時42分，總長888.6公里。

（原刊於27頁）

① 台北－頭城（04:09-05:56）區間車，車次2703，總長82.8km
② 頭城－花蓮（06:12-08:06）區間車，車次2759，總長113.1km
③ 花蓮－台東－高雄（08:13-11:05-13:41）自強號，車次2504，總長315.2km
④ 高雄－彰化（14:00-16:18）自強號，車次1028，總長189.2km
⑤ 彰化－竹南（16:25-18:08）海線區間車，車次2418，總長91.2km
⑥ 竹南－新竹（18:38-18:55）區間車，車次2204，總長19km
⑦ 新竹－台北（20:43-21:51）自強號，車次1036，總長78.1km

好讀上路！ 04:00
07:05
09:47
台南
209
52A
追分
14:36
28 封面故事

混搭

太魯閣號2035次，9:50發車）→花蓮（11:57抵達，建議下車行程：
蓮港自行車道、舊車站）
費：445元

普快車557次，6:35發車）→玉里（8:30抵達，建議下車行程：安通
瀑布）；玉里出發（自強號1079次，12:59發車）→台東（13:51抵
車行程：卑南文化公園、台東舊車站、琵琶湖）
費：91（普快車）＋164（自強號）＝255元

普快車352次，6:31發車）→枋寮（8:19抵達，建議下車行程：鐵道
枋寮出發（普快車304次，9:40發車）→高雄（11:29抵達，建議
旗津、愛河、85大樓夜景）→左營（台灣高鐵144次，21:06發車）
:42抵達）
費：105(普快車)＋66(普快車)＋1,490(台灣高鐵經濟艙)＝1661元

2,361元
票價僅供參考，如有差異，以台鐵及高鐵實際公告為準。

達人報路

上路吧，單車環島初心者！

文・圖／何献瑞

背包客何献瑞，一九七六年生，台灣大學工商管理學系畢業，現居台北，專職寫作。擁有豐富的自助旅行經驗，並主持「背包客棧自助旅行論壇」。

達人說法

關於單車環島路線規劃上的建議，我想了又想，始終找不出最理想的方案。其實當初自己在環島時，也是一個自行車環島的新手，出發前也沒有特別鍛鍊身體。我想很多人計畫要環島的人，都是面臨著和我類似的情況，所以我便用當時的路線為基礎，供所有想要環島的初心者參考。

從行程裡的里程數中可以看出，我從一開始只能騎很近的距離（中間甚至有兩天累到只能騎五十公里左右），到後來習慣之後，除了因探親訪友外，幾乎都可以騎上一百多公里。從這個實際的數據中可以反應出，身體在經過一開始的適應期之後，任何人應該都可以愈騎愈遠。所以出發前在路線和里程的規劃上，其實不用太拘泥自己體能方面的估算。

行程規劃

Day 1 關渡→大園→中壢：台15線（關渡到大園）＋縣道113號（大園到中壢）
Day 2 中壢→新竹→苗栗：台1線（中壢到新竹）＋台13線（新竹經苗栗）
Day 3 苗栗→豐原：台13線
Day 4 豐原→台中→西螺→溪州：台3線（豐原到台中）＋台1線（台中到西螺）＋縣道145號（西螺到溪州）
Day 5 溪州→北港→台南：縣道145號（溪州到北港）＋台19線（北港到台南）
Day 6 台南→高雄：台1線
Day 7 高雄→枋寮→楓港：台17線（高雄到枋寮）＋台1線（枋寮到楓港）
Day 8 楓港→車城→墾丁：台26線（楓港到車城）＋屏153線（車城到墾丁）
Day 9 墾丁→港口→新莊→滿州→九棚→港仔：台26線（墾丁到港口）＋縣道200甲（港口到新莊）＋縣道200號（新莊經滿州過九棚到港仔）
Day10 港仔→旭海→牡丹→壽山寺→大武：台26線（港仔到旭海）＋縣道199甲（旭海到牡丹）＋縣道199號（牡丹到壽山寺）＋台9線（壽山寺到大武）
Day11 大武→池上：台9線
Day12 池上→玉里→瑞穗→花蓮：台9線（池上到玉里）＋縣道195甲（玉里到瑞穗）＋台9線（瑞穗到花蓮）
Day13 花蓮→三棧→南澳：縣道193號（花蓮到三棧）＋台9線（三棧到南澳）
Day14 南澳→礁溪→福隆：台9線（南澳到礁溪）＋台2線（礁溪到福隆）
Day15 福隆→基隆→萬里→淡水→關渡：台2線

	騎乘公里	平均速度	騎乘時間	總里程數
Day01	69.57	16.02	04'20"28	69.57
Day02	77.61	16.28	04'46"09	147.18
Day03	45.49	12.64	03'36"03	192.67
Day04	88.25	16.65	05'18"08	280.92
Day05	123.80	16.84	07'21"15	404.72
Day06	56.82	20.85	02'43"35	461.54
Day07	75.30	18.67	04'01"57	536.84
Day08	45.89	15.38	02'59"05	582.73
Day09	49.60	15.38	03'25"23	632.33
Day10	56.28	12.51	04'29"57	688.61
Day11	110.33	15.03	07'20"47"	798.94
Day12	122.25	17.57	06'57"23	921.19
Day13	89.22	15.23	05'51"16	1010.41
Day14	109.57	15.58	07'02"03	1119.98
Day15	127.21	17.63	07'13"07	1247.19

單位／公里

封面故事 35

- 後期《好讀》主題偏向生活面，較少抽象議題，資訊量更多，版面多以色塊區隔處理，較少拼貼風格。
- 專題開始先將環島時間點往前拉到一八九五年的伊能嘉矩，並搭配古地圖，拉出環島的時空感。「所以，要環島」單元涵蓋搭便車、公益募資、千里步道、環境苦行。從受訪者的選擇可以看出企圖將環島連結到環保與公益，讓「環島不只是環島」。「環遊世界島」單元依目標、難度、交通方式挑出五組島嶼，將環島從台灣擴展到世界，也呼應專題的卷頭語「島，多麼迷人的計算單位」。

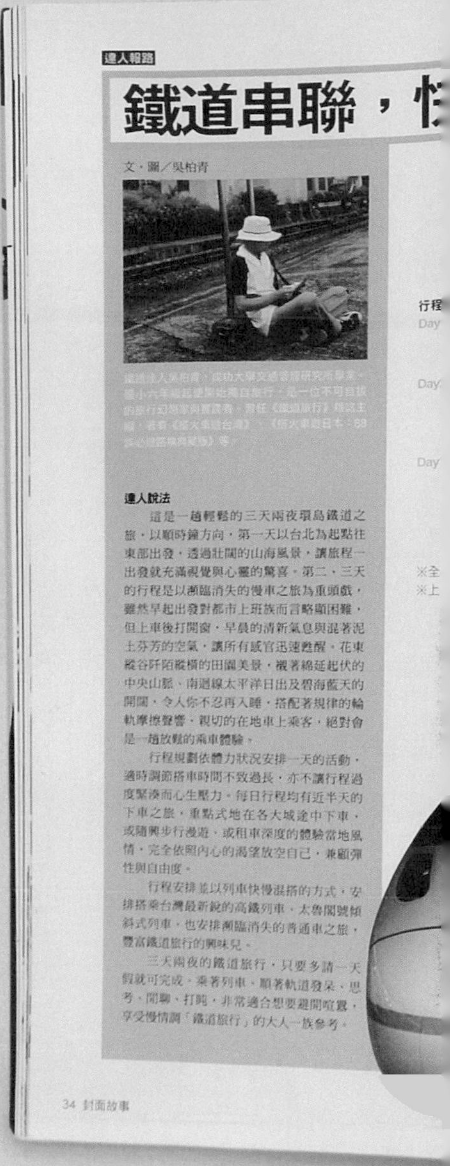
達人報路

鐵道串聯，忄

文・圖／吳柏青

達人說法

這是一趟輕鬆的三天兩夜環島鐵道之旅，以順時鐘方向，第一天以台北為起點往東部出發，透過壯闊的山海風景，讓旅程一出發就充滿視覺與心靈的驚喜。第二、三天的行程是以瀕臨消失的慢車之旅為重頭戲，雖然早起出發對都市上班族而言略顯困難，但上車後打開窗，早晨的清新氣息與混著泥土芬芳的空氣，讓所有感官迅速甦醒。花東縱谷阡陌縱橫的田園美景，襯著綿延起伏的中央山脈、南迴線太平洋日出及碧海藍天的開闊，令人你不忍再入睡，搭配著規律的輪軌摩擦聲響，親切的在地車上乘客，絕對會是一趟放鬆的乘車體驗。

行程規劃依體力狀況安排一天的活動，適時調節搭車時間不致過長，亦不讓行程過度緊湊而心生壓力。每日行程均有近半天的下車之旅，重點式地在各大城途中下車，或隨興步行漫遊，或租車深度的體驗當地風情，完全依照內心的渴望放空自己，兼顧彈性與自由度。

行程安排並以列車快慢混搭的方式，安排搭乘台灣最新銳的高鐵列車、太魯閣號傾斜式列車，也安排瀕臨消失的普通車之旅，豐富鐵道旅行的興味兒。

三天兩夜的鐵道旅行，只要多請一天假就可完成。乘著列車，順著軌道發呆、思考、閒聊、打盹，非常適合想要避開喧囂，享受慢情調「鐵道旅行」的大人一族參考。

行程
Day
Day
Day
※全
※上

34 封面故事

閱讀癮的滿足

如此好讀的餘燼……

高翊峰
小說家、FHM總編輯

我從書架搬下那些還留存著的《誠品一好讀》。這種搬動，飄飄搖搖，感覺遙遠。它們多半是從二〇〇二年到二〇〇七年期間發行的雜誌。想想也對，二〇〇七年年底，我就離開台北，飛往北京去編雜誌了。現在回想起來，已經忘了《誠品一好讀》創立發刊當時的樣貌。但不知為何，記憶中這本刊物，一直在調版以改變閱讀知識與出版訊息的服務方向。它從誠品書店的會員刊物，慢慢變成收費的月刊雜誌；也從二〇〇三年騎馬釘，深厚成二〇〇四年的膠裝本。這些都只是形式的調整，《誠品一好讀》最吸引人的，還是那種由菁英知識分子的壓抑驕傲感與求知欲推動出來的新文化感覺吧。那些年，出門提著深墨綠色的誠品書店紙袋，還曾經是街頭的文化潮流。而翻閱《誠品一好讀》，也是那時許多雜誌人的每月課題之一。

從大處看，封面故事的選題從「我的玩具情人」（公仔收藏藝術）、「我拍故我在」（拍立得傻瓜攝影）、「獨立青年，音樂創業」（獨立樂團）、「香港心事10×10 HONG KONG 97-07」（政治社會事）、「尋慢味」（慢食樂活的風潮）、「大話周星馳」（香港黑色幽默電影話事人）、「新工作者群像」（職場新地貌的拿與捏）、「當我們Wii在一起」（科技新玩意介入日常生活）、「設計未來宣言」（剛好是十年前的二〇〇四年就有了寓言般的接觸溝通）……這一路走來，《誠品一好讀》鮮少讓我感覺無聊。它總是追著新的文化趨勢走，也趕集似地推動台灣那些知識資訊焦慮症者，因為讀了《誠品一好讀》，興起更巨大的生活美學不足的集體焦慮症候群，被動地成為更菁英的中產階級知識分子……直到大前研一喊出了M型社會，將曲線上百分之五十的中產打落貧戶之後，我們才放棄了自己的中產位置？或者放棄了誠品，也放棄了好讀？

回到刊物的內裡。《誠品—好讀》的編輯室團隊、特約攝影、外部寫手與訪問的文化人士與作家群，從每一年一回的出版備忘錄與回顧來看，翻頁跳讀，將那些知名大人物，任意羅列，排列組合，現在回想起來，都有一種置身文化天堂的錯覺。簡單如「國際傳真機」這個全球出版閱讀的每月最新消息，只要是犯了輕度閱讀癮的出版人讀書人，在這樣的小島國家，就已經足夠停留一杯濃縮咖啡的時光了。

刊物在美術排版與雜誌閱讀形式上的創新氣力，我舉個單一的例子，以二〇〇七年六月號的「香港心事」專題為例，近年來，在自己有限的翻閱雜誌經驗，確實沒有發現哪本雜誌以插卡翻折的蝴蝶頁，直接成立內容頁，並且以一種令我驚喜近於錯愕的頁數進行。

這樣的執行成本，放置到現在的雜誌市場，依舊是令我無比羨慕的。

是的，我們討論的，並不是一本多國發行的刊物，而是一本原還只提供小型連鎖書店內部讀者的會員誌。時間過去之後，再重新將這些《誠品—好讀》按期數快速翻閱。這種橫向的閱讀，可以展現出情報誌的長期價值。那是資料庫扎實建構的過程，慢慢地，也就將時代的出版、文化、生活痕跡，刻印在雜誌期刊的紙本。現在都說資料整理的訊息情報刊物，會快速被搜尋引擎取代？或許吧。但我以為這種縱軸的單一思考，也是因為許多情報誌，無法做出引領讀者跨入新時代的內容感，或者與利潤市場妥協，才會被迫畫上句點。只不過，《誠品—好讀》似乎早早就在過程中完成了結果，一如近期停刊的《破報》，引領次世代的文化青年，提前抵達了理想彼岸。

我無法在此以短短的篇幅，細談《誠品—好讀》的刊物價值。它從編輯台到版面設計，甚至討論它存在目的與行銷定位的價值，已經足以在大學的大眾傳播科系，開上一學年的通識課程吧。不過，當初設計的刊物名——《誠品—好讀》——將誠品與好讀劃開，一線之隔，似乎預言了現在的誠品的跨國商場發展，與好讀舊價值之間的矛盾關係。

一本雜誌的價值，不容易在它發行出刊期間，完全彰顯。有時停刊後，稍稍等一段時間，看看同質性刊物能否有人取代，多少可以看出它的高度難度氣度、市場分眾成功與否，以及可取代性。《誠品一好讀》影響力高峰結束後的這幾年，台灣的雜誌生態開始細化，風風火火將設計、生活態度、閱讀情報、文學、旅遊、飲食等等各種類的專項，全都「小本」了。即便比較穩定的大刊物，也開始將自家的特色專刊，固定成定期雜誌，穩定出刊。這是不得不的型式換血，當然也是喊了多年的分眾市場小型經濟規模成形之後，必然的雜誌生態改變。

之後，台灣似乎就沒有再出現廣泛的閱讀文化出版雜誌。近期最靠近的，我自己覺得，一是在地的《双河灣》，另一是香港的《號外》。兩者也都是月刊，《號外》的情報速度感，沒能趕上《双河灣》；但《双河灣》觸及的領域，在前衛與潮流這一塊，也少了《號外》的散彈落點與文化強度。而這兩者，再加上近期改版後很有特色的《聯合文學》，就靠近了我個人以為《誠品一好讀》一直都不曾發生的近未來藍圖。

每本雜誌都有它需要與適合承載的內容與市場需求使命。拿上述四刊進行交織，其實不妥。但這樣對比，只因心底有一假想：如果《誠品一好讀》一直發展下去，跟著誠品書店南取香港，再西進中國，並在對岸取得期刊號與准印發行，又一個不小心掙脫書店通路，流入書報亭通路……那麼《誠品一好讀》，有機會何等巨大？又可能為大中華地區帶來如何的中產階級知識革命？

這個假想，之於我個人，才是《誠品一好讀》最大的價值。現在回看，我甚至覺得，誠品值得留存的，不是書店與賣場，而是《誠品一好讀》這本刊物。

薄薄一本《誠品一好讀》，是可以大於實體通路的。

因為，那些文字與圖片裡，還有誠品創辦的初衷：一種推動中產知識群集體向上追求更自由美好的可能而願意無底付出的理想。

現在的誠品更精緻精品，也更商業了。它由數個巨大的預算中心，撐起了這一座以「閱讀，台灣文化事件簿」之名，而落石成山的品牌。這沒有不好，品牌之所以能成就品牌，都得經過這是狹也險的彎路。誠品，頭過身過；好讀，這理想的頭身，總是無法避免如宿命般的過大了。只不過，絕大部分的美好，多是因為這些過於浪漫的理想行動，才得以被留存與記錄的，不是如此嗎？

踏實精緻的引介

《好讀》曾經是每個月的期待，像是例行公事，總要拿本回家讓自己充實些什麼。首次讀《好讀》，約莫是二〇〇〇年，特殊的大開本設計很吸引人，後來的幾次改版也都有獨到之處。當時從事設計文化工作的人多半會去看日本的《STUDIO VOICE》這類複合式雜誌（Mixed Media Magazine），《好讀》每期的企畫結構跟它接近，比如專題之後搭配固定的書籍、音樂專欄介紹等。而配合每期專題，迥異大膽的封面設計，也刺激了許多出版人想法。

此外，《好讀》對於文化商業化有著特殊地位，但卻是「非套路式行銷」，每期邀請非常多的書評人，甚至藝術設計者，真切地談論、書寫每期內容，以今日來說，可貴極了。

閱讀文化（包含音樂的閱聽）有時就像是藝術一般，令人費解；踏實精緻地引介，卻是影響以及推展的真正方法。

王璽安
藝術家、藝術文字論述工作者、設計師

書評與深訪的短兵相接

這些年來我常在二手書店遇見散落的《好讀》，一本本像是錨定時間座標，也總會順手翻開瀏覽當時介紹的書與人，玩起大家來找碴，一一指認，今昔對照。很容易發現人老了，書舊了，但那並不要緊，而是有人還記得。我仍記得當年每月看《好讀》的感受，那些長篇幅書評和大段深度訪談的短兵相接，專輯企畫內容的繁複，以及富有視覺設計感的版面呈現。也許再過一些年，《好讀》會成為研究二十一世紀初期台灣社會文化與閱讀出版狀態的重要史料，供人緬懷或爬梳——雖然作為讀者，更希望的是《好讀》繼續活著。

黃崇凱
作家

思索雜誌

詹偉雄

論說雜誌，不免帶著幾分人文情懷，但本質上，它不折不扣地，是一個「周而復始」的「工業產品」。

每隔一段（你知道的）時間，它就會固定地出現在社會的某些角落，進入某些人的眼簾，擾動著一定數量的人心，因而，它必得對應著一個隱藏著的配送體系（他們果真也都在暗夜中運作），以及轟隆運作的海德堡印刷機陣。如果你曾親臨現場，輕易地，可嗅到油墨分子的詭譎香味，日光燈下，一根根捲起飛揚的紙張纖維，飄盪又落下。

雜誌編輯人總認為自己的投入是不計血本，但現場那每一根飛起的纖維，卻百分之百是在某些人的管控之中。

先消去掉已成帝國的少數西方媒體家族不論，歷史上，民間雜誌的創辦人不出兩類：啟蒙使命者，以及大眾實業家。前者總認為現代社會中某個被遮蔽、受埋藏、太隱密的理想或真相，得透過有心人週而復週、月而有月的努力，方能重（始）見天日，進而澤被普世，它們的刊物因而是「供給端」（supply side）主導的雜誌；後者則是讀者數量至上的唯一關切者，他們深諳邊際成本遞減的量產魅力，處心積慮在社會中尋找有數量（非常不容易）的「核心關切」，進而透過企業化的組織管理，創造巨大營益，大眾實業家的雜誌幾乎無一例外，都是「需求端」（demand side）主導的刊物。

「供給端」和「需求端」雜誌只在現代出現，因為它們都和「時間」與「自我」的觀念萌芽有關。

人們的生活開始依傍在數字時鐘身上，並沒有太久。對東、西方的古人來說，時間的遞延與消逝，最快也是以「季」來計算。十七世紀，有分有秒的生活肇始於西歐，勤奮的資本主義商人發現時間就是金錢，開始理性化地切割、安排、管理、控制時間，人們逐漸從時間中的被動消耗者，轉變成主動操控者，更甚者，人們在不斷流淌的時間之流中，咀嚼、詮釋、梳理剛逝去的澎湃情感經驗，而又對某個未測的未來懷抱挑戰、嚮往、想像之情。因而，現代人的「自我」便誕生了，它是每個人對當下自己說出的一個故事，依照生命經驗的「過去－現在－未來」之時間軸發展而成，一八九七年法國畫家高更的一幅畫作之名〈我們從何處來？我們是什麼？我們往何處去？〉(*Where Do We Come from? What Are We? Where Are We Going?*)，說的就是這事。

現代人不再只是一個為生存而打拚的人（拜工業革命生產力之賜），他還是一個為「理想自我」(ideal self)而奮鬥的人；現代社會自此也和古代不同，因為社會永遠是「進步的」(progressive)：未來一定比今日更好，因為人們勇於除魅、科技一日千里、反思理性總能掌握前車之鑑，鐵板孔古力一塊的舊社會此際——如馬克思所說的—— All that is solid melts into air。

「周而復始」的雜誌，既是啟蒙的標章，也是啟蒙自身。它，每隔一段固定的時間，就為某個領域帶來新的發現，肯定、見證圈子中的進步主義；它，使讀者沉浸到社會共享的思維中，覺得既溫暖也安全（沒有脫鉤亦無落後），日常生活的冷漠與例行化與之相比，遠非真實；它，不論其中的內容或廣告，都提供讀者於建構「理想自我」時最冀求的先鋒敘事(avant-garde narrative)，閱讀雜誌讓你有士氣、想行動（消費）、渴望（透過可承受的輕度冒險而）創建新自我——雜誌永遠讓人躍躍欲試。

說人們看雜誌來殺時間（美容院婦人手上那一本），絕非污衊，因現代人面對眼前滔滔而過的時間洪流之時，無事可做的空虛不僅意味著「過去－現在－未來」意義感的暫時喪失，也隱含著不稱職於現代人的道德愧疚，於此，雜誌引她（或他）重回敘事，果真幫她（或他）殺了時間。

雜誌最早的身世，可推遠到一份德語刊物*ErbaulicheMonathsUnterredungen*（中文或可翻譯為《陶冶討論月刊》，發行於一六六三到一六六八年）；第一份面向大眾發行的雜誌，是英國倫敦的《紳士雜誌》（*The Gentlemans Magazine*，發行於一七三一年），可想而知，它們都跟啟蒙任務相關（「陶冶」是日積月累的變化，而「新」紳士則是得靠學習才能獲得的身分）；創辦於一八四三年、台灣人熟悉的《經濟學人》（*The Economist*）是少數的百歲雜誌。今天，你翻開它的版權頁，仍可以看到左下角一行當年作為宣言的圭臬小字，精神抖擻地展示著它的自負信念：「我們將介入一場險惡的交戰——在推動我們向前的智性，以及那阻撓進步的無用地、怯懦地無知之間。」(to take part in a severe contest between intelligence, which presses forward, and an unworthy, timid ignorance obstructing our progress.)

雜誌的收入，來自三個來源：零售、訂閱、廣告。零售買家是有信念的讀者，他曾經與你萍水相逢，累積足夠信任，但因各種原因，他只能買說中最痛處的那一期；訂閱的訂戶是有信仰的讀者，你是他完成「理想自我」過程中的必要伴侶，因而他不顧風險地預付了未來的款項，但其實這是他為當下信仰所付下的發狠誓金，相較別的賭注，非常便宜；廣告主的意圖有幾種：觸碰到某個核心關切領域的讀者群，傳遞銷售訊息，或者，將自身品牌鑲嵌到讀者的自我敘事追尋過程中，維繫著讀者長期購買偏好，原研哉為Muji設計的「一個人站在一望無際波利維亞鹽漠中」的廣告，拉攏的不單是日式美學的信徒，而是所有對Louis Vuitton反感的人。

雜誌的生與死，原本反映著社會中各種「理想自我」在時代中的浮沉，不足為奇，但雜誌產銷體制的全球化與高度分工，卻愈來愈不利於新來者。傳統的雜誌，總是先爭取到讀者，慢慢有廣告；現代的雜誌，則是先取得廣告，再將讀者數量隱藏起來；在中國，則根本是由媒體購買公司來創辦雜誌，自己的廣告自己登。高廣告營收的雜誌壓低了零售價格，也與媒體購買公司構成封閉的迴路，新來者「門」都沒有，對於「供給端」導向的啟蒙使命者，尤是創痛，這不是啟蒙的弔詭嗎：社會該當如此地需要我，卻又實質無情地不需要我！

網際網路對紙本雜誌的影響空前而巨大，其後座力仍未煙塵落定，先看看：讀者週期性的啟蒙實作，被網路即時即刻的發刊時序徹底打亂，再其次：網際網路作為「啟蒙之子」的地位遠高於所有既存媒體（與它比，所有broadcasting都成了narrowcasting），雜誌「酷」了三百多年，這下突地老叩叩了；其三，作為想像共同體的虛擬黏著劑，雜誌怎麼比得上一秒即可出版，且可看、可寫、可分享的臉書呢；最後，現代人的自我構作進入了「全媒體」的時代，建構過程瑣碎又破碎，媒體的參與隨機又動態，「理想自我」的新生與崩解瞬若煙火，雜誌那老派的「周而復始」，愈來愈不像是對未來的預約，卻更像是對過往的總結與回顧。

二〇一二年到二〇一三年美國雜誌市場，發行量超過兩百萬份的雜誌有二十五種，其中只有五家發行量成長。剔除美國退休人協會兩本發行量超過兩千萬本的雜誌，全美發行量最大（七八二點九萬份）的雜誌——非常諷刺——是一本教人如何玩好網路電玩的Game Informer。

雜誌的未來何去何從？誰能給出答案？上個世紀八〇年代以降，是「需求端」大眾實業家霸凌「供給端」啟蒙使命者的年代；而今日，網際網路的免費與無遠弗屆，則讓印刷機上的任一根飛起纖維都重如鴻毛，熟稔福特式生產的巨型家族，現今一個個看來不都像是昔日摩托羅拉和諾基亞？雜誌的未來會如何，與其凝視巨人倒下的緩慢身影，不如問問現在全球市場上各個「供給端」出發的小雜誌創業家，對這些新型啟蒙使命者而言，辦雜誌是他們書寫「理想自我」敘事中的必要情節，缺此，生命便無以為繼，亦唯有如此，他們才有足夠巨量的激情和靈性，拚搏一兩千本的收支平衡，而終能捕捉到一丁點——哪怕就真只是一丁點——的未來。

附錄　延伸閱讀

關於漢聲

書籍 《黃永松與漢聲雜誌》，中國時報企劃開發中心編製，二〇〇三，生活美學館

書籍 《漢聲100》，一九九七，漢聲雜誌社

關於人間

書籍 《人間風景．陳映真》，封德屏編，二〇〇九，文訊雜誌社

書籍 《報導文學的核心價值——析論《人間》雜誌》，阮桃園，二〇一一，里仁書局

書籍 《照見人間不平——台灣報導文學史論》，林淇瀁，二〇一三，國立台灣文學館

論文 〈《人間》雜誌研究〉，劉依潔，二〇〇〇

論文 〈《人間》雜誌紀實攝影對台灣紀實攝影的影響〉，陳弘岱，二〇〇六

論文 〈人間報導．文學人間——《人間》雜誌及其影響研究〉，許振福，二〇〇九

論文 〈《人間》雜誌本土議題中的影像與書寫〉，何恭佑，二〇〇〇

論文 〈從「人間副刊」到《人間》雜誌：台灣報導文學傳播論（1975-1989）〉，張耀仁，二〇一四

專題 〈人間十年〉，《破報》，一九九五

關於島嶼邊緣

論文 〈《島嶼邊緣》：一九八、九〇年代之交台灣左翼的新實踐論述〉，陳筱茵，二〇〇六

關於好讀

論文 〈台灣書評文化生產運作及文化意涵-以《誠品好讀》、《中國時報》〈開卷〉及《聯合報》〈讀書人〉為例〉，廖姿如，二〇〇八

論文 〈誠品形塑的台灣中產階級文化消費品味以《閱讀》與《好讀》雜誌為例〉，吳佳靜，二〇〇六

其他

專題 〈無悔的雜誌人生〉，《好讀》，二〇〇一

專題 〈雜誌學〉，《好讀》復刻特刊，二〇一二

感謝

漢聲——
吳美雲、黃永松

人間——
李男、曾淑美、鍾喬、鍾俊陞

影響——
林智祥、林靖凱、易智言、黃哲斌

島嶼邊緣——
王浩威、吳永毅、黃瑪琍、姚立群

好讀——
江家華、曾乾瑜、蔣慧仙、賴盈成

Magazines Beyond Their Time

Published by Flâneur Culture Lab, Taiwan

This book receives subsidy from Ministry of Culture, Republic of China (Taiwan)

Magazines exist not only to transmit information or to carry knowledge. An important magazine is often able to echo the times, becoming the collective memory of a generation. Within the ranks of magazines, the concept, the planning, or the technique of some are beyond their times. It is the same today, where magazines are full of creativity, courage and insight.

This book introduces important cultural magazines from different fields and covers the years from 1970 until 2000: *Echo Magazine* (漢聲), *Renjian* (人間), *Image Keeper* (影響), *Isle Margin* (島嶼邊緣), and *Eslite Reader* (好讀), by means of interviewing key individuals from each magazine including the founders and the editing teams, as well as taking voluminous amounts of material into consideration, in order to portray the ideas of the people behind the magazines as well as their methods for editing. Furthermore, this book opens the covers of the magazines, using a combination of graphics and accompanying text to introduce project planning and presentation methods. At the same time, individuals who read the magazines at the time of their original publication were also interviewed, to discuss from a reader's perspective the influence and transformation which the magazines had upon their era.

The impetus behind, and the method for, producing a magazine reflects the way we face our era. More than just commemorating history, we hope that readers today can come to know these magazines anew, as well as to see how, after all these years, people of one generation rekindle their dialogue with an era.

咆哮誌

突破時代的雜誌

行人文化實驗室——企畫

總編輯 周易正
責任編輯 孫德齡
編輯助理 林月先
採訪撰稿 鄒欣寧、黃奕瀠、王昀燕、諶淑婷
美術設計 黃暐鵬
設計協力 Bear 工作室
插畫 Ryan Hong

企畫 華郁芳
行銷業務 李玉華、謝婉渝
印刷 崎威彩藝

定價 四五〇元
初版一刷 二〇一四年一〇月廿五日
ISBN 九七八-九八六-九〇八七七-三-五

出版者 行人文化實驗室（行人股份有限公司）
發行人 廖美立
地址 一〇〇四九台北市北平東路二〇號十樓
電話 （〇二）二三九五-八六六五
傳真 （〇二）二三九五-八五七九
郵政劃撥 五〇一三七四二六
網址 http://flaneur.tw
總經銷 大和書報圖書股份有限公司
電話 （〇二）八九九〇-二五八八

第十七頁圖片由漢聲雜誌提供、第五九頁圖片由郭力昕提供、
第一八五頁圖片由許育愷拍攝

※本書獲文化部出版行銷補助

咆哮誌：突破時代的雜誌／
鄒欣寧等採訪撰稿.
－初版 －臺北市：行人文化實驗室，2014.10
232面；19×26公分
ISBN 978-986-90877-3-5（平裝）
1.期刊 2.讀物研究 3.雜誌編輯
050.1 103017680